胡适文选 上

朱自清点评本

胡 适 著

朱自清 评

中国文史出版社

图书在版编目（CIP）数据

胡适文选：朱自清点评本：全 2 册 / 胡适著；朱
自清评 . — 北京：中国文史出版社，2013.8
  ISBN 978-7-5034-4158-5

  Ⅰ . ①胡⋯ Ⅱ . ①胡⋯ ②朱⋯ Ⅲ . ①胡适（1891 ～
1962）—选集 Ⅳ . ① C52

中国版本图书馆 CIP 数据核字（2013）第 176163 号

责任编辑：刘　夏
封面设计：黑眼睛设计

出版发行：中国文史出版社
网　　址：www.wenshipress.com
社　　址：北京市西城区太平桥大街 23 号　　邮编：100811
电　　话：010-66173572　66168268　66192736（发行部）
传　　真：010-66192703
印　　装：三河市天润建兴印务有限公司
经　　销：全国新华书店
开　　本：880×1230　1/32
印　　张：14　　　　字数：260 千字
版　　次：2013 年 8 月北京第 1 版
印　　次：2017 年 4 月第 2 次印刷
定　　价：58.00 元（全二册）

目　录
CONTENTS

朱自清：《胡适文选》指导大概

本书是三集《胡适文存》的选本，选者是胡先生自己。上海亚东图书馆印行，民国十九年十二月初版，二十二年二月三版。本篇便根据三版的本子。本书后方极少见，究竟已经出到几版，现在还不能查出。这部选本是特意预备给少年人读的，胡先生自己说得明白：

　　我在这十年之中，出版了三集《胡适文存》，约计有一百四五十万字。我希望少年学生能读我的书，故用报纸印刷，要使定价不贵。但现在三集的书价已在七元以上，贫寒的中学生已无力全买了。字数近百五十万，也不是中学生能全读的了。所以我现在从这三集里选出了二十二篇论文，印作一册，预备给国内的少年朋友们作一种课外读物。如有学校教师愿意选我的文字作课本的，我也希望他们用这个选本（《介绍我自己的思想》，一面[1]　）。

这个选本里二十二篇论文代表胡先生各方面的思想。

他顾念少年学生的财力和精力，苦心的从三集文存里选出了这二十二篇足以代表他的各方面的思想的论文，成为这部文选，给少年学生作课外读物，并希望学校教师选他的文字作课本的也用这个足以代表他的思想的选本。预备给少年学生读的书虽然不算少，好的却不多。本书是一部值得读的好书。现在我们介绍给高中学生，作为略读的书。书中论文，除第五组各篇有些也许略略深些之外，都合于高中学生的程度，相信他们读了可以得着益处。全书约二十二[2]万字。

胡先生名适，号适之，安徽省绩溪县人，今年五十岁。他是美国哥伦比亚大学哲学博士，大思想家杜威先生的学生。回国后任国立北京大学教授多年，先后办《新青年》杂志，《每周评论》，《努力周报》，《独立评论》等。现任驻美大使。他有一本《四十自述》（原由新月书店出版，版权现归商务），是一本很有趣味的自传，可惜没有写完就打住。他的著作很多，这里只想举出一部分重要的，高中学生可以看懂的。《胡适文存》，《胡适文存》二集，《胡适文存》三集（亚东版），包括各方面的论文，是本书的源头。《中国古代哲

---

[1]　朱自清根据亚东图书馆出版的《胡适文选》第三版的版本来点评，一面，意即第一页，以下皆同。

[2]　朱自清根据版本字数故称有二十二万字。

学史》（原名《中国哲学史大纲》，上卷，商务）是第一部用西洋哲学作"比较的研究"（参看三三二至三三四面）而写成的中国哲学史。《白话文学史》上卷（新月版，现归商务）是第一部专叙近于白话的文学的中国文学史。《尝试集》是第一部白话诗集。这些都可以说是划时代的著作，影响非常广大。还有他翻译的《短篇小说》（亚东版），也有广大的读众；差不多每种国文

朱自清（1898—1948）

教科书都选了的《最后一课》和《二渔夫》，便出在这个译本里。

胡先生是新文化运动的领袖之一。新青年时代他的影响最大。文学革命，他可以说是主帅。他的《文学改良刍议》（《文存》）实在是文学革命的第一声号角。在那篇论文里，他提出了他的"八不主义"（参看一九三至一九四面，又二三五至二三六面），是单从消极的破坏的一方面下手（一九三面）。后来又作《建设的文学革命论》（见本书）。但"这篇文章名为'建设的'，其实还是破坏的方面最有力"（二八七面）。胡先生说过："文学革命的运动，不论古今中外，大概都是从'文的形式'一方面下手，大概都是先要求语言文字文体等方面的大解放。……这一次中国文学的革命运动，也是先要求语言文字和文体的解放"（《谈新诗》第二段，《文

存》)。解放正是消极的破坏的工作。胡先生的大成功就在他的破坏的工作达到了那解放的目的。胡先生又是思想革命的一员大将。他用评判的态度"重新估定一切的价值"（五七面）；他拥护科学，提倡健全的个人主义，颂扬西洋的近代文明（参看《介绍我自己的思想》第二段、第三段）。这里建设的比破坏的多。可是他的最大的建设的工作还在整理国故上。《中国古代哲学史》，《白话文学史》，以及许多篇旧小说的考证，都是"用评判的态度，科学的精神，去做一番整理国故的工夫"（六七面）。这些对于旧有的学术思想给了一道新的光。胡先生"认定民国六年以后的新文化运动的目的是再造中国文明"（《介绍我自己的思想》，四面，参看正文六八面），以上种种便是他对于再造文明的贡献。但是他从办《努力周报》起，实际政治的兴趣渐渐浓厚。那时他的朋友有反对他的，有赞成他的。他曾经写过一篇《我的歧路》（《文存》二集），说明他的政治的兴趣不致妨碍他在学术思想方面的工作。不过《努力周报》还附刊《读书杂志》，《独立评论》却差不多是纯粹政治性的刊物，他显然偏向那一条路了。现在作了驻美大使，简直是在那一条路上了。他在文学革命和整理国故方面的功绩，可以说已经是不朽的；对于实际政治的贡献，目前还难于定论。

　　本书开端是《介绍我自己的思想》，胡先生专给本书写的。他说：

　　　　我选的这二十二篇文字，可以分作五组。
　　　　第一组六篇，泛论思想的方法。

第二组三篇，论人生观。

第三组三篇，论中西文化。

第四组六篇，代表我对于中国文学的见解。

第五组四篇，代表我对于整理国故问题的态度与方法。

为读者的便利起见，我现在给每一组作一个简短的提要，使我的少年朋友们容易明白我的思想的路径。（一至二面）

读本书的自然该从这一篇入手。胡先生在第一段里道：

我的思想受两个人的影响最大：一个是赫胥黎，一个是杜威先生。赫胥黎教我怎样怀疑，教我不信任一切没有充分证据的东西。杜威先生教我怎样思想，教我处处顾到当前的问题，教我把一切学说理想都看作待证的假设，教我处处顾到思想的结果。这两个人使我明了科学方法的性质与功用。（三面）

科学方法是胡先生的根本的思想方法；他用科学方法评判旧有的种种思想学术以及东西文化，"重新估定一切的价值"。结果便是他的文存，哲学史，文学史等。——他创作白话诗，也是一种实验，也是"科学的精神"；这是他的"文学的实验主义"（正文二三二面）。他又说作诗也得根据经验，这是他的"诗的经验主义"（见《尝试集》里《梦与诗》的跋语）。在他，科学的精神真可以算得"一以贯之"。他编选这部书的用意，在篇尾说得很明白：

从前禅宗和尚曾说，"菩提达摩东来，只要寻一个不受人惑的人"。我这里千言万语，也只是要教人一个不受人惑的方法。被孔丘、朱熹牵着鼻子走，固然不算高明；被马克斯、列宁、斯大林牵着鼻子走，也算不得好汉。我自己决不想牵着谁的鼻子走。我只希望尽我微薄的能力，教我的少年朋友们学一点防身的本领，努力做一个不受人惑的人。

这个"不受人惑的方法"便是科学的方法，也便是赫胥黎和杜威先生所教人的。

赫胥黎教人怎样怀疑。怀疑是评判的入手处。胡先生在《新思潮的意义》里的态度含有几种特别的要求：

一、对于习俗相传下来的制度风俗，要问："这种制度现在还有存在的价值吗？"

二、对于古代遗传下来的圣贤教训，要问："这句话在今日还是不错吗？"

三、对于社会上糊涂公认的行为与信仰，都要问："大家公认的，就不会错了吗？ 人家这样做，我也该这样做吗？ 难道没有别样做法比这个更好，更有理，更有益的吗？"（五七面）

这是怀疑，这是"不信任一切没有充分证据的东西"。存疑和怀疑不同，但"不信任一切没有充分证据的东西"的态度是从赫胥黎的存疑主义来的。胡先生道：

　　达尔文与赫胥黎在哲学方法上最重要的贡献，在于他们的"存疑主义"。存疑主义这个名词，是赫胥黎造出来的，直译为"不知主义"。孔丘说，"知之为知之，不知为不知，是知也"。这话确是存疑主义的一个好解说。但近代的科学家还要进一步，他们要问，"怎样的知，才可以算是无疑的知？"赫胥黎说，只有那证据充分的知识，方才可以信仰，凡没有充分证据的，只可存疑，不当信仰。这是存疑主义的主脑。（《演化论与存疑主义》，七面）

又道：

　　赫胥黎是达尔文的作战先锋，从战场上的经验里认清了科学的唯一武器是证据，所以大声疾呼的把这个无敌的武器提出来，叫人认为思想解放和思想革命的唯一工具。自从这个"拿证据来"的喊声传出以后，世界的哲学思想就不能不起一个根本的革命——哲学方法上的大革命。于是十九世纪前半的哲学实证主义就一变而为十九世纪末年的实验主义了。（同上，一二面）

杜威先生教人怎样思想。胡先生在《杜威先生与中国》里特别指出：

> 杜威先生不曾给我们一些关于特别问题的特别主张——如共产主义，无政府主义，自由恋爱之类——他只给了我们一个哲学方法，使我们用这个方法去解决我们自己的特别问题。他的哲学方法，总名叫做"实验主义"。（一四面）

实验主义是存疑主义的影响所形成，它和存疑主义可以说是一贯的。杜威先生的实验主义分开来可作两步说：

> 一、历史的方法——"祖孙的方法"他从来不把一个制度或学说看作一个孤立的东西，总把他看作一个中段：一头是他所以发生的原因，一头是他自己发生的效果；上头有他的祖父，下面有他的子孙。捉住了这两头，他再也逃不出去了！这个方法的应用，一方面是很忠厚宽恕的，因为他处处指出一个制度或学说所以发生的原因，指出他的历史的背景，故能了解他在历史上占的地位与价值，故不致有过分的苛责。一方面，这个方法又是最严厉的，最带有革命性质的，因为他处处拿一个学说或制度所发生的结果来评判他本身的价值，故最公平，又最厉害。这种方法是一切带有评判精神的运动的一个重要武器。
>
> 二、实验的方法　实验的方法至少注重三件事：（一）从具

体的事实与境地下手；（二）一切学说理想，一切知识，都只是待证的假设，并非天经地义；（三）一切学说与理想都须用实行来试验过；实验是真理的唯一试金石。第一件——注意具体的境地——使我们免去许多无谓的假问题，省去许多无意义的争论。第二件——一切学理都看作假设——可以解放许多"古人的奴隶"。第三件——实验——，可以稍稍限制那上天下地的妄想冥想。实验主义只承认那一点一滴做到的进步——步步有智慧的指导，步步有自动的实验——才是真进化。（一四至一六面）

胡先生提出"特别主张的应用是有限的，方法的应用是无穷的"（一六面）。

在《杜威论思想》里，胡先生说"杜威的哲学基本观念是：'知识思想是人生应付环境的工具'。""杜威哲学的最大目的，只是怎样能使人类养成那种'创造的智慧'，使人应付种种环境充分满意。换句话说，杜威的哲学的最大目的是怎样能使人有创造的思想力。"（一九面）"杜威所指的思想……有两大特性。（一）须先有一种疑惑困难的情境做起点。（二）须有寻思搜索的作用，要寻出新事物或新知识来解决这种疑惑困难。"（二〇面）"杜威论思想，分作五步说：（一）疑难的境地；（二）指定疑难之点究竟在什么地方；（三）假定种种解决疑难的方法；（四）把每种假定所涵的结果，一一想出来，看哪一个假定能够解决这个困难；（五）证实这种解决，使人信用，或证明这种解决的谬误，使人不信用（二一面）。胡先生特别指出：

> 杜威一系的哲学家论思想的作用，最注意"假设"。试看上文所说的五步之中，最重要的就是第三步。……我们研究这第三步，应该知道这一步在临时思想的时候是不可强求的；是自然涌上来，如潮水一样，压制不住的；他若不来时，随你怎样搔头抓耳，挖尽心血，都不中用。……所以思想训练的着手工夫在于使人有许多活的学问知识。活的学问知识的最大来源在于人生有意识的活动。使（从）活动事业得来的经验，是真实可靠的学问知识。这种有意识的活动，不但能增加我们假设意思的来源，还可训练我们时时刻刻拿当前的问题来限制假设的范围，不至于上天下地的胡思乱想。还有一层，人生实际的事业，处处是实用，处处用效果来证实理论，可以养成我们用效果来评判假设的能力，可以养成我们实验的态度。养成了实验的习惯，每起一个假设，自然会推想到他所涵的效果，自然会用这种推想出来的效果来评判原有的假设的价值。这才是思想训练的效果，这才是思想能力的养成。（二八至二九面）

"创造的智慧"、"创造的思想力"主要的得靠"活的学问知识"养成。所以胡先生自己虽然只将赫胥黎、杜威的方法应用在文学革命和整理国故等等上，但他看见一班少年人跟着他向故纸堆去乱钻，却以为"是最可悲叹的现状"。他"希望他们及早回头多学一点自然科学的知识与技术"。他说"那条路是活路,这条故纸的路是死路"（四八九面）。自然科学的知识是"活的学问知识"；从自然界的实物下手，可以造成科学文明，工业世界（参看四八七面）。这便是胡先生所希望再造的文明。

胡先生的科学的精神是一贯的。他所信仰的新人生观（包括宇宙观）便是"建筑在二三百年的科学常识之上的一个大假设"（九四面）。他总括吴稚晖先生的"一个新信仰的宇宙观及人生观"（在《科学与人生观》里）的大意，加上一点扩充和补充，提出了这个新人生观的轮廓：

一、根据于天文学和物理学的知识，叫人知道空间的无穷之大。

二、根据于地质学及古生物学的知识，叫人知道时间的无穷之长。

三、根据于一切科学，叫人知道宇宙及其中万物的运行变迁皆是自然的，自己如此的——正用不着什么超自然的主宰或造物者。

四、根据于生物的科学的知识，叫人知道生物界的生存竞争的浪费与惨酷——因此，叫人更可以明白那"有好生之德"的主宰的假设是不能成立的。

五、根据于生物学、生理学、心理学的知识，叫人知道人不过是动物的一种，他和别种动物只有程度的差异，并无种类的区别。

六、根据于生物的科学及人类学，人种学，社会学的知识，叫人知道生物及人类社会演进的历史和演进的原因。

七、根据于生物的及心理的科学，叫人知道一切心理的现象都是有因的。

八、根据于生物学及社会学的知识，叫人知道道德礼教是变迁的，而变迁的原因都是可以用科学方法寻求出来的。

九、根据于新的物理化学的知识，叫人知道物质不是死的，是活的；不是静的，是动的。

十、根据于生物学及社会学的知识，叫人知道个人——"小我"——是要死灭的，而人类——"大我"——是不死的，不朽的；叫人知道"为全种万世而生活"就是宗教，就是最高的宗教；而那些替个人谋死后的"天堂""净土"的宗教，乃是自私自利的宗教。（《〈科学与人生观〉序》，九二至九四面）

这种新人生观原可以算得"科学的人生观"，但胡先生"为避免无谓的争论起见"，主张叫他做"自然主义的人生观"。"在那个自然主义的宇宙里，在那无穷之大的空间里，在那无穷之长的时间里，这个平均高五尺六寸，上寿不过百年的两手动物——人——真是一个藐乎其小的微生物了。"然而"这个渺小的两手动物却也有他的相当的地位和相当的价值。他用两手和一个大脑，居然能做出许多器具，想出许多方法，造成一点文化"（九四面）。"这个自然主义的人生观里，未尝没有美，未尝没有诗意，未尝没有道德的责任，未尝没有充分运用'创造的智慧'的机会"（九五面）。

胡先生虽然说小我是要死灭的，"但个人自有他的不死不灭的部分：他的一切作为，一切功德罪恶，一切语言行事，无论大小，无论善恶，无论是非，都在那大我上留下不能磨灭的结果和影响。""我们应该说，'说一句话而不敢忘这句话的社会影响，走一步路而不敢忘这步路的社会影响。'这才是对于大我负责任。能如此做，便是道德，便是宗教"（《介绍我自己的思想》，一一至一二面，参看《不朽》）。"这样说法，并不是推崇社会而抹煞个人。这正是极力抬高个人的重要。个人虽渺小，而他的一言一动都在社会上留下不朽的痕迹，……这不是绝对承认个人的重要吗？"懂得个人的重要，才懂得胡先生在《易卜生主义》里所提倡的"一个健全的个人主义的人生观"（《介绍我自己的思想》，八面）。这和自然主义的人生观并不相反而相成。那文中引易卜生给他的朋友白兰戴的信道：

我所最期望于你的是一种真实纯粹的为我主义。要使你有时觉得天下只有关于我的事最要紧，其余的都算不得什么。……你要想有益于社会，最好的法子莫如把你自己这块材料铸造成器。……有的时候我真觉得全世界都像海上撞沉了船，最要紧的还是救出自己。

胡先生说："这便是最健全的个人主义。救出自己的唯一法子便是把你自己这块材料铸造成器。把自己铸造成器，方才可以希望有益于社会。真实的为我，便是最有益的为人。把自己铸造成了自由独立的人格，你自然会不知足，不满意于现状，敢说老实话，敢攻击社会上的腐败情形，做一个'贫贱不能移，富贵不能淫，威武不能屈'的斯铎曼医生"（《介绍我自己的思想》，九面）。他又很带情感的指出：

> 这个个人主义的人生观一面教我们学娜拉，要努力把自己铸造成个人，一面教我们学斯铎曼医生，要特立独行，敢说老实话，敢向恶势力作战。少年的朋友们，不要笑这是十九世纪维多利亚的陈腐思想！我们去维多利亚时代还老远哩。欧洲有了十八九世纪的个人主义，造出了无数爱自由过于面包，爱真理过于生命的特立独行之士，方才有今日的文明世界。（同上，九至一〇面）

这也是胡先生所希望再造的文明。

胡先生思想的间架大概如此。存疑主义和实验主义是他的方法论，自然主义和个人主义是他的人生观。但他不是空谈外来进口的偏向纸上的主义的人，他说主义应该和实行的方法合为一件事。他做到了他所说的。他指出：

凡"主义"都是应时势而起的。某种社会，到了某时代，受了某种的影响，呈现某种不满意的现状。于是有一些有心人，观察这种现象，想出某种救济的法子。这是主义的原起。主义初起时，大都是一种救时的具体主张。后来这种主张传播出去，传播的人要图简便，便用一二个字来代表这种具体的主张，所以叫他做"某某主义"。主张成了主义，便由具体的计划，变成一个抽象的名词，主义的弱点和危险，就在这里。因为世间没有一个抽象名词能把某人某派的具体主张都包括在里面。（《问题与主义》，三三至三四面）

他曾在《每周评论》里说过，"现在舆论界的大危险，就是偏向纸上的学说，不去实地考察中国今日的社会需要究竟是什么东西"。又道："舆论家的第一天职，就是细心考察社会的实在情形。一切学理，一切主义，都是这种考察的工具。有了学理作参考材料，便可使我们容易懂得所考察的情形，容易明白某种情形有什么意义，应该用什么救济的方法"（三一至三二面引）。所以他劝人：

多研究些具体的问题，少谈些抽象的主义。一切主义，一切学理，都该研究，但是只可认作一些假设的见解，不可认作天经地义的信条；只可认作参考印证的材料，不可奉为金科玉律的宗教；只可用作启发心思的工具，切不可用作蒙蔽聪明，停止思想的绝对真理。如此方才可以渐渐养成人类的创造的思想力，方才可以渐渐使人类有解决具体问题的能力，方才可以渐渐解放人类对于抽象名词的迷信。(《问题与主义》，五〇面)

在《新思潮的意义》里，胡先生曾说新思潮的手段有两项："一方面是讨论社会上，政治上，宗教上，文学上种种问题。一方面是介绍西洋的新思想，新学术，新文学，新信仰。前者是研究问题，后者是输入学理"(五九面)。但是"新思潮运动的最大成绩差不多全是研究问题的结果。新文学的运动便是一个最明白的例"(六二面)。而"从研究问题里面输入的学理，最容易消除平常人对于学理的抗拒力，最容易使人于不知不觉之中受学理的影响。"所以他希望新思潮的领袖人物"能把一切学理应用到我们自己的种种切要问题上去，能在研究问题上面做输入学理的功夫，能用研究问题的功夫来提倡研究问题的态度"(六四面)。他说"再造文明的下手工夫，是这个那个问题的研究。再造文明的进行，是这个那个问题的解决。""文明不是笼统造成的，是一点一滴的造成的。进化不是一晚上笼统进化的，是一点一滴的进化的"(六八面)。胡先生的贡献，大部分也在问题的研究上。文学革命是一些具体问题，整理国故也是一些具体问题，中西文化，问题与主义，都是一些具体问题。他讨论问题与主义，只因"当时(民国八年)承'五四''六三'之后，国内正倾向于空谈主义"(《介绍我自己的思想》，五面)。这问题"是与许多人有密切关系的"(六二面)。他讨论中西文化，也只为"今日最没有根据而又最有毒害的妖言是讥贬西洋文明为唯物的，而尊崇东方文明为精神的"（一三九面）。他说：

> 这本是很老的见解，在今日却有新兴的气象。从前东方民族受了西洋民族的压迫，往往用这种见解来解嘲，来安慰自己。近几年来，欧洲大战的影响使一部分的西洋人对于近世科学的文化起一种厌倦的反感，所以我们时时听见西洋学者有崇拜东方的精神文明的议论。这种议论，本来只是一时的病态的心理，却正投合东方民族的夸大狂；东方的旧势力就因此增加了不少的气焰。（《我们对于西洋近代文明的态度》，一三七面）

因此他觉得"不能没有一种鲜明的表示"（一三七面）。他研究的结果是这样：

> 东方的文明的最大特色是知足。西洋的近代文明的最大特色是不知足。

> 知足的东方人自安于简陋的生活，故不求物质享受的提高；自安于愚昧，自安于"不识不知"，故不注意真理的发见与技艺器械的发明；自安于现成的环境与命运，故不想征服自然，只求乐天安命，不想改革制度，只图安分守己，不想革命，只做顺民。

> 这样受物质环境的拘束与支配，不能跳出来，不能运用人

的心思智力来改造环境改良现状的文明，是懒惰不长进的民族的文明，是真正唯物的文明。这种文明只可以遏抑而决不能满足人类精神上的要求。

西方人大不然。他们说"不知足是神圣的"。物质上的不知足产生了今日的钢铁世界，汽机世界，电力世界。理智上的不知足产生了今日的科学世界。社会政治制度上的不知足产生了今日的民权世界，自由政体，男女平权的社会，劳工神圣的喊声，社会主义的运动。神圣的不知足是一切革新一切进化的权力。

这样充分运用人的聪明智慧来寻求真理以解放人的心灵，来制服天行以供人用，来改造物质的环境，来改革社会政治的制度，来谋人类最大多数的最大幸福——这样的文明应该满足人类精神上的要求；这样的文明，是精神的文明，是真正理想主义的文明，绝不是唯物的文明。（同上，一五四至一五五面）

因此他说我们自己要认错，我们必须承认我们自己不如人。"肯认错了，方才肯死心塌地的学人家。"他说"不要怕模仿，因为模仿是创造的必要预备工夫"（《介绍我自己的思想》，一六面）。

胡先生的文学革命论的基本观念是"历史的文学进化观念"（参看二二四面）。他有一篇《历史的文学观念论》（见《文存》，本书未选）说得很详细：

居今日而言文学改良，当注重"历史的文学观念"。一言以蔽之曰：一时代有一时代之文学。此时代与彼时代之间，虽皆有承前启后之关系，而决不容完全抄袭；其完全抄袭者，决不成为真文学。……纵观古今文学变迁之趋势，……白话之文学，自宋以来，虽见摒于古文家，而终一线相承，至今不绝。……岂不以此为吾国文学，趋势自然如此，故不可禁遏而日以昌大耶？……吾辈之攻古文家，正以其不明文学之趋势，而强欲作一千年二千年以上之文。此说不破，则白话之文学无有列为文学正宗之一日，而世之文人将犹鄙薄之，以为小道邪径而不肯以全力经营造作之。……夫不以全副精神造文学而望文学之发生，此犹不耕而求获，不食而求饱也，亦终不可得矣。施耐庵曹雪芹诸人所以能有成者，正赖其有特别毅力，能以全力为之耳。（《文学革命运动》引，二八三至二八四面）

这里最重要的是将白话文学当作中国文学正宗（参看《文学改良刍议》，《文存》，又本书二八三面引）。这一点他在《建设的文学革命论》里说得更明白："自从三百篇到于今，中国的文学凡是有一些价值，有一些儿生命的，都是白话的，或是近于白话的。其余的都是没有生气的古董，都是博物院中的陈列品！"这确是一个划时代的看法，即使欠公平些。他说"死文言决不能产出活文学"。"中国若想有活文学，必须用白话，必须用国语，必须做国语的文学"（一九七面）。

他在《〈尝试集〉自序》里道：

我们也知道单有白话未必就能造出新文学；我们也知道新文学必须要有新思想做里子。但是我们认定文学革命须有先后的程序：先要做到文学体裁的大解放，方可以用来做新思想新精神的运输品。我们认定白话实在有作文学的可能，实在是新文学的唯一利器。(《〈尝试集〉自序》，二三九面）

　　文学革命是得从"文学体裁的大解放"下手，真是一针见血。胡先生的大成功就在他能看出这个"先后的程序"。他和他的朋友们集中力量在这一步上，加上"五四"运动的影响，两三年间白话文的传播便已有一日千里之势（参看二九四至二九五面）。胡先生所谓"文学"，范围是很广的。他主张"用白话作各种文学"，说："我们有志造新文学的人，都该发誓不用文言作文：无论通信、做诗、译书、做笔记、做报馆文章、编学堂讲义、替死人作墓志、替活人上条陈……都该用白话来做"（二〇四面）。这里"文学"和"文"只是一个意义。"用白话作各种文学"也是解放文字体裁的工作。但是一节话中所举的"各种文学"，除作诗和译书外，其实都是应用的文字；这种种文字体裁的解放却远在诗、小说戏剧、小品散文以及长篇议论文之后，直到近年才开始。胡先生自己大体上倒在照他所主张的做着，但就一般社会而论，这部分文体的解放工作还须要努力才能完成。

　　文体的解放究竟只是破坏的工作。胡先生的文学革命论"其实还是破坏的方面最有力"（一八七面），他自己的评判没有错。但他的《建设的文学革命论》在"建设的"方面"也有一点贡献"：

> 若要造国语，先须造国语的文学。有了国语的文学，自然有国语。……真正有功效有势力的国语教科书，便是国语的文学，便是国语的小说、诗文、戏本。国语的小说、诗文、戏本通行之日，便是中国国语成立之时。试问我们今日居然能拿起笔来做几篇白话文章，居然能写得出好几百个白话的字，可是从什么白话教科书上学来的吗？可不是从《水浒传》《西游记》《红楼梦》《儒林外史》……等书学来的吗？……我们今日所用的"标准白话"都是这几部白话的文学定下来的。我们今日要想重新规定一种"标准国语"，还须先造无数国语的《水浒传》《西游记》《儒林外史》《红楼梦》。
>
> 所以我以为我们提倡新文学的人，尽可不必问今日中国有无标准国语。我们尽可努力去做白话的文学。我们可尽量采用《水浒传》《西游记》《儒林外史》《红楼梦》的白话，有不合今日的用的，便不用他；有不够用的，便用今日的白话来补助，有不得不用文言的，便用文言来补助。这样做去，决不愁语言文字不够用，也决不用愁没有标准白话。中国将来的新文学用的白话，就是将来中国的标准国语。造中国将来白话文学的人，就是制定标准国语的人。（一九七至一九九面）

胡先生说：这篇文章把从前他和陈独秀先生的种种主张归纳到"国语的文学——文学的国语"十个字，"其实又只有'国语的文学'五个字。旗帜更明白了，进行也就更顺利了"（二八八面）。这话是不错的。他在破坏的解放文体的工作里安置了制造将来的标准国语的基石；这是建设的工作。

　　他首先指出"我们今日所用的标准白话"是怎样来的。在《文学革命运动》（这是《五十年来中国之文学》的末段，全文见《文存》二集）里他有更详细的说明：

　　　　这五百年之中，流行最广，势力最大，影响最深的书……乃是那几部"言之无文行之最远"的《水浒》《三国》《西游》《红楼》。这些小说的流行便是白话的传播；多卖得一部小说，便添得一个白话教员。所以这几百年来，白话的知识与技术都传播的很远，超出平常所谓"官话疆域"之外。试看清朝末年南方作白话小说的人，如李伯元是常州人，吴沃尧是广东人，便可以想见白话传播之广远了。……中国国语的写定与传播两方面的大功臣，我们不能不公推这几部伟大的白话小说了（二八〇面）。这种"家喻户晓的《水浒》《西游》文字"（二三三面）确是我们的新文学的基础，也是我们的标准国语的基础。但是一个时代的大文学家至多只能把那个时代的现成语言，结晶成文学的著作；他们只能把那个时代的语言的进步，作一个小小的结束；他们是语言进步的产儿，并不是语言进步的原动力。……至于民间日用的白话，正因为文人学者不去干涉，故反能自由变迁，自由进化（《国语的进化》，二五八面）。

自由变迁之中，"却有个条理次序可寻；表面上很像没有道理，其实仔细研究起来，都是有理由的"；"都是改良，都是进化"（二五八面）！"白话是古文的进化呢？还是古文的退化呢？"——这个问题"是国语运动的生死关头！这个问题不能解决，国语文与国语文学的价值便不能确定"（二五二面）。惟其白话是进化的，它的应用的能力在不断的[3]增加着，所以"国语的文学"才能成立和发展。胡先生教我们"莫要看轻了那些无量数的'乡曲愚夫，闾巷妇稚'，他们能做那些文学专门名家所不能做又不敢做的革新事业"（二六七面）！那是不错的。可是话说回来，要使国语成为"文学的国语"，还得"那些文学专门名家"努力做去。胡先生教人"努力去做白话的文学"，"尽量采用《水浒传》《西游记》《儒林外史》《红楼梦》的白话"，再用今日的白话和文言来补助。这便是到"文学的国语"的路。但他后来叙述《文学革命运动》，提到"直译的方法，严格的尽量保全原文的文法与口气"，说"这种译法，近年来很有人仿效，是国语的欧化的一个起点"（二八九面）。他至少不反对"国语的欧化"。到了现在，这已经从"一个起点"发展为一个不可抵抗的趋势，成了到"文学的国语"的一条大路了。

---

[3] 胡适行文习惯，的、地、得，并不作区分，只统一以"的"来代替。

胡先生的文学革命论"只是进化论和实验主义的一种实际应用"
（《介绍我自己的思想》，一八面），他的整理国故也"不过是赫胥黎，
杜威的思想方法的实际应用"（同上，二一面）。他在《新思潮的意
义》里道：

> 现在有许多人自己不懂得国粹是什么东西，却偏要高谈
> "保存国粹"。……这种人如何配谈国粹？若要知道什么是国粹，
> 什么是国渣，先须要用评判的态度，科学的精神，去做一番整
> 理国故的工夫（六七面）。

他说明整理国故的意义道：

> 整理就是从乱七八糟里面寻出一个条理脉络来；从无头无
> 脑里面寻出一个前因后果来；从胡说谬解里面寻出一个真意义
> 来；从武断迷信里面寻出一个真价值来。为什么要整理呢？因
> 为古代的学术思想向来没有条理，没有头绪，没有系统，故第
> 一步是条理系统的整理。因为前人研究古书，很少有历史进化
> 的眼光的，故从来不讲究一种学术的渊源，一种思想的前因后
> 果，所以第二步是要寻出每种学术思想怎样发生，发生之后有
> 什么影响效果。因为前人读古书，除极少数学者以外，大都是
> 以讹传讹的谬说，……故第三步是要用科学的方法，作精确的
> 考证，把古人的意义弄得明白清楚。因为前人对于古代的学术

思想，有种种武断的成见，有种种可笑的迷信，……故第四步是综合三步的研究，各家都还他一个本来真面目，各家都还他一个真价值。（六六至六七面）

评判的态度，科学的精神以及这四个步骤，正是"赫胥黎，杜威的思想的实际应用"。

胡先生说："'国故'这个名词，最为妥当；因为他是一个中立的名词，不含褒贬的意义。'国故'包含'国粹'，但他又包含'国渣'。我们若不了解'国渣'，如何懂得'国粹'"（三二〇至三二一面）？他道：

"国学"在我们的心眼里，只是"国故学"的缩写。中国的一切过去的文化历史，都是我们的"国故"；研究这一切过去历史文化的学问，就是"国故学"，省称为"国学"。……所以我们现在要扩充国学的领域，包括上下三四千年的过去文化，打破一切的门户成见，拿历史的眼光来整统一切，认清了"国故学"的使命是整理中国一切文化历史，便可以把一切狭陋的门户之见都扫空了。（《〈国学季刊〉发刊宣言》，三二〇至三二一面）

又道：

历史是多方面的：单记朝代兴亡，固不是历史；单有一宗一派，也不成历史。过去种种，上自思想学术之大，下至一个字，一只山歌之细，都是历史，都属于国学研究的范围。（同上，三二二面）

　　胡先生用历史的眼光将整理国故的范围扩大了（参看三三五面）。他"要教人知道学问是平等的，思想是一贯的"（《介绍我自己的思想》，二三面引《文存》三集里的话）。他的几十万字的小说考证（《介绍我自己的思想》二一面），都是本着这个意思写的。他的《中国古代哲学史》和《白话文学史》上卷，固然是划时代的，这些篇旧小说的考证也是划时代的。而将严格的考据方法应用到小说上，胡先生是第一个人。他的收获很多，而开辟了一条新路，功劳尤大。这扩大了也充实了我们的文学史。

　　这些小说考证的本身价值是不朽的。胡先生在《〈红楼梦〉考证》的末尾道：

　　我自信，这种考证的方法，除了（孟莼荪先生的）《董小宛考》之外，是向来研究红楼梦的人不曾用过的，我希望这一点小贡献，能引起大家研究《红楼梦》的兴趣，能把将来的《红楼梦》研究引上正当的轨道去：打破从前种种穿凿附会的"红学"，创造科学方法的《红楼梦》研究！（四一二面）

这便是这种考证本身的价值。但胡先生更注重"这种考证的方法"，也就是科学方法，他说：

少年的朋友们，莫把这些小说考证看作我教你们读小说的文字。这些都只是思想学问的方法的一些例子。在这些文字里，我要读者学得一点科学精神，一点科学态度，一点科学方法。科学精神在于寻求事实，寻求真理。科学态度在于撇开成见，搁起感情，只认得事实，只跟着证据走。科学方法只是"大胆的假设，小心的求证"十个字。没有证据，只可悬而不断；证据不够，只可假设，不可武断；必须等到证实之后，方才奉为定论。（《介绍我自己的思想》，二四面）

胡先生的考证文字里创见——"大胆的假设"——颇多；可是真能严格的做到"搁起感情，只认得事实，只跟着证据走"，真能严格的做到"大胆的假设，小心的求证"十个字的，似乎得推这些小说考证为最。他在《〈红楼梦〉考证》里道："自从我第一次发表这篇考证以来，我已经改正了无数大错误了——也许有将来发见新证据后即须改正的"（四一二面）。又在《介绍我自己的思想》里举曹雪芹的生卒年代问题作例，说"考证两个年代，经过七年的时间，方才得着证实"（二一至二三面）。这才真是"小心的求证"。这种小说考证，高中学生乍一翻阅，也许觉得深奥些。其实只是生疏些。若能耐心顺次读下去，相信必会迎刃而解，他们终于会得着受用的。

胡先生的小说考证还有一个重大的影响，便是古史的讨论。这是二十年来我们学术界一件大事，发难的是顾颉刚先生。胡先生道：

> 顾颉刚先生在他的《古史辨》的自序里曾说他从我的《〈水浒传〉考证》和《井田辨》等文字里得着历史方法的暗示。这个方法便是用历史演化的眼光来追求每一个传说演变的历程。我考证《水浒》的故事，包公的传说，狸猫换太子的故事，井田的制度，都用这个方法。顾先生用这方法来研究中国古史，曾有很好的成绩。（《介绍我自己的思想》，二〇面）

《水浒》的故事，包公的传说，狸猫换太子的故事，都是小说考证。顾先生自己承认从这些文字和《井田辨》里得着历史方法的暗示，正见得"学问是平等的，思想是一贯的"。本书选了一篇《古史讨论的读后感》，胡先生说在他的"《文存》里要算是最精彩的方法论"。"这里面讨论了两个基本方法：一个是用历史演化的眼光来追求传说的演变，一个是用严格的考据方法来评判史料"（《介绍我自己的思想》，一九至二〇面）。这第一个方法便是顾先生《古史辨》自序里所提到的。他用这方法研究中国古史，得到"层累地造成的古史"这个中心的见解。顾先生自己说"层累地造成的古史"有三个意思：

一、可以说明时代愈后，传说的古史期愈长。

二、可以说明时代愈后，传说中的中心人物愈放愈大。

三、我们在这上，即不能知道某一件事的真确的状况。也可以知道某一件事在传说中的最早状况。（三四〇面）

胡先生将他的方法的细节总括成下列的方式：

一、把每一件史事的种种传说，依先后出现的次序排列起来。

二、研究这件史事在每一个时代有什么样子的传说。

三、研究这件史事的逐渐演进：由简单变为复杂，由陋野变为雅驯，由地方的（局部的）变为全国的，由神变为人，由神话变为史事，由寓言变为事实。

四、遇可能时，解释每一次演变的原因。（三四二面）

关于第二个基本方法，就是评判史料的方法，这篇文字里举出五项标准。胡先生道：

我们对于"证据"的态度是：一切史料都是证据。但史家要问：（一）这种证据是在什么地方寻出的？（二）什么时候寻出的？（三）什么人寻出的？（四）依地方和时候上看起来，这个人有做证人的资格吗？（五）这个人虽有证人资格，而他说这句话有作伪（无心的，或有意的）的可能吗？（三四五面）

研究古史，高中学生的程度是不够的，他们知道这一些轮廓也就行了。

《文学革命运动》写于民国十一年，胡先生在这段文字里论到"五年以来白话文学的成绩"，指出四个要点。第三是："白话散文很进步了。长篇议论文的进步，那是显而易见的"（二九九至三〇〇面）。他自己的文字便是很显著的例子。他早就"自信颇能用白话作散文"（二三四面引民国五年答任叔永先生的信），他的自信是不错的。他的散文，特别是长篇议论文，自成一种风格，成就远在他的白话诗之上。他的长篇议论文尤其是白话文的一个大成功。一方面"明白清楚"，一方面"有力能动人"，可以说是"达意达得好，表情表得妙"。胡先生以为"达意达得好，表情表得妙"的便是文学。文学有三个要件：一是"懂得性"，便是"明白清楚"，二是"逼人性"，便是"有力能动人"，三是"美"，是前二者"加起来自然发生的结果"（见《什么是文学》，《文存》；参看本书一九六面）。这个文学的界说也许太广泛些，可是，他的散文做到了他所说的。他在民国七年说过，我们今日所用的"标准白话"都是《水浒传》《西游记》《儒林外史》《红楼梦》几部白话的文学定下来的。他的文字用的就是这种"标准白话"。如"好汉"（《介绍我自己的思想》，二四面），"顶天立地的好汉"（一二三面），"列位"（一九七面），"一言表过不提"（一六七面），"一笔表过，且说正文"（一九三面）等旧小说套语，他有时都还用着。但他那些长篇议论文在发展和组织方面，受梁启超先生等的

"新文体"的影响极大，而"笔锋常带情感"，更和梁先生有异曲同工之妙。

在《介绍我自己的思想》里，胡先生说他的《易卜生主义》那篇文章"在民国七八年间所以能有最大的兴奋作用和解放作用，也正是因为它所提倡的个人主义在当日确是最新鲜又最需要的一针注射"（八面）。这种"最大的兴奋作用和解放作用"一方面也由于他那带情感的笔锋。他那笔锋使他的别的文字也常有兴奋的作用，所谓"有力能动人"。他那笔锋是怎样带情感的呢？ 我们分析他的文字，看出几种他爱用的格调。第一是排语，翻开本书，几乎触目都是的，上面引文里也常见。这里且抄几个例。如《介绍我自己的思想》的最后：

抱着无限的爱和无限的希望，我很诚挚的把这一本小书贡献给全国的少年朋友！（二五面）

又如：

我要教人疑而后信，考而后信，有充分证据而后信（《介绍我自己的思想》，二三面引《文存》三集）。

因为我们从不曾悔过，从不曾彻底痛责自己，从不曾彻底认错（一八八面）。

我这几年来研究欧洲各国国语的历史，没有一种国语不

是这样造成的。没有一种国语是教育部的老爷们造成的。没有一种是言语学专门家造成的。没有一种不是文学家造成的。（一九九面）

又如：

诸位，千万不要说"为什么"这三个字是很容易的小事。你打今天起，每做一件事，便问一个为什么——为什么不把辫子剪了？为什么不把大姑娘的小脚放了？为什么大嫂子脸上搽那么多的脂粉？为什么出棺材要用那么多叫化子？为什么娶媳妇也要用那么多叫化子？为什么骂人要骂他的爹妈？为什么这个？为什么那个？——你试办一两天，你就会觉得这三个字的趣味真是无穷无尽，这三个字的功用也无穷无尽。（《新生活》五三面）

又如《易卜生主义》里：

这种理想是社会所最忌的。大多数人都骂他是"捣乱分子"，都恨他"扰乱治安"，都说他"大逆不道"；所以他们用大多数的专制威权去压制那"捣乱的理想志士，不许他开口，不许他行动自由；把他关在监牢里，把他赶出境去，把他杀了，把他钉在十字架上活活的钉死，把他捆在柴草上活活烧死。

（一二四面）

排语连续的用同样的词和同样的句式，藉着复沓与均齐加急语气，加强语气，兴奋读者的情感。

第二是对称。上面所抄《新生活》一段，可以作例。此外如：

> 但是列位仔细想想便可明白了。（一九七面）
>
> 你们嫌我用"圣人"一个字吗？（一六〇面）
>
> 他（指"假设"）若不来时，随你怎样搔头抓耳，挖尽心血，都不中用。（二九面）

又如：

> 有人对你说，"人生如梦"。就算是一场梦罢，可是你只有这一个做梦的机会，岂可不振作一番，做一个痛痛快快轰轰烈烈的梦？
>
> 有人对你说，"人生如戏"。就说是做戏罢，可是，吴稚晖先生说的好，"这唱的是义务戏，自己要好看才唱的；谁便无端的自己扮做[4]跑龙套，辛苦的出台，止算做没有呢？"
>
> 其实人生不是梦，也不是戏，是一件最严重的事实。你种

---

[4] 胡适行文，"做"与"作"不甚区分，书中力求保留原文原貌。

谷子，便有人充饥；你种树，便有人砍柴，便有人乘凉；你拆烂污，便有人遭瘟；你放野火，便有人烧死。你种瓜便得瓜，种豆便得豆，种荆棘便得荆棘。

少年的朋友们，你爱种什么？你能种什么？（《介绍我自己的思想》，一三面）

末一节不但用对称，并且同时在用排语。又如上文引过的"自从这个'拿证据来'的喊声传出以后"（一二面）一语中的"拿证据来"也是对称，不过用法变化罢了。对称有如面谈，语气亲切，也是诉诸读者的情感的。

第三是严词。古语道，"嫉恶如仇"，严词正是因为深嫉的原故。如：

自由平等的国家不是一群奴才建造得起来的。（《介绍我自己的思想》，一〇面）

这样又愚又懒的民族，成了一分像人九分像鬼的不长进民族。（同上，一五面）

空谈好听的"主义"，是极容易的事，是阿猫阿狗都能做的事，是鹦鹉和留声机器都能做的事。（三二面）

又如：

坐禅主敬，不过造成许多"四体不勤，五谷不分"的废物！

（一四九面）

晋书说王衍少时，山涛称赞他道，"何物老妪，生宁馨儿！"后来不通的文人把"宁馨"当作一个古典用，以为很"雅"很"美"。其实"宁馨"即是现在苏州上海人的"那哼"。但是这班不通的文人一定说"那哼"就"鄙俗可嫌"了！（二五七面）

和严词相近的是故甚其词。故甚其词，惟恐言之不尽，为的是表达自己深切的信仰。如：

至于钱（静方）先生说的纳兰成德的夫人即是黛玉，似乎更不能成立。……钱先生引他（成德）的悼亡词来附会黛玉，其实这种悼亡的诗词在中国旧文学里，何止几千首？况且大致都是千篇一律的东西。若几首悼亡词可以附会林黛玉，林黛玉真要成"人尽可夫"了！（三六四面）

这是不信。又如：

我……到了哈尔滨。在此地我得了一个绝大的发现；我发现了东西文明的交界点。

……

我到了哈尔滨，看了"道里"与"道外"的区别，忍不住叹口气，自己想道：这不是东方文明与西方文明的交界点吗？

东西洋文明的界线只是人力车文明与摩托车文明的界线——这是我的一大发现。（一五八，一五九面）

　　我们当此时候，不能不感谢那发明蒸汽机的大圣人，不能不感谢那发明电力的大圣人，不能不祝福那制作汽船汽车的大圣人。……你们嫌我用"圣人"这个字吗？孔夫子不说过吗？"制而用之谓之器。利用出入，民咸用之谓之神。"孔老先生还嫌"圣"字不够，他简直要尊他们为"神"呢！（一六〇面）

这些是信仰。为了强调这些信仰，所以"忍不住"故甚其词——后一节同时在用排语。还有：

　　我们可以大胆地宣言：西洋近代文明绝不轻视人类的精神上的要求。我们还可以大胆地进一步说：西洋近代文明能够满足人类心灵上的要求的程度，远非东洋旧文明所能梦见。（一四二面）我可以武断地说：美国是不会有社会革命的，因为美国天天在社会革命之中。（一六五面）

　　这些信仰，胡先生是有充分证据的。他用"大胆地""武断地"，只是为了强调他的信仰。他仿佛在说："即使你们觉得我的证据不充分，我还是信仰这些。"
　　胡先生在运用带情感的笔锋，却不教情感朦胧了理智，这是难能可贵的。读他的文字的人往往不很觉得他那笔锋，却只跟着他那

"明白清楚"的思路走。他能驾驭情感，使情感只帮助他的思路而不至于跑野马。但他还另有些格调，足以帮助他的文字的明白清楚。如比喻就是的。比喻是举彼明此，因所知见所不知，可以诉诸理智，也可以诉诸感情。胡先生用的比喻差不多都是前者。例如：

科学家明知真理无穷，知识无穷，但他们仍然有他们的满足：进一寸有一寸的愉快，进一尺有一尺的满足。（一四四面）

这种种过去的"小我"和种种现在的"小我"，和种种将来无穷的"小我"，一代传一代，一点加一滴；一线相传，连绵不断；一水奔流，滔滔不绝：这便是一个"大我"。（一〇五面）

又如《易卜生主义》里：

社会国家是时刻变迁的，所以不能指定哪一种方法是救世的良药：十年前用补药，十年后或者须用泄药了，十年前用凉药，十年后或者须用热药了。（一三五面）

这些同时在用排语。又如：

真理是深藏在事物之中的；你不去寻求探讨，他决不会露面……。"自然"是一个最狡猾的妖魔，只有敲打逼拶可以逼他吐露真情。（一四三面）

考证的方法好有一比，比现今的法官判案，他坐在堂上静听两造的律师把证据都呈上来了，他提起笔来，宣判道：某一造的证据不充足，败诉了；某一造的证据充足，胜诉了。他的职务只在评判现成的证据，他不能跳出现成的证据之外。实验的方法也有一比，比那侦探小说里的福尔摩斯访案：他必须改装微行，出外探险，造出种种机会来，使罪人不能不呈献真凭实据。他可以不动笔，但他不能不动手动脚，去创造那逼出证据的境地与机会。（四八四面）

又如：

到现在他（指人）居然能教电气给他赶车，以太给他送信了。（九五面，参看一四五面）

这也同时在用排语。以上三例都是有趣味的比喻。还有《易卜生主义》里：

社会对个人道："你们顺我者生，逆我者死；顺我者有赏，逆我者有罚"。（一二二面）

这是将"社会"人化，也是一种比喻。这种种比喻虽也诉诸情感，但主要的作用还在说明。其实胡先生所用的种种增强情感的格调，主要的作用都在说明，不过比喻这一项更显而易见罢了。

文字的"明白清楚"，主要的还靠条理。条理是思想的秩序。条理分明，读书才容易懂，才能跟着走。长篇议论文更得首尾一贯，最忌的是"朽索驭六马，游骑无归期"。胡先生的文字大都分项或分段；间架定了，自然不致大走样子。但各项各段得有机的联系着，逻辑的联系着，不然还是难免散漫支离的毛病。胡先生的文字一方面纲举目张，一方面又首尾联贯，确可以作长篇议论文的范本。有些复杂的题材，条理不但得分明，还得严密，那就更需要组织的力量。本书中如《问题与主义》（二），《新思潮的意义》，《我们对于西洋近代文明的态度》，《〈红楼梦〉考证》及《附录》，都头绪纷繁，可是写来条分缕析，丝毫不乱，当得起"严密"两个字。长篇议论文的结尾，最应注重，有时得提纲挈领，总括全篇，给读者一个简要的观念，帮助他的了解和记忆。如《不朽》的末尾说，"以我个人看来，这种'社会的不朽'观念很可以做我的宗教了。"接着道：

我的宗教的教旨是：

我这个现在的"小我"，对于那永远不朽的"大我"的无穷过去，须负重大的责任；对于那永远不朽的"大我"的无穷未来，也须负重大的责任。我须要时时想着，我应该如何努力利用现在的"小我"，方才可以不辜负了那"大我"的无穷过去，

方才可以不贻害[5]那“大我”的无穷未来？（一一〇面）

又如《新思潮的意义》的结尾：

    这是这几年新思潮运动的大教训！我希望新思潮的领袖人物以后能了解这个教训，能把全副精力贯注到研究问题上去；能把一切学理不看作天经地义，但看作研究问题的参考材料；能把一切学理应用到我们自己的种种切要问题上去；能在研究问题上面做输入学理的工夫；能用研究问题的工夫来提倡研究问题的态度，来养成研究问题的人才。

    这是我对于新思潮运动的解释。这也是我对于新思潮将来的趋向的希望。（六四面）

《易卜生主义》的结尾最为特别：

    他（易卜生）仿佛说道：“人的身体全靠血里面有无量数的白血轮时时刻刻与人身的病菌开战，把一切病菌扑灭干净，方才可使身体健全，精神充足。社会国家的健康也全靠社会中有许多永不知足，永不满意，时刻与罪恶分子龌龊分子宣战的白血轮，方才有改良进步的希望。我们若要保卫社会的健

---

[5] 胡适原文作“遗害”，全书统改为“贻害”。

康，须要使社会时时刻刻有斯铎曼医生一般的白血轮分子。但使社会常有这种白血轮精神，社会决没有不改良进步的道理"。（一三五至一三六面）

接着还引译了易卜生给朋友的信里的一节话，说社会的少数人"总是向前去"，多数人总是赶不上。这更是好整以暇，笔有余妍了。

有人说胡先生太注重"明白清楚"，有时不免牺牲了精细和确切，说他有时不免忽略了那些虽然麻烦却有关系的材料或证据。即如《易卜生主义》那篇，在民国七八年间虽曾"有最大的兴奋作用和解放作用"，后来却就有人觉得粗浅了。他有一些整理国故的文字，有人觉得也不免粗浅的地方。胡先生是文学革命和思想革命的领袖，他的文字不能不注重宣传的作用，他偏重"懂得性"，也是当然。他的文字可没有一般宣传的叫嚣气；他的议论，他的说明都透澈而干脆，没有一点渣滓——他所谓"长篇议论文"包括说明文而言——就是这些，尽够青年学生学的。况且精细确切的文字，胡先生也常有，上节所举《问题与主义》（二）等四篇便是的，而《〈红楼梦〉考证》及《附录》更见如此。高中学生学习议论文和说明文，自然该从条理入手。比喻也练习。至于那些增强情感的格调，用时却得斟酌。大概排语不妨随便用，只要不太多不太板就成。胡先生用对称，虽是为了亲切，却带着教训的口气。青年学生用不到教训的口气，只消就亲切上着眼。但得留意，对称也容易带轻佻的口气，轻佻就失了文格了。故甚其词可以用，但得配合上下文的语气，才觉自然。严词能够不用最好；胡先生的严词有时也还不免有太过的地方。—— 这些年很有些人攻击胡先生的思想，青年学生以耳代目，便不大去读他的书。这不算"一个不受人惑的人"。胡先生说过：

就是那些反对白话文学的人，我也奉劝他们用白话来做文字。为什么呢？因为他们若不能做白话文字，便不配反对白话文学。（二○ 四面）

这是"评判的态度"。青年学生若不读胡先生的书，也不配反对他的思想。况且就是反对他的思想，他的文字也还是值得学的。无论赞成胡先生的思想的也罢，反对他的也罢，我们奉劝高中学生先平心静气的细读这本书。

叶圣陶:《读书指导》后记

一九四〇年夏天开始,我在四川教育科学馆担任专门委员。工作任务是推进中等学校的国文教学。实在没有多大把握,除了各县去走走,参观国文教学的实际情况,跟国文教师随便谈谈,就只想到编辑一套《国文教学丛刊》。

丛刊的目录拟了八九种。其中两种是《精读指导举隅》跟《略读指导举隅》,预先没有征求佩弦的同意,就定下主意我跟佩弦两个人合作。因为一九四〇年夏天到一九四一年夏天佩弦轮着休假,在成都家里住,可以逼着他做。去信说明之后,他居然一口答应下来,在我真

叶圣陶(1894—1988)

是没法描摹的高兴。于是商量体例，挑选文篇跟书籍，分别认定谁担任什么，接着是彼此动手，把稿子交换着看，提出修正的意见，修正过后再交换着看：乐山跟成都之间每隔三四天就得通一回信。一九四一年春天，我搬到成都住，可是他家在东门外，我家在西门外，相隔大概二十里地，会面不容易，还是靠通信的时候多。两本东西写完毕，现在记不起确切时日了，好像在那年暑假过后他回西南联大之后。写的分量几乎彼此各半，两篇"前言"都是我写的，两篇"例言"都是他写的。现在编他的全集，把两本东西里他写的几篇合在一块儿，改称《读书指导》。两篇"例言"是他的，当然也要收在内。

我跟佩弦共事，在中国公学中学部，在杭州第一师范，都只有短短一段儿时间。以后同在一处的时候不多。

他偶尔到上海，也无非谈几回天，喝几顿酒，并没有共什么事。写这两本东西的时候可真的共了事。虽然不在一块儿工作，互相商量互相启发是够充分的，这中间有超乎所谓乐趣的一种满足。日本投降之后过两年，我们又共事了，加入一位吕叔湘先生，三个人给开明书店编高中用的国文读本。可惜才编到第二册，佩弦就去世了，以后再没有跟他共事的机会！

1950 年 4 月

胡适：介绍我自己的思想 [6]

　　我在这十年之中，出版了三集《胡适文存》，约计有一百四五十万字。我希望少年学生能读我的书，故用报纸印刷，要使定价不贵。但现在三集的书价已在七元以上，贫寒的中学生已无力全买了。字数近一百五十万，也不是中学生能全读的了。所以我现在从这三集中选出了二十二篇论文，印作一册，预备给国内的少年朋友们作一种课外读物。如有学校教师愿意选我的文字作课本的，我也希望他们用这个选本。

　　我选的这二十二篇文字，可以分作五组。

　　第一组六篇，泛论思想的方法。

　　第二组三篇，论人生观。

　　第三组三篇，论中西文化。

　　第四组六篇，代表我对于中国文学的见解。

---

[6]　1930年12月上海亚东图书馆《胡适文选》初版序言。

任北大教授时的胡适

第五组四篇，代表我对于整理国故问题的态度与方法。

为读者的便利起见，我现在给每一组作一个简短的提要，使我的少年朋友们容易明白我的思想的路径。

一、第一组收的文字是：

演化论与存疑主义

杜威先生与中国

杜威论思想

问题与主义

新生活

新思潮的意义

我的思想受两个人的影响最大：一个是赫胥黎，一个是杜威先生。赫胥黎教我怎样怀疑，教我不信任一切没有充分证据的东西。杜威先生教我怎样思想，教我处处顾到当前的问题，教我把一切学说理想都看作待证的假设，教我处处顾到思想的结果。这两个人使我明了科学方法的性质与功用，故我选前三篇介绍这两位大师给我的少年朋友们。

　　从前陈独秀先生曾说实验主义和辩证法的唯物史观是近代两个最重要的思想方法，他希望这两种方法能合作一条联合战线。这个希望是错误的。辩证法[7]出于黑格尔的哲学，是生物进化论成立以前的玄学方法。实验主义是生物进化论出世以后的科学方法。这两种方法所以根本不相容，只是因为中间隔了一层达尔文主义。达尔文的生物演化学说给了我们一个大教训：就是教我们明了生物进化，无论是自然的演变，或是人为的选择，都由于一点一滴的变异，所以是一种很复杂的现象，决没有一个简单的目的地可以一步跳到，更不会有一步跳到之后可以一成不变。辩证法的哲学本来也是生物学发达以前的一种进化理论；依他本身的理论，这个一正一反相毁相成的阶段应该永远不断的呈现。但狭义的共产主义者却似乎忘了这个原则，所以武断的虚无一个共产共有的理想境界，以为可以用阶级斗争的方法一蹴而就，既到之后又可以用一阶级专政方法把持

---

[7]　胡适原文，所有"辩证"二字，皆写作"辨证"，为符合现代阅读习惯，本书统改为通用的"辩证"。

不变。这样的化复杂为简单，这样的根本否定演变的继续便是十足的达尔文以前的武断思想，比那顽固的黑格尔更顽固了。

实验主义从达尔文主义出发，故只能承认一点一滴的不断的改进是真实可靠的进化。我在《问题与主义》和《新思潮的意义》两篇中，只发挥这个根本观念。我认定民国六年以后的新文化运动的目的是再造中国文明，而再造文明的途径全靠研究一个个的具体问题。我说：

> 文明不是笼统造成的，是一点一滴的造成的。进化不是一晚上笼统进化的，是一点一滴的进化的。现今的人爱谈"解放"与"改造"，须知解放不是笼统解放，改造也不是笼统改造。解放是这个那个制度的解放，这种那种思想的解放，这个那个人的解放：都是一点一滴的解放。改造是这个那个制度的改造，这种那种思想的改造，这个那个人的改造：都是一点一滴的改造。再造文明的下手工夫是这个那个问题的研究。再造文明的进行是这个那个问题的解决。（页六八）

我这个主张在当时最不能得各方面的了解。当时（民国八年）承"五四""六三"之后，国内正倾向于谈主义，我预料到这个趋势的危险，故发表"多研究些问题，少谈些主义"的警告。我说：

> 凡是有价值的思想，都是从这个那个具体的问题下手的。

先研究了问题的种种方面的种种事实，看看究竟病在何处，这是思想的第一步工夫。然后根据于一生的经验学问，提出种种解决的方法，提出种种医病的丹方，这是思想的第二步工夫。然后用一生的经验学问，加上想象的能力，推思每一种假定的解决法应该可以有什么样的效果，更推想这种效果是否真能解决眼前这个困难问题。推想的结果，拣定一种假定的（最满意的）解决，认为我的主张，这是思想的第三步工夫。凡是有价值的主张，都是先经过这三步工夫来的。（页三六）

我又说：

一切主义，一切学理，都该研究。但只可认作一些假设的（待证的）见解，不可认作天经地义的信条；只可认作参考印证的材料，不可奉为金科玉律的宗教；只可用作启发心思的工具，切不可用作蒙蔽聪明，停止思想的绝对真理。如此方才可以渐渐养成人类的创造的思想力，方才可以渐渐使人类有解决具体问题的能力，方才可以渐渐解放人类对于抽象名词的迷信。（页五○）

这些话是民国八年七月写的。于今已隔了十几年，当日和我讨论的朋友，一个已被杀死了，一个也颓唐了，但这些话字字句句都还可以应用到今日思想界的现状。十几年前我所预料的种种危险——"目的热"而"方法盲"，迷信抽象名词，把主义用做蒙蔽聪明，停止思想的绝对真理——都显现在眼前了，所以我十分诚恳的把这些老话贡献给我的少年朋友们，希望他们不可再走错了思想的路子。

《新生活》一篇，本是为一个通俗周报写的；十几年来，这篇短文走进了中小学的教科书中，读过的人应该在一千万以上了。但我盼望读过此文的朋友们把这篇短文放在同组的五篇中重新读一遍。赫胥黎教人记得一句"拿证据来"，我现在教人记得一句"为什么"。少年的朋友们，请仔细想想：你进学校是为什么？你进一个政党是为什么？你努力做革命工作是为什么？革命是为了什么而革命，政府是为了什么而存在？

请大家记得：人同畜生的分别，就在这个"为什么"上。

二、第二组的文字只有三篇：

《科学与人生观》序

不朽

易卜生主义

这三篇代表我的人生观，代表我的宗教。

《易卜生主义》一篇写的最早，最初的英文稿是民国三年在康奈尔大学哲学会宣读的，中文稿是民国七年写的，易卜生最可代表十九世纪欧洲的个人主义的精华；故我这篇文章只写得一种健全的个人主义的人生观。这篇文章在民国七八年间所以能有最大的兴奋作用和解放作用，也正是因为它所提倡的个人主义在当日确是最新鲜又最需要的一针注射。

娜拉抛弃了家庭丈夫儿女，飘然而去，只因为她觉悟了她自己也是一个人，只因为她感觉到她"无论如何，务必努力做一个人"。这便是易卜生主义，易卜生说：

> 我所最期望于你的是一种真实纯粹的为我主义，要使你有时觉得天下只有关于你的事最要紧，其余的都算不得什么。……你要想有益于社会，最好的法子莫如把你自己这块材料铸造成器。……有的时候我真觉得全世界都像海上撞沉了船，最要紧的还是救出自己。（页一三〇）

这便是最健全的个人主义。救出自己的唯一法子便是把你自己这块材料铸造成器。

把自己铸造成器，方才可以希望有益于社会。真实的为我，便是最有益的为人。把自己铸造成了自由独立的人格，你自然会不知足，不满意于现状，敢说老实话，敢攻击社会上的腐败情形，做一个"贫贱不能移，富贵不能淫，威武不能屈"的斯铎曼医生。斯铎曼医生为了说老实话，为了揭穿本地社会的黑幕，遂被全社会的人喊作"国民公敌"。但他不肯避"国民公敌"的恶名，他还要说老实话，他大胆的宣言：

> 世上最强有力的人就是那最孤立的人！

这也是健全的个人主义的真精神。

这个个人主义的人生观一面教我们学娜拉，要努力把自己铸造成个人；一面教我们学斯铎曼医生，要特立独行，敢说老实话，敢向恶势力作战。少年的朋友们，不要笑这是十九世纪维多利亚时代的陈腐思想！我们去维多利亚时代还老远哩。欧洲有了十八九世纪的个人主义！造出了无数爱自由过于面包，爱真理过于生命的特立独行之士，方才有今日的文明世界。

现在有人对你们说："牺牲你们个人的自由，去求国家的自由！"我对你们说："争你们个人的自由，便是为国家争自由！争你们自己的人格，便是为国家争人格！自由平等的国家不是一群奴才建造得起来的！"

《〈科学与人生观〉序》一篇略述民国十二年的中国思想界中一场大论战的背景和内容（我盼望读者能参读《文存三集》里《几个反理学的思想家》的吴敬恒一篇，页一五——一八六）。在此序的末段，我提出我所谓"自然主义的人生观"（页九二——九五）。这不过是一个轮廓，我希望少年的朋友们不要仅仅接受这个轮廓，我希望他们能把这十条都拿到科学教室和实验室中去细细证实或否证。

这十条的最后一条是：

根据于生物学及社会学的知识，叫人知道个人——"小我"——是要死灭的，而人类——"大我"——是不死的，不朽的；叫人知道"为全种万世而生活"就是宗教，就是最高的宗教；而那些替个人谋死后的"天堂""净土"的宗教乃是自私自利的宗教。

　　这个意思在这里说的太简单了，读者容易起误解。所以我把《不朽》一篇收在后面，专说明这一点。

　　我不信灵魂不朽之说，也不信天堂地狱之说，故我说这个小我是会死灭的。死灭是一切生物的普遍现象，不足怕，也不足惜，但个人自有他的不死不灭的部分：他的一切作为，一切功德罪恶，一切语言行事，无论大小，无论善恶，无论是非，都在那大我上留下不能磨灭的结果和影响。他吐一口痰在地上，也许可以毁灭一村一族。他起一个念头，也许可以引起几十年的血战。他也许"一言可以兴邦，一言可以丧邦"。善亦不朽，恶亦不朽；功盖万世固然不朽，种一担谷子也可以不朽，喝一杯酒，吐一口痰也可以不朽。古人说："一出言而不敢忘父母，一举足而不敢忘父母。"我们应该说："说一句话而不敢忘这句话的社会影响，走一步路而不敢忘这步路的社会影响。"这才是对于大我负责任。能如此做，便是道德，便是宗教。

　　这样说法，并不是推崇社会而抹煞个人。这正是极力抬高个人的重要。个人虽渺小，而他的一言一动都在社会上留下不朽的痕迹，芳不止流百世，臭也不止遗万年，这不是绝对承认个人的重要吗？成功不必在我，也许在我千百年后，但没有我也决不能成功。毒害不必在眼前，"我躬不阅，遑恤我后！"然而我岂能不负这毒害的责任？今日的世界便是我们的祖宗种的德，造的孽。未来的世界全看我们自己种什么德或造什么孽。世界的关键全在我们手中，正如古人说的"任重而道远"，我们岂可错过这绝好的机会，放下这绝对重大的担子？

有人对你说："人生如梦。"就算是一场梦罢，可是你只有这一个做梦的机会。岂可不振作一番，做一个痛痛快快轰轰烈烈的梦？

有人对你说，"人生如戏。"就说是做戏罢，可是，吴稚晖先生说的好："这唱的是义务戏，自己要好看才唱的；谁便无端的自己扮作跑龙套，辛苦的出台，止算做没有呢？"

其实人生不是梦，也不是戏，是一件最严重的事实。你种谷子，便有人充饥；你种树，便有人砍柴，便有人乘凉；你拆烂污，更有人遭瘟；你放野火，便有人烧死。你种瓜便得瓜，种豆便得豆，种荆棘便得荆棘。少年的朋友们，你爱种什么？你能种什么？

三、第三组的文字，也只有三篇：

我们对于西洋近代文明的态度

漫游的感想

请大家来照照镜子

在这三篇中，我很不客气的指摘我们的东方文明，很热烈的颂扬西洋的近代文明。

人们常说东方文明是精神的文明，西方文明是物质的文明，或唯物的文明，这是有夸大狂的妄人捏造出来的谣言，用来遮掩我们的羞脸的。其实一切文明都有物质和精神的两部分：材料都是物质的，而运用材料的心思才智都是精神的。木头是物质；而刳木为舟，构木为屋，都靠人的智力，那便是精神的部分。器物越完备复杂，精神的因子越多。一只蒸汽锅炉，一辆摩托车，一部有声电影机器，其中所含的精神因子比我们老祖宗的瓦罐、大车、毛笔多得多了。我们不能坐在舢板船上自夸精神文明，而嘲笑五万吨大汽船是物质文明。

但物质是倔强的东西，你不征服他，他便要征服你。东方人在过去的时代，也曾制造器物，做出一点利用厚生的文明。但后世的懒惰子孙得过且过，不肯用手用脑去和物质抗争，并且编出"不以人易天"的懒人哲学，于是不久便被物质战胜了。天旱了，只会求雨；河决了，只会拜金龙大王；风浪大了，只会祷告观音菩萨或天后娘娘。荒年了，只好逃荒去；瘟疫来了，只好闭门等死；病上身了，只好求神许愿。树砍完了，只好烧茅草；山都精光了，只好对着叹气。这样又愚又懒的民族，不能征服物质，便完全被压死在物质环境之下，成了一分像人九分像鬼的不长进民族。所以我说：

> 这样受物质环境的拘束与支配，不能跳出来，不能运用人的心思智力来改造环境改良现状的文明，是懒惰不长进的民族的文明，是真正唯物的文明。（页一五四）

反过来看看西洋的文明。

这样充分运用人的聪明智慧来寻求真理以解放人的心灵，来制服天行以供人用，来改造物质的环境，来改革社会政治的制度，来谋人类最大多数的最大幸福，——这样的文明是精神的文明。（页一五五）

这是我的东西文化论的大旨。

少年的朋友们，现在有一些妄人要煽动你们的夸大狂，天天要你们相信中国的旧文化比任何国高，中国的旧道德比任何国好。还有一些不曾出国门的愚人鼓起喉咙对你们喊道："往东走！往东走！西方的这一套把戏是行不通的了！"

我要对你们说：不要上他们的当！不要拿耳朵当眼睛！睁开眼睛看看自己，再看看世界。我们如果还想把这个国家整顿起来，如果还希望这个民族在世界上占一个地位——只有一条生路，就是我们自己要认错。我们必须承认我们自己百事不如人，不但物质机械上不如人，政治制度不如人，并且道德不如人，知识不如人，文学不如人，音乐不如人，艺术不如人，身体不如人。

肯认错了，方才肯死心塌地的去学人家。不要怕模仿，因为模仿是创造的必要预备工夫。不要怕丧失我们自己的民族文化，因为绝大多数人的惰性已经够保守那旧文化了，用不着你们少年人去担心。你们的职务在进取，不在保守。

请大家认清我们当前的紧急问题。我们的问题是救国，救这衰病的民族，救这半死的文化。在这件大工作的历程中，无论什么文化，凡可以使我们起死回生，返老还童的，都可以充分采用，都应该充分收受。我们救国建国，正如大匠建屋，只求材料可以应用，不管他来自何方。

四、第四组的文字有六篇：

建设的文学革命论

《尝试集》自序

文学进化观念

国语的进化

文学革命运动

《词选》自序

这里有一部分是叙述文学革命运动的经过的，有一部分是我自己对于文学的见解。

我在这十几年的中国文学革命运动上，如果有一点点贡献，我的贡献只在：

（1）我指出了"用白话作新文学"的一条路子。（页一九四——二〇三；页二三八——二四〇；页二七七——二八三）

（2）我供给了一种根据于历史事实的中国文学演变论；使人明了国语是古文的进化，使人明了白话文学在中国文学史上占什么地位。（页二四二——二八四；页三〇四——三〇九）

（3）我发起了白话新诗的尝试。（页二一七——二四一）

这些文字都可以表出我的文学革命论也只是进化论和实验主义的一种实际应用。

五、第五组的文字有四篇：

《国学季刊》发刊宣言

古史讨论的读后感

《红楼梦》考证

治学的方法与材料

这都是关于整理国故的文字。

《季刊宣言》是一篇整理国故的方法总论，有三个要点：

第一，用历史的眼光来扩大研究的范围。

第二，用系统的整理来部勒研究的资料。

第三，用比较的研究来帮助材料的整理与解释。

这一篇是一种概论，故未免觉得太悬空一点。以下的两篇便是两个具体的例子，都可以说明历史考证的方法。

《古史讨论》一篇，在我的《文存》里要算是最精彩的方法论。这里面讨论了两个基本方法：一个是用历史演变的眼光来追求传说的演变，一个是用严格的考据方法来评判史料。

顾颉刚先生在他的《古史辨》的自序中曾说他从我的《〈水浒传〉考证》和《井田辨》等文字中得到历史方法的暗示。这个方法便是用历史演化的眼光来追求每一个传说演变的历程。我考证《水浒》的故事，包公的传说，狸猫换太子的故事，井田的制度，都用这个方法。顾先生用这方法来研究中国古史，曾有很好的成绩。顾先生说得最好："我们看史迹的整理还轻而看传说的经历却重。凡是一件史事，应看他最先是怎样，以后逐步逐步的变迁是怎样。"其实对于纸上的古史迹追求其演变的步骤，便是整理他了。

在这篇文字中，我又略述考证的方法，我说：

　　我们对于"证据"的态度是：一切史料都是证据。但史家要问：（1）这种证据是在什么地方寻出的？

　　（2）什么时候寻出的？

　　（3）什么人寻出的？

　　（4）依地方和时候上看起来，这个人有做证人的资格吗？

　　（5）这个人虽有证人资格，而他说这句话时有作伪（无心的，或有意的）的可能吗？（页三四八——三四九）

《〈红楼梦〉考证》诸篇只是考证方法的一个实例。我说：

　　我觉得我们做《红楼梦》的考证，只能在"著者"和"本子"两个问题上着手；只能运用我们力所能搜集的材料，参考互证，然后抽出一些比较的最近情理的结论。这是考证学的方法。我在这篇文章里处处想撇开一切先人的成见，处处存一个搜求证据的目的，处处尊重证据，让证据做向导，引我到相当的结论上去。（页四一一——四一二）

这不过是赫胥黎、杜威的思想方法的实际应用。我的几十万字的小说考证，都只是用一些"深切而著名"的实例来教人怎样思想。

试举曹雪芹的年代一个问题作个实例。民国十年，我收得了一些证据，得着这些结论：

> 我们可以断定曹雪芹死于乾隆三十年左右（约西历1765）……我们可以猜想雪芹大约生于康熙末叶（约1715—1720）当他死时，约五十岁左右。（页三八三）

民国十一年五月，我得着了《四松堂集》的原本，见敦城挽曹雪芹的诗题下注"甲申"二字，又诗中有"四十年华"的话，故修正我的结论如下：

> 曹雪芹死在乾隆二十九年甲申（1764），……他死时只有"四十年华"，我们可以断定他的年纪不能在四十五岁以上。假定他死时年四十五岁，他的生时当康熙五十八年（1719）。（页四二〇）

但到了民国十六年，我又得了脂砚斋评本《石头记》，其中有"壬午除夕，书未成，芹为泪尽而逝"的话。壬午为乾隆二十七年，除夕当西历一七六三年二月十二日，和我七年前的断定（"乾隆三十年左右，约西历一七六五"）只差一年多。又

假定他活了四十五岁，他的生年大概在康熙五十六年（1717），这也和我七年前的猜测正相符合。（页四三三）

考证两个年代，经过七年的时间，方才得着证实。证实是思想方法的最后又最重要的一步。不曾证实的理论，只可算是假设；证实之后，才是定论，才是真理。我在别处《文存三集》（页二七三）说过：

> 我为什么要考证《红楼梦》？在消极方面，我要教人怀疑王梦阮徐柳泉一班人的谬说。
>
> 在积极方面，我要教人一个思想学问的方法。我要教人疑而后信，考而后信，有充分证据而后信。
>
> 我为什么要替《水浒传》作五万字的考证？我为什么要替庐山一个塔作四千字的考证？我要教人知道学问是平等的，思想是一贯的。……肯疑问"佛陀耶舍究竟到过庐山没有"的人，方才肯疑问"夏禹是神是人"。有了不肯放过一个塔的真伪的思想习惯，方才敢疑上帝的有无。

少年的朋友们，莫把这些小说考证看作我教你们读小说的文字。这些都只是思想学问的方法的一些例子。在这些文字中，我要读者学的一点科学精神，一点科学态度，一点科学方法。科学精神在于寻求事实，寻求真理。科学态度在于撇开成见，搁起感情，只认得事实，只跟着证据走。科学方法只是"大胆的假设，小心的求证"十个字。没有证据，只可悬而不断；证据不够，只可假设，不可武断；必须等到证实之后，方才奉为定论。

少年的朋友们，用这个方法来做学问，可以无大差失；用这种态度来做人处事，可以不至于被人蒙着眼睛牵着鼻子走。

从前禅宗和尚曾说："菩提达摩东来，只要寻一个不受人惑的人。"我这里千言万语，也只是要教人一个不受人惑的方法。被孔丘、朱熹牵着鼻子走，固然不算高明；被马克思、列宁、斯大林牵着鼻子走，也算不得好汉。我自己决不想牵着谁的鼻子走。我只希望尽我的微薄的能力，教我的少年朋友们学一点防身的本领，努力做一个不受人惑的人。

抱着无限的爱和无限的希望，我很诚挚的把这一本小书贡献给全国的少年朋友！

十九，十一，二十七晨二时，将离开江南的前一日。

第一组

泛论思想的方法

演化论与存疑主义

　　1872 年 1 月 10 日，达尔文校完了他的《物类由来》第六版的稿子。这部思想大革命的杰作，已出版了十三年了。他的《人类由来》(The Descent of Man) 也出版了一年了。《物类由来》出版以后，欧美的学术界都受了一个大震动。十二年的激烈争论，渐渐的把上帝创造的物种由来论打倒了，故赫胥黎 (Huxley,1825—1895) 在 1871 年曾说，"在十二年中，《物类由来》在生物学上做到了一种完全的革命，就同牛顿的天文学上做到的革命一样"。但当时的生物学者及一般学者虽然承认了物种的演化，还有许多人不肯承认人类也是由别的物种演化出来的。人类由来的主旨只是老实指出人类也是从猴类演化出来的。这部书居然销售很广，而且很快：第一年就销了二千五百部。这时候，德国的赫克尔 (Haeckel) 也在他的 Naturliche Schöpfungs Geschichte 中极力主张同样的学说。当日关于这个问题——物类的演化——的争论，乃是学术史上第一场大战争。十年之后 (1882)，达尔文死时，英国人把他葬在卫司敏德大寺里，与牛顿并列，这可见演化论当日的胜利了。

1872 年六版的《物类由来》，乃是最后修正本。达尔文在这一版的页四二四中，加了几句话：

> 前面的几段，以及别处，有几句话，隐隐的说自然学者相信物类是分别创造的。很有人说我这几句话不该说。但我不曾删去它们，因为它们的保存可以记载一个过去时代的事实。当此书初版时，普通的信仰确是如此的。现在情形变了，差不多个个自然学者都承认演化的大原则了。（《达尔文传》二，三三二）

当 1859 年《物种由来》初出时，赫胥黎在《泰晤士报》上作了一篇有力的书评，最末的一节说：达尔文先生最忌空想，就同自然最怕虚空的一样（"自然最怕虚空" Nature abhors a vacuum 乃是谚语）。他搜求事例的殷勤，就同一个法学者搜求例案一样。他提出的原则，都可以用观察与实验来证明的。他要我们跟着走的路，不是一条用理想的蜘蛛网丝织成的云路，乃是一条用事实砌成的大桥。那么，这条桥可以使我渡过许多知识界的陷坑；可以引我们到一个所在，那个所在没有那些虽娇艳动人而不生育的魔女——叫做最后之因的——设下的陷人坑。古代寓言中说一个老人最后吩咐他的儿子的话是："我的儿子，你们在这葡萄园里掘罢。"他们依着老人的话，把园子都掘遍了；他们虽不曾寻着窖藏的金，却把园地锄遍了，

达尔文（1809—1882）

所以那年的葡萄大熟，他们也发财了(《赫胥黎论文》,二,页一一〇)。

这一段话最会形容达尔文的真精神。他的思想史的最大贡献就是一种新的实证主义的精神。他打破了那求"最后之因"的方法，使我们从实证的方面去解决生物界的根本问题。

达尔文在科学方面的贡献，他的学说在这五十年里的逐渐证实与修正，——这都是五十年的科学史上的材料，我不必在这里详说了。我现在单说他在哲学思想上的影响。

达尔文的主要观念是："物类起于自然的选择，起于生存竞争中最适宜的种族的保存。"他的几部书都只是用无数的证据与事例来证明这一个大原则。在哲学史上，这个观念是一个革命的观念；单只那书名——《物类由来》——把"类"和"由来"连在一块，便是革命的表示。因为自古以来，哲学家总以为"类"是不变的，一成不变就没有"由来"了。例如一粒橡子，渐渐生芽发根，不久满一尺了，不久成小橡树了，不久成大橡树了。这虽是很大的变化，但变来变去还只是一株橡树。橡子不会变成鸭脚树，也不会变成枇杷树。千年前如此，千年后也还如此。这个变而不变之中，好像有一条规定的路线，好像有一个前定的范围，好像有一个固定的法式。这个法式的范围，亚里士多德叫他做"哀多斯"（Eidos），平常译作"法"。中古的经院学者译作"斯比西斯"（Species），正译为"类"（关于"法"与"类"的关系，读者可参看胡适《中国哲学史大纲》上卷，页二〇六）。这个变而不变的"类"的观念，成为欧洲思想史的唯一基本观念。学者不去研究变的现象，却去寻现象背后的那个不变的性。那变的，特殊的，个体的，都受人的轻视；哲学家很骄傲的说："那不过是经验，算不得知识。"真知识须求那不变的法，求那统举的类，求那最后的因（亚里士多德的"法"即是最后之因）。

十六七世纪以来，物理的科学进步了，欧洲学术界渐渐的知道注重个体的事实与变迁的现象。三百年的科学进步，居然给我们一个动的变的宇宙观了。但关于生物，心理，政治的方面；仍然是"类不变"的观念占优胜。偶然有一两个特别见识的人，如拉马克（Lamarck）之流，又都不能彻底。达尔文同时的地质学者，动物学者，植物学者，都不曾打破"类不变"的观念。最大的地质学家如来尔（Lyell）——达尔文的至好

赫胥黎（1825—2895）

朋友，——何尝不知道大地的历史上一个时代有一个时代的生物？但他们总以为每一个地质的时代的末期必有一个大毁坏，把一切生物都扫去；到第二个时代中，另有许多新物类创造出来。他们始终打不破那传统的观念。

达尔文不但证明"类"是变的，而且指出"类"所以变的道理。这个思想上的大革命在哲学上有几种重要的影响。最明显的是打破了有意志的天帝观念。如果一切生物全靠着时时变异和淘汰不适于生存竞争的变异，方才能适应环境，那就用不着一个有意志的主宰来计划规定了。况且生存的竞争是很惨酷的；若有一个有意志的主宰，何以生物界还有这种惨剧呢？当日植物学大家葛雷（Asa Gray）始终坚持主宰的观念。达尔文曾答他道：

> 我看见了一只鸟，心想吃它，就开枪把它杀了：这是我有意做的事。一个无罪的人站在树下，触电而死，难道你相信那是上帝有意杀了他吗？有许多人竟能相信；我不能信，故不信。如果你相信这个，我再问你：当一只燕子吞了一个小虫，难道那也是上帝命定那只燕子应该在那时候吞下那个小虫吗？我相信那触电的人和那被吞的小虫是同类的案子。如果那人和那虫的死不是有意注定的，为什么我们偏要相信他们的"类"的初生是有意的呢？（《达尔文传》第一册，页二八四）

我们读惯了《老子》"天地不仁"的话，《列子》鱼鸟之喻，王充的自然论，——两千年来，把这种议论只当耳边风，故不觉得达尔文的议论的重要。但在那两千年的基督教威权底下，这种议论确是革命的议论，何况他还指出无数科学的事实做证据呢？

但是达尔文与赫胥黎在哲学方法上最重要的贡献，在于他们的"存疑主义"（Agnosticism）。存疑主义这个名词，是赫胥黎造出来的，直译为"不知主义"。孔丘说："知之为知之，不知为不知，是知也。"这话确是"存疑主义"的一个好解说。但近代的科学家还要进一步，他们要问，"怎样的知，才可以算是无疑的知？"赫胥黎说，只有那证据充分的知识，方才可以信仰，凡没有充分证据的，只可存疑，不当信仰。这是存疑主义的主脑。1860 年 9 月，赫胥黎最钟爱的儿子死了，他的朋友金司莱（Charles Kinsley）写信来安慰他，信上提到人生的归宿与灵魂的不朽两个大问题。金司莱是英国文学家，很注意社会的改良，他的人格是极可敬的，所以赫胥黎也很诚恳的答了他一封几千字的信（《赫胥黎传》，一，页二三三——二三九）。这信是存疑主义的正式宣言，我们摘译几段如下：

　　……灵魂不朽之说，我并不否认，也不承认。我拿不出什么理由来信仰它，但是我也没有法子可以否认它。……我相信别的东西时，总要有证据；你若能给我同等的证据，我也可以相信灵魂不朽的话了。我又何必不相信呢？比起物理学上"质力不灭"的原则来，灵魂的不灭也算不得什么稀奇的事。我们既知道一块石头的落地含有多少奇妙的道理，决不会因为一个学说有点奇异就不相信它。但是我年纪越大，越分明认得人生最神圣的举动是口里说出和心里觉得"我相信某事某物是真的"。人生最大的报酬和最重的惩罚都是跟着这一种举动走的。这个宇宙，是到处一样的；如果我遇着解剖学上或生理学上的一个小小困难，必须要严格的不信任一切没有充分证据的东西，方才可望有成绩；那么，我对于人生的奇秘的解决，难道就可以不用这样严格的条件吗？用比喻或猜想来同我谈，是没有用的，我若说，"我相信某条数学原理"，我自己知道我说的是什么：够不上这样信仰的，不配做我的生命和希望的根据。

……科学好像教训我"坐在事实面前像个小孩子一样；要愿意抛弃一切先入的成见；谦卑的跟着'自然'走，无论它带你往什么危险地方去：若不如此，你决不会学到什么。"自从我决心冒险实行它的教训以来，我方才觉得心里知足与安静了。……我很知道，一百人之中就有九十九人要叫我做"无神主义者"（Atheist），或其他种不好听的名字。照现在的法律，如果一个最下等的毛贼偷了我的衣服，我在法庭上宣誓起诉是无效的（1869以前，无神主义者的宣誓是无法律上的效用的）。但是我不得不如此。人家可以叫我种种名字，但总不能叫我"说谎的人"……

这种科学的精神，——严格的不信任一切没有充分证据的东西——就是赫胥黎叫做"存疑主义"的。对于宗教上的种种问题持

这种态度的,就叫做"存疑论者"(Agnostic)。达尔文晚年也自称为"存疑论者"。他说:

> 科学与基督无关,不过科学研究的习惯使人对于承认证据一层格外慎重罢了,我自己是不信有什么"默示"(Revelation)的。至于死后灵魂是否存在,只好各人自己从那些矛盾而且空泛的种种猜想中去下一个判断了。(《达尔文》传,一,页二七七)

他又说:

> 我不能在这些深奥的问题上面贡献一点光明。万物缘起的奇秘是我们不能解决的。我个人只好自居于存疑论者了。(同书,一,页二八二)

这种存疑的态度,五十年来,影响于无数的人。当我们这五十年开幕时,"存疑主义"还是一个新名词;到了 1888 年至 1889 年,还有许多卫道的宗教家作论攻击这种破坏宗教的邪说,所以赫胥黎不能不正式答辩他们。他那年作了四篇关于存疑主义的大文章:

一、论存疑主义,

二、再论存疑主义,

三、存疑主义与基督教,

四、关于灵异的证据的价值。

此外，他还有许多批评基督教的文字，后来编成两厚册，一册名为《科学与希伯来传说》，一册名为《科学与基督教传说》（《赫胥黎论文》，卷四，卷五）。这些文章在当日思想界很有廓清摧陷的大功劳。基督教当十六七世纪时，势焰还大，故能用威力压迫当日的科学家。葛利略（Galileo）受了刑罚之后，笛卡儿（Descartes）就赶紧把他自己的《天论》毁了。从此以后，科学家往往避开宗教，不敢同它直接冲突。他们说，科学的对象是物质，宗教的对象是精神，这两个世界是不相侵犯的。三百年的科学家忍气吞声的"敬宗教而远之"，所以宗教也不十分侵犯科学的发展。但是到了达尔文出来，演进的宇宙观首先和上帝创造的宇宙观起了一个大冲突，于是三百年来不相侵犯的两国就不能不宣战了。达尔文的武器只是他三十年中搜集来的证据，三十年搜集的科学证据，打倒了二千年尊崇的宗教传说！这一场大战的结果，——证据战胜了传说，——遂使科学方法的精神大白于世界。赫胥黎是达尔文的作战先锋（因为达尔文身体多病，不喜欢纷争），从战场上的经验中认清了科学的唯一武器是证据，所以大声疾呼的把这个无敌的武器提出来，叫人们认为思想解放和思想革命的唯一工具。自从这个"拿证据来"的喊声传出以后，世界的哲学思想就不能不起一个根本的革命，——哲学方法上的大革命。于是19世纪前半的哲学的实证主义（Positivism）就一变而为19纪末年的实验主义（Pragmatism）了。

十一，九，五

杜 威 先 生 与 中 国

　　杜威先生今天离开北京，起程归国了。杜威先生于民国八年五月一日——"五四"的前三天——到上海，在中国共住了两年零两月。中国的地方他到过并且讲演过的，有奉天、直隶、山西、山东、江苏、江西、湖北、湖南、浙江、福建、广东十一省。他在北京的五种长期讲演录已经过第十版了，其余各种小讲演录——如山西的，南京的，北京学术讲演会的，几乎数也数不清楚了！我们可以说，自从中国与西洋文化接触以来，没有一个外国学者在中国思想界的影响有杜威先生这样大的。

　　我们还可以说，在最近的将来几十年中，也未必有别个西洋学者在中国的影响可以比杜威先生还大的。这句预言初听了似乎太武断了。但是我们可以举两个理由：

　　第一，杜威先生最注重的是教育的革新，他在中国的讲演也要算教育的讲演为最多。当这个教育破产的时代，他的学说自然没有实行的机会。但他的种子确已散布不少了。将来各地的"试验学

约翰·杜威（John Deway,1859—1952）

校"渐渐的发生，杜威的教育学说有了试验的机会，那才是杜威哲学开花结子的时候呢！现在的杜威，还只是一个盛名；十年二十年后的杜威，变成了无数杜威式的试验学校，直接或间接影响全中国的教育，那种影响不应该比现在更大千百倍吗？

第二，杜威先生不曾给我们一些关于特别问题的特别主张，——如共产主义，无政府主义，自由恋爱之类，

他只给了我们一个哲学方法，使我们用这个方法去解决我们自己的特别问题。他的哲学方法总名叫做"实验主义"；分开来可作两步说：

（1）历史的方法——"祖孙的方法"他从来不把一个制度或学说看作一个孤立的东西，总被他看做一个中段：一头是他所以发生的原因，一头是他自己发生的效果；上头有他的祖父，下头有他的孙子。捉住了这两头，他再也逃不出去了！这个方法的应用，一方面是很忠厚宽恕的，因为他处处指出一个制度或学说所以发生的原因，指出他历史的背景，故能了解他在历史上的地位和价值，故不致有过分的苛责。一方面，这个方法又是很严厉的，最带有革命性

质的。因为他处处拿一个学说或制度发生的结果，来评判他本身的价值，故最公平，又最厉害。这种方法，是一切带有评判（Critical）精神的运动的一个武器。

（2）实验的方法　　实验的方法至少注重三件事：（一）从具体的事实与境地下手；（二）一切学说理想，一切知识，都只是待证的假设，并非天经地义；（三）一切学说与理想，都须用实行来试验过；实验是真理的唯一试金石。第一件，注意具体的境地——使我们免去许多无谓的问题，省去许多无意识的争论。第二件，一切学理都看作假设——可以解放许多"古人的奴隶"。第三件，实

1919年，蒋梦麟（后排左二）与胡适（后排左一）、杜威（前排右一）、杜威夫人（前排右二）、史量才（前排左一）、陶行知（后排左三）摄于上海。

验可以稍稍限制那上天下地的妄想冥想。实验主义只承认那一点一滴做到的进步，步步有智慧的指导，步步有自动的实验——才是真进化。

特别主张的应用是有限的，方法的应用是无穷的。杜威先生虽去了，他的方法将来一定会得更多的信徒。国内敬爱杜威先生的人若都能注意于推行他所提倡的这两种方法，使历史的观念与实验的态度渐渐的变成思想界的风尚与习惯，那时候，这种哲学的影响之大，恐怕我们最大胆的想象力也还推测不完呢。

因为这两种理由，我敢预定，杜威先生虽去，他的影响永远存在，将来还要开更灿烂的花，结更丰盛的果。

杜威先生真爱中国，真爱中国人；他这两年之中，对我们中国人，他是我们的良师好友；对于国外，他还替我们做了两年的译人与辩护士。他在《新共和国》(The New Republic)和《亚细亚》(Asia)两个杂志上发表的几十篇文章，都是用最忠实的态度对于世界为我们做解释的。因为他的人格高尚，故世界的人对于他的评判几乎没有异议（除了朴兰德(Bland)一流的妄人）。杜威这两年来对中国尽的这种义务，真应该受我们很诚恳的感谢。

我们对于杜威先生一家的归国，都感觉很深挚的别意。我祝他们海上平安！

十,七,十一

胡适：杜威论思想

　　杜威先生的哲学的基本观念是："经验即是生活，生活即是应付环境"；但是应付环境有高下的程度不同。许多蛆在粪窖中滚去滚来，滚上滚下，滚到墙壁，也会转弯子，这也是对付环境。一个蜜蜂飞进屋中打几个回旋，嗤的一声直飞向玻璃窗上，头碰玻璃，跌倒在地；他挣扎起来，还向玻璃窗上飞，这一回小心了，不致碰破头；他飞到玻璃上，爬来爬去，想寻一条出路：他的"指南针"只是光线，他不懂这光明的玻璃何以不同那光明的空气一样，何以飞不出去！这也是应付环境。一个人出去探险，走进一个无边无际的大树林中，迷了路，走不出来了。他爬上树顶，用千里镜四面观望，也看不出一条出路。他坐下来仔细一想，忽听得远远的有流水的声音；他忽然想起水流必定出山，人跟着水走，必定可以走出去。主意已定，他先寻到水边，跟着水走，果然走出了危险。这也是应付环境。以上三种应付环境，所以高下不同，正为知识的程度不同。蛆的应付环境，完全是无意识的作用；蜜蜂能用光线的指导去寻出

1920 年 10 月北京大学授予杜威及芮恩施名誉博士学位典礼后
纪念摄影，前排左起：蒋梦麟、杜威、蔡元培。

路，已可算是有意识的作用了，但他不懂得光线有时未必就是出路
的记号，所以他碰着玻璃就受窘了；人是有知识能思想的动物，所
以他迷路时，不慌不忙的爬上树顶，取出千里镜，或是寻着溪流，
跟着水路出去。人的生活所以尊贵，正因为人有这种高等的应付环
境的思想能力。故杜威的哲学基本观念是："知识思想是人生应付
环境的工具。"知识思想是一种人生日用必不可少的工具，并不是
哲学家的玩意儿和奢侈品。

总括一句话，杜威哲学的最大目的，只是怎样能使人类养成那
种"创造的智慧"（Creative Intelligence），使人应付种种环境充分满意。
换句话说，杜威的哲学的最大目的是怎样能使人有创造的思想力。

因为思想在杜威的哲学系统中占如此重要的地位，所以我现在

介绍杜威的思想论。

思想究竟是什么呢？

第一，戏文上说的"思想起来，好不伤惨人也"，那个"思想"是回想，是追想，不是杜威所说的"思想"。

第二，平常人说的"你不要胡思乱想"，那种"思想"是"妄想"，也不是杜威所说的"思想"。杜威说的思想是用已知的事物作根据，由此推测出别种事物或真理的作用。这种作用，在论理学书上叫做"推论的作用"（Inference）。推论的作用只是从已知的物事推到未知的物事，有前者作根据，使人对于后者发生信用。这种作用，是有根据有条理的思想作用。这才是杜威所指的"思想"。这种思想有两大特性。（一）须先有一种疑惑困难的情境做起点。（二）须有寻思搜索的作用，要寻出新事物或新知识来解决这种疑惑困难。譬如上文所举那个在树林中迷了路的人，他在树林中东行西走，迷了方向寻不出路子这便是一种疑惑困难的情境。这是第一个条件。那迷路的人爬上树顶远望，或取出千里镜四望，或寻到流水，跟水出山：这都是寻思搜索的作用。这是第二个条件。这两个条件都很重要。人都知"寻思搜索"是很重要的，但是很少人知道疑难的境地也是一个不可少的条件。因为我们平常的动作，如吃饭呼吸之类，多是不用思想的动作；有时偶有思想，也不过是东鳞西爪的胡思乱想。直到疑难发生时，方才发生思想推考的作用。有了疑难的问题，便定了思想的目的；这个目的便是如何解决这个困难。有了这个目的，此时的寻思搜索便都向着这个目的上去，便不是无目的的胡思乱想了。所以杜威说："疑难的问题，定思想的目的；思想的目的，定思想的进行。"

杜威论思想，分作五步说：（一）疑难的境地；（二）指定疑难之点究竟在什么地方；（三）假定种种解决疑难的方法；（四）把每种假定所涵的结果，一一想出来，看哪一个假定能够解决这个困难；（五）证实这种解决使人信用；或证明这种解决的谬误，使人不信用。

（一）思想的起点是一种疑难的境地。上文说过，杜威一派的学者认定思想为人类应付环境的工具。人类的生活若是处处没有障碍，时时方便如意，那就用不着思想了。但是人生的环境，常有更换，常有不测的变迁。到了新奇的局面，遇着不曾习惯的物事，从前那种习惯的生活方法都不中用了。譬如看中国白话小说的人，看到正高兴的时候，忽然碰着一段极难懂的话，自然发生一种疑难。又譬如上文那个迷了路的人，走来走去，走不出去，平时的走路本事，都不中用了。到了这种境地，我们便寻思："这句书怎么解呢？""这个大树林的出路怎么寻得出呢？""这件事怎么办呢？""这便如何是好呢？"这些疑问，便是思想的起点。一切有用的思想，都起于一个疑问符号。一切科学的发明，都起于实际上或思想界中的疑惑困难。宋朝的程颐说："学源于思。"这话固然不错，但是悬空讲"思"，是没有用的。他应该说"学源于思，思起于疑。"疑难是思想的第一步。

（二）指定疑难之点究竟在何处。有些疑难是很容易指定的，例如上文那个人迷了路，他的问题是怎么寻一条出险的路子，这是很容易指定的。但是有许多疑难，我们虽然觉得是疑难，但一时不容易指定究竟哪一点是疑难的真问题。我且举一个例。《墨子小取篇》有一句话："辟（譬）也者，举也物而以明之也。"初读的时候，我们觉得"举也物"三个字不可解，是一种疑难。毕沅注《墨子》尽说这个"也"字是衍文，删了便是了。王念孙读到这里，觉得毕沅看错疑难的所在了。因为这句话里的真疑难不在一个"也"字的多少，乃在研究这个地方既然跑出一个"也"字来，究竟这个字可以有解说没有解说。如果先断定这个"也"字是衍文，那就近于武断，不是科学的思想了。这一步的工夫，平常人往往忽略过去，以为可以不必特别提出（看新潮杂志第一卷汪敬熙君的"什么是思想"）。杜威以为这一步是很重要的。这一步就同医生的"脉案"，西医的"诊断"一般重要。你请一个医生来看病，你先告诉他，说你有点头痛，发热，肚痛……你昨天吃了两只螃蟹，又喝了一杯冰淇淋，大概是伤了食。这是你胡乱猜想的话，不大靠得住。那位医生如果是一位好医生，他一定不睬你说的什么。他先看你的舌苔，把你的脉，看你的气色，问你肚子哪一块作痛，大便如何，看你的热度如何……然后下一个"诊断"，断定你的病究竟在什么地方。若不如此，他便是犯了武断不细心的大毛病了。

（三）提出种种假定的解决方法。既经认定疑难在什么地方了，稍有经验的人，自然会从所有的经验，知识，学问里面，提出种种的解决方法。例如上文那个迷路的人要有一条出路，他的经验告诉他爬上树顶去望望看，这是第一个解决法。这个法子不行，他又取出千里镜来，四面远望，这是第二个解决法。这个法子又不行，他的经验告诉他远远的花郎花郎的声音是流水的声音；他的学问又告诉他说，水流必有出路，人跟着水行必定可以寻一条出路。这是第三个解决法。这都是假定的解决。又如上文所说《墨子》"辟也者，举也物而以明之也"一句。毕沅说"也物"的"也"字是衍文，这是第一个解决。王念孙说，"也"字当作"他"字解，"举也物"即是"举他物"，这是第二个解决。这些假定的解决，是思想的最要紧的一部分，可以算是思想的骨干。我们说某人能思想，其实只是说某人能随时提出种种假定的意思来解决所遇着的困难。但是我们不可忘记，这些假设的解决，都是从经验学问上生出来的。没有经验学问，决没有这些假设的解决。有了学问，若不能随时发生解决疑难的假设，那便成了吃饭的书橱，有学问等于无学问。经验学问所以可贵，正为他们可以供给这些假设的解决的材料。

（四）决定哪一种假设是适用的解决。有时候，一个疑难的问题能引起好几个假设的解决法。即如上文迷路的例，有三种假设；一句《墨子》有两种解法。思想的人，遇着几种解决法发生时，应该把每种假设所涵的意义，一一的演出来：如果用这一种假设，应该有什么结果？这种结果是否能解决所遇的疑难？如果某种假设，比较起来最能解决困难，我们便可采用这种解决。例如《墨子》的"举也物"一句，毕沅的假设是删去"也"字，如果用这个假设有两层结果：第一，删去这个字，成了"举物而以明之也"，虽可以勉强讲得通，但是牵强得很；第二，校勘学的方法，最忌"无故衍字"，凡衍一字必须问当初写书的人，何以多写了一个字；我们虽可以说抄《墨子》的人因上下文都有"也"字，所以无心中多写了一个"也"字，但是这个"也"字是一个煞尾的字，何以在句中多出这个字来？如此看来，毕沅的假设虽可勉强解说，但是总不能充分满意。再看王念孙的解说，把"也"字当作"他"字，这也有两层结果：第一，"举他物而以明之也"，举他物来说明此物，正是"譬"字的意义；第二，他字本作它，古写像也字，故容易互混，既可互混，古书中当不止这一处；再看《墨子》书中，如《供城门篇》，如《小取篇》的"无也故焉"，"也者同也"，都是他字写作也字。如此看来，这个假定解决的涵义果然能解决本文的疑难，所以应该采用这个假设。

（五）证明。第四步所采用的解决法，还只是假定的，究竟是否真实可靠，还不能十分确定，必须有实地的证明，方才可以使人信仰；若不能证实，便不能使人信用，至多不过是一个假定罢了。已证实的假设，能使人信用，便成了"真理"。例如上文所举《墨子》书中"举也物"一句，王念孙能寻出"无也故焉"和许多同类的例，来证明《墨子》书中"他"字常写作"也"字，这个假设的解决便成了可信的真理了。又如那个迷路的人，跟着水流，果然出了险，他那个假设便成了真正适用的解决法了。这种证明比较是很容易的。有时候，一种假设的意思，不容易证明，因为这种假设的证明所需要的情形平常不容易遇着，必须特地造出这种情形，方才可以试验那种假设的是非。凡科学上的证明，大概都是这一种，我们叫做"实验"。譬如科学家葛利略（Galileo）观察抽气筒能使水升高至三十四尺，但是不能再上去了。他心想这个大概是因为空气有重量，有压力，所以水不能上去了。这是一个假设，不曾证实。他的弟子佗里桀利（Torricelli）心想如果水的升至三十四英尺是空气压力所致，那么，水银比水重十三又十分之六倍，只能升高到三十英寸。他试验起来，果然不错。那时葛利略已死了。后来又有一位哲学家柏斯嘉（Pascal）心想如果佗里桀利的气压说不错，那么，山顶上的空气比山脚下的空气稀得多。拿了水银管子上山，水银应该下降。所以他叫他的亲戚拿了一管水银走上劈得东山，水银果然逐渐低下，到山顶时水银比平地要低三寸。于是从前的假设，真成了科学的真理了。思想的结果，到了这个地步，不但可以解决面前的疑难，简直是发明真理，供以后的人大家受用，功用更大了。

以上说杜威分析思想的五步。这种说法，有几点很可特别注意。（一）思想的起点是实际上的困难，因为要解决这种困难，所以要思想；思想的结果，疑难解决了，实际上的活动照常进行；有了这一番思想作用，经验更丰富一些，以后应付疑难境地的本领就更增长一些。思想起于应用，终于应用；思想是运用从前的经验，来帮助现在的生活，更预备将来的生活。（二）思想的作用，不单是演绎法，也不单是归纳法；不单是从普通的定理里面演出个体的断案，也不单是从个体的事物里面抽出一个普遍的通则。看这五步，从第一步到第三步，是偏向归纳法的，是先考察眼前的特别事实和情形，然后发生一些假定的通则；但是从第三步到第五步，是偏向演绎法的。是先有了通则，再把这些通则所涵的意义——演出来，有了某种前提，必然要有某种结果：更用直接或间接的方法，证明某种前提是否真能发生某种效果。懂得这个道理，便知道两千年来西洋的"法式的论理学"（Formal Logical）单教人牢记 AEIO 等等法式和求同求异等等细则，都不是训练思想力的正当方法。思想的真正训练，是要使人有真切的经验来做假设的来源；使人有批评判断种种假设的能力；使人能造出方法来证明假设的是非真假。

杜威一系的哲学家论思想的作用，最注意"假设"。试看上文所说的五步之中，最重要的就是第三步。第一步和第二步的工夫只是要引起这第三步的种种假设；以下第四第五两步只是把第三步的假设演绎出来，加上评判，加上验证，以定那种假设是否适用的解决法。这第三步的假设是承上起下的关键，是归纳法和演绎法的开头。我们研究这第三步，应该知道这一步在临时思想的时候是不可强求的，是自然涌上来，如潮水一样，压制不住的，他若不来时，随你怎样搔头抓耳，挖尽心血，都不中用。假使你在大树林中迷了路，你脑子中熟读的一部《穆勒名学》或《陈文名学讲义》，都无济于事，都不能供给你"寻着流水，跟着水走出去"的一个假设的解决。所以思想训练的着手工夫在于使人有许多活的学问知识，活的学问知识的最大来源在于人生有意识的活动。使活动事业得来的经验，是真实可靠的学问知识。这种有意识的活动，不但能增加我们假设意思的来源，还可训练我们时时刻刻拿当前的问题来限制假设的范围，不至于上天下地的胡思乱想。还有一层，人生实际的事业，处处是实用的，处处用效果来证实理论，可以养成我们用效果来评判假设的能力，可以养成我们的实验的态度。养成了实验的习惯，每起一个假设，自然会推想到他所涵的效果，自然会来用这种推想出来的效果来评判原有的假设的价值。这才是思想训练的效果，这才是思想能力的养成。(参考书 Dewey：How We Think,Chapters,I,II,III,VI,VII,XII. 又 Democracy and Education,Chapter XXV.)

问题与主义

一、多研究些问题，少谈些"主义"

本报（《每周评论》）第二十八号中，我曾说过：

> "现在舆论界大危险，就是偏向纸上的学说，不去实地考察中国今日的社会需要究竟是什么东西。那些提倡尊孔祀天的人，固然是不懂得现时社会的需要。那些迷信军国民主义或无政府主义的人，就可算是懂得现时社会的需要么？"

> "要知道舆论家的第一天职，就是细心考察社会的实在情形。一切学理，一切'主义'，都是这种考察的工具。有了学理作参考材料，便可使我们容易懂得所考察的情形，容易明白某种情形有什么意义，应该用什么救济的方法。"

我这种议论，有许多人一定不愿意听。但是前几天北京《公言报》《新民国报》《新民报》（皆安福部的报），和日本文的《新支那报》，

1920年胡适（右二）、李大钊（右一）等合影。

都极力恭维安福部首领王揖唐主张民生主义的演说，并且恭维安福部设立"民生主义的研究会"的办法。有许多人自然嘲笑这种假充时髦的行为。但是我看了这种消息，发生一种感想。这种感想是："安福部也来高谈民生主义了，这不够给我们这班新舆论家一个教训吗？"什么教训呢？这可分三层说：

第一，空谈好听的"主义"，是极容易的事，是阿猫阿狗都能做的事，是鹦鹉和留声机器都能做的事。

第二，空谈外来进口的"主义"，是没有什么用处的。一切主义都是某时某地的有心人，对于那时那地的社会需要的救济方法。我们不去实地研究我们现在的社会需要，单会高谈某某主义，好比医生单记得许多汤头歌诀，不去研究病人的症候，如何能有用呢？

第三，偏向纸上的"主义"，是很危险的。这种口头禅很容易被无耻政客利用来做种种害人的事。欧洲政客和资本家利用国家主义的流毒，都是人所共知的。现在中国的政客，又要利用某种某种主义来欺人了。罗兰夫人说，"自由自由，天下多少罪恶，都是借你的名做出的！"一切好听的主义，都有这种危险。

这三条合起来看，可以看出"主义"的性质。凡"主义"都是应时势而起的。某种社会，到了某时代，受了某种的影响，呈现某种不满意的现状。于是有一些有心人，观察这种现象，想出某种救济的法子。这是"主义"的原起。主义初起时，大都是一种救时的具体主张。后来这种主张传播出去，传播的人要图简便，便用一两个字来代表这种具体的主张，所以叫他做"某某主义"。主张成了主义，便由具体的计划，变成一个抽象的名词。"主义"的弱点和危险，就在这里。因为世间没有一个抽象名词能把某人某派的具体主张都包括在里面。比如"社会主义"一个名词，马克思的社会主义，和王揖唐的社会主义不同；你的社会主义，和我的社会主义不同：决[8]不是这一个抽象名词所能包括。你谈你的社会主义，我谈我的社会主义，王揖唐又谈他的社会主义，同用一个名词，中间也许隔开七八个世纪，也许隔开两三万里路，然而你和我和王揖唐都可自称社会主义家，都可用这一个抽象名词来骗人。这不是"主义"的大缺点和大危险吗？

我再举现在人人嘴中挂着的"过激主义"做一个例：现在中国

---

[8]　胡适原文，绝不、绝非等词常写作决不、决非等。本书尽量保持原文。

有几个人知道这一个名词做何意义？但是大家都痛恨痛骂"过激主义"，内务部下令严防"过激主义"，曹辊也行文严禁"过激主义"，卢永祥也出示查禁"过激主义"。前两个月，北京有几个老官僚在酒席上吹气，说，"不好了，过激派到了中国了。"前两天有一个小官僚，看见我写的一把扇子，大诧异道，"这不是过激党胡适吗？"哈哈，这就是"主义"的用处！

我因为深觉得高谈主义的危险，所以我现在奉劝新舆论界的同志道："请你们多提出一些问题，少谈一些纸上的主义。"

更进一步说："请你们多多研究这个问题如何解决，那个问题如何解决，不要高谈这种主义如何新奇，那种主义如何奥妙。"

现在中国应该赶紧解决的问题，真多得很。从人力车夫的生计问题，到大总统的权限问题；从卖淫问题到卖官卖国问题；从解散安福部问题到加入国际联盟问题；从女子解放问题到男子解放问题……哪一个不是火烧眉毛的紧急问题？

我们不去研究人力车夫的生计，却去高谈社会主义；不去研究女子如何解放，家庭制度如何救正，却去高谈公妻主义和自由恋爱；不去研究安福部如何解散，不去研究南北问题如何解决，却去高谈无政府主义；我们还要得意扬扬夸口道，"我们所谈的是根本解决。"老实说罢，这是自欺欺人的梦话，这是中国思想界破产的铁证，这是中国社会改良的死刑宣告！

为什么谈主义的人那么多，为什么研究问题的人那么少呢？这都由于一个懒字。懒的定义是避难就易。研究问题是极困难的事，

高谈主义是极容易
的事。比如研究安
福部如何解散，研
究南北和议如何解
决，这都是要费工
夫，挖心血，收集
材料，征求意见，
考察情形，还要冒
险吃苦，方才可以
得一种解决的意

《每周评论》发表的胡适《多研究些问题，少谈些"主义"》

见。又没有成例可援，又没有黄梨洲、柏拉图的话可引，又没有《大英百科全书》可查，全凭研究考察的工夫：这岂不是难事吗？高谈"无政府主义"便不同了。买一两本实社《自由录》，看一两本西文无政府主义的小册子，再翻一翻《大英百科全书》，便可以高谈无忌了：这岂不是极容易的事吗？

高谈主义，不研究问题的人，只是畏难求易，只是懒。

凡是有价值的思想，都是从这个那个具体的问题下手的。先研究了问题的种种方面的种种的事实，看看究竟病在何处，这是思想的第一步工夫。然后根据于一生经验学问，提出种种解决的方法，提出种种医病的丹方，这是思想的第二步工夫。然后用一生的经验学问，加上想象的能力，推想每一种假定的解决法，该有什么样的效果，推想这种效果是否真能解决眼前这个困难问题。推想的结果，拣定一种假定的解决，认为我的主张，这是思想的第三步工夫。凡是有价值的主张，都是先经过这三步工夫来的。不如此，不算舆论家，只可算是抄书手。

读者不要误会我的意思。我并不是劝人不研究一切学说和一切"主义"。学理是我们研究问题的一种工具。没有学理做工具，就如同王阳明对着竹子痴坐，妄想"格物"，那是做不到的事。种种学说和主义，我们都应该研究。有了许多学理做材料，见了具体的问题，方才能寻出一个解决的方法。但是我希望中国的舆论家，把一切"主义"摆在脑背后，做参考资料，不要挂在嘴上做招牌，不要叫一知半解的人拾了这些半生不熟的主义，去做口头禅。

"主义"的大危险，就是能使人心满意足，自以为寻着包医百病的"根本解决"，从此用不着费心力去研究这个那个具体问题的解决法了。

民国八年七月

二、三论问题与主义

我那篇《多研究些问题，少谈些主义》，承蓝知非、李守常两先生，做长篇的文章，同我讨论，把我的一点意思，发挥的更透彻明了，还有许多匡正的地方，我很感激他们两位。

蓝君和李君的意思,有很相同的一点:他们都说主义是一个"共同趋向的理想"（李君的话），是"多数人共同行动的标准，或是对于某种问题的进行趋向或态度"（蓝君的话）。这种界说，和我原文所说的话，并没有冲突。我说，"主义初起时，大都是一种救时的具体主张。后来这种主张，传播出去，传播的人，要图简便，便用一两个字来代表这种具体的主张，所以叫他做某某主义。主张成了主义，便由具体的计划，变成一个抽象的名词"。我所说的是主义的历史，他们所说的是主义的现在的作用。试看一切主义的历史，从老子的无为主义，到现在的布尔什维克主义，哪一个主义起初不是一种"救时的具体主张？"

蓝、李两君的误会，由于他们错解我所用的"具体"两个字。凡是可以指为这个或那个的，凡是关于个体的及特别的事物的，都是具体的。譬如俄国新宪法，主张把私人所有的土地，森林，矿产，水力，银行，收归国有；把制造和运输等事，归工人自己管理；无论何人，必须工作；一切遗产制度，完全废止；一切秘密的国际条约，完全无效……这都是个体的政策，这都是这个那个政治或社会问题的解决法。——这都是"具体的主张"。现在世界各国，有一班"把耳朵当眼睛"的妄人，耳朵里听见一个"布尔什维克主义"的名词，或只是记得一个"过激主义"的名词，全不懂得这一个抽象名词所代表的是什么具体的主张，便大起恐慌，便出告示捉拿"过激党"，便硬把"过激党"三个字套在某人的头上。这种妄人脑筋里的主义，便是我所攻击的"抽象名词"的主义。我所说的"主义的危险"，便是指这种危险。

蓝君的第二个大误会，是把我所用的"抽象"两个字理解错了。我所攻击的"抽象的主义"，乃是指那些空空荡荡，没有具体的内容的全称名词。如现在官场所用的"过激主义"，便是一例；如现在许多盲目文人心里的"文学革命"大恐慌，便是二例。蓝君误会我的意思，把"抽象"两个字，解作"理想"，这便是大错了。理想不是抽象的，是想象的。譬如一个科学家，遇着一个困难的问题，他脑子里推想出几种解决方法，又把每种假设的解决所涵的结果，一一想象出来，这都是理想的。但这些理想的内容，都是一个个具体的想象，并不是抽象的。我那篇原文自始至终，不但不曾反对理想，并且极力恭维理想。我说：

凡是有价值的思想，都是从这个那个具体的问题下手的。先研究了问题的种种方面的种种事实，看看究竟病在何处，这是思想的第一步工夫。然后根据于一生的经验学问，提出种种解决的方法，提出种种医病的丹方，这是思想的第二步工夫。然后用一生的经验学问，加上想象的能力，推想每一种假定的解决法该有什么样的效果，推想这种效果是否真能解决眼前这个困难问题。推想的结果，拣定一种假定的解决，认为我的主张，这是思想的第三步工夫。凡是有价值的主张，都是先经过这三步工夫来的。不如此，算不得舆论家，只可算是抄书手。

这不是极力恭维理想的作用吗？

但是我所说的理想的作用，乃是这一种根据于具体事实和学问的创造的想象力，并不是那些抄袭现成的抽象的口头禅的主义。我所攻击的，也是这种不根据事实的，不从研究问题下手的抄袭成文的主义。

蓝、李两君所辩护的主义，其实乃是些抽象名词所代表的种种具体的主张（这个分别，请两君及一切读者，不要忘记了）。如此所说的主义，我并不曾轻视。我屡次说过，"一切学理，一切主义，都只是我们研究问题的工具"。我又屡次说过，"有了学理做参考的材料，便可使我们容易懂得所考察的情形，看什么意义，应该用什么救济方法"。我这种议论，和李君所说的"应该使社会上多数人，先有一个共同趋向的理想主义，作他们实验自己生活上满意不满意的态度"，并没有什么冲突的地方。和蓝君所说的"我们要提出一种具体的方法来解决问题，必定先要鼓吹这问题的意义，以及理论上的根据，引起一般人的反省"，也没有什么冲突的地方。因为蓝、李两君这两段话所含的意思，都是要用主义学理做解决问题的工具和参考材料，所以同我的意见相合。如果蓝、李两君认定主义学理的用处，不过是能供给"这问题"的意义，以及理论上的根据，——如果两君认定这观点，我决没有话可以驳回了。

但是蓝君把"抽象"和理想混作一事，故把我所反对的和我所恭维的，也混作一事。如他说"问题愈广，理想的分子亦愈多；问题愈狭，现实的色彩亦愈甚"。这是我所承认的。但是此处所谓"理想的分子"，乃是上文我所说的"推想"，"假设"，"想象"几步工夫，并不是说问题的本身是"抽象的"。凡是能成问题的问题，都是具体的，都只是这个问题或那个问题。决没有空空荡荡，不能指定这个那个的问题，而可以成为问题的。

　　蓝君说，"问题的范围愈大，那抽象性亦愈增加"。这里他把"抽象性"三字，代替上文的"理想的分子"五字，便容易使人误解了。试看他所举的例，如法国大革命所标的自由平等，如中国辛亥革命所标示的排满，都不是问题本身，都是具体问题的解决。为什么要排满呢？因为满清末年的种种具体的腐败情形，种种具体的民生痛苦，和政治黑暗，刺激一般有思想的志士，成了具体的问题，所以他们提出排满的目标，作为解决当时的问题的计划。这问题是具体的，这解决也是具体的。法国革命以前的情形，社会不平等，人民不自由，痛苦的刺激，引起一般学者的研究。一般学者的答案说：人类本生来自由平等的，一切不平等不自由，都只是不自然的政治社会的结果。故法国大革命所标示的自由平等，乃是对于法国当日情形的具体解决。法国大革命所要解决的问题，都是具体的。大革命所提出的自由平等，在我们眼里，自然很抽象了，在当日都是具体的主张，因为这些抽象名词，在当日所代表的政策，如废王室，废贵族制度，行民主政体，人人互称"同胞"……哪一件不是具体的主张？

　　所以我要说：蓝君说的"问题的范围愈大，那抽象性亦愈增加"，是错了。他应该说，"问题的范围愈大，我们研究这种问题时所需要的思想作用格外繁难，格外复杂，思想的方法，应该格外小心，格外精密"。更进一步：他应该说，"问题的范围愈大，里面的具体小问题愈多。我们研究时，决不可单靠几个好听的抽象名词，就可敷衍过去；我们应该把那太大的范围缩小下来，把那复杂的分子分析出来，使他们都成一个一个具体的简单的问题，如此然后可以做研究的功夫"。

我且举几个例：譬如手指割破了，牙齿虫蛀了，这都是很简单的病，可以随手解决。假如你生了肠热症（Typhoid），病状一时不容易明了，因为里面的分子太复杂了。你的医生，必须用种种精密的试验方法，每时记载你的热度，每日画成曲线表，表示热度的升降，诊察你的脉，看你的舌苔，化验你的大小便，取出你的血来，化验血里的微菌……如此方才可以断定你的病是否肠热症。断定之后，方才可以用疗治的方法。一切大问题，一切复杂的问题，并不是"抽象性增加"，乃是里面所含的具体分子太多了，所以研究的时候，所需要的思想作用也更复杂繁难了。补救这种繁难，没有别法子，只有用"分析"，把具体的大问题，分作许多更具体的小问题。

分析之后，然后把各分子的现象，综合起来，看他们有什么共同的意义。譬如医生把病人的脉，血，小便，热度等现象综合起来，寻出肠热症的意义，这便是"综合"。但是这种综合的结果，仍旧是一个具体的问题（肠热病），仍旧要用一种具体的解决法（肠热病的疗法）。并不是如蓝君所说"从许多要求中抽出几种共同性，加上理想的色彩，成一种抽象性的问题"。

以上所说，泛论"问题与主义"，大旨只有几句话："凡是能成问题的问题，无论范围大小，都是具体的，绝不是抽象的；凡是一种主义的起初，都是一些具体的主张，绝不是空空荡荡，没有具体的内容的。问题本身，并没有什么抽象性。但是研究问题的时候，往往必须经过一番理想的作用。这一层理想的作用，不可错认作问题本身的抽象性。主义本来都是具体问题的具体解决法。但是一种问题的解决法，在大同小异的别国别时代，往往可以借来做参考材料。所以我们可以说主义的源起，虽是个体的，主义的应用，有时带着几分普遍性；但不可因为这或有或无的几分普遍性，就说主义本来只是一种抽象的理想。"

蓝君和我有一个根本不同的地方。我认定主义起初都是一些具体的主张。蓝君便不然。他说：

> 一种主张，能成为标准趋向态度，与具体的方法恰成反比例。因为愈具体，各部分的利害愈不一致。……故主义是一件事，实行的方法又是一件事。……主义并不一定含着实行的方法，那实行的方法也并不是一定要从主义中推演出来的。……故往往有一种主义，在主义进行的时候，效力非常之大，各部分的团结也非常坚强。一到具体问题的时候，主张分歧，立刻成一纷扰的现象。

蓝君这几段话，简直是自己证明主义决不可和具体的方法分开。因为有些人，用了几个抽象名词，来号召大众；因为他们的"主义"里面，不幸不曾含有"实行的方法"和"具体的主张"；所以当鼓吹的时候，未尝不能轰轰烈烈的哄动了无数信徒，一到了实行解决具体问题的时候，便闹糟了，便闹出"主张分歧，立刻扰乱"的笑柄来了。所以后来扰乱的原因，正为当初所"鼓吹"的，只不过是几个糊涂的抽象名词，里面并不曾含有具体的主张。最大最明的例，就是这一次威尔逊先生在巴黎和会的大失败。威总统提出了许多好听的抽象名词——人道，民族自决，永久和平，公道正谊等等——受了全世界人的崇拜，他的信徒，比释迦、耶稣在日多了无数倍，总算"效力非常之大"了。但他一到了巴黎，遇着了克里蒙梭、鲁意乔治、牧野、奥兰多等一班大奸雄，他们袖子里抽出无数现成的具体的方法，贴上"人道"，"民族自决"，"永久和平"的签条——于是威总统大失败了，连口都开不得。这就可证明主义决不可不含具体的主张。没有具体主张的"主义"，必致闹到扰乱失败的地位。所以我说蓝君的"主义是一件事，实行的方法又是一件事"，只是人类一种大毛病，只是世界一个大祸根，并不是主义应该如此的。

请问我们为什么要提倡一个主义呢？难道单是为了"号召党徒"吗？还是要想收一点实际的效果，做一点实际的改良呢？如果是为了实际的改革，那就应该使主义和实行的方法，合为一件事，决不可分为两件不相关的事。我常说中国人（其实不单是中国人）有一个大毛病，这病有两种病征：一方面是"目的热"，一方面是"方法盲"。蓝君所说的"主义并不一定含着实行的方法",便是犯了这两种病。只管提出"涵盖力大"的主义,便是目的热;不管实行的方法如何,便是方法盲。

李君的话,也带着这个毛病。他说:

> 大凡一个主义,都有理想与实用两方面。例如民主主义的理想,不论在哪一国,大致都很相同。把这个理想适用到实际的政治上去,那就因时,因地,因事的性质情形,有些不同……我们只要把这个那个主义拿来做工具,用以为实际的运动,他会因时因地因事的性质情形,生一种适用环境的变化。

这是一种不负责任的主义论。前次杜威先生在教育部讲演,也曾说民治主义在法国便偏重平等;在英国便偏重自由,不认平等;在美国并重自由与平等,但美国所谓自由,又不是英国的消极自由,所谓平等,也不是法国的天然平等。但是我们要知道这并不是民治主义的自然适应环境,这都是因为英国、法国、美国的先哲,当初都能针对当日本国的时势需要,提出具体的主张,故三国的民治各有特别的性质(试看法国革命的第一二次宪法,和英国边沁等人的驳议,便可见两国本来主张不同)。这一个例,应该给我们一个很明显的教训:我们应该先从研究中国社会上政治上种种具体问题下手;有什么病,下什么药;诊察的时候,可以参用西洋先进国的历史和学说,用作一种"临症须知";开药方的时候，可以参考西洋先进国的历史和学说，用作一种"验方新编"。不然，我们只记得几首汤头歌诀，便要开方下药，妄想所用的药进了病人肚里，自然"会"起一种适应环境的变化，那就要犯一种"庸医杀人"的大罪了。

蓝君对于主义的抽象性极力推崇，认他为最合于人类的一种神秘性；又说："抽象性大，涵盖力可以增大。涵盖力大，归依的人数愈增多。"这种议论，自然有一部分真理。但是我们同时也该承认人类的这种"神秘性"，实在是人类的一点大缺陷。蓝君所谓"神秘性"，老实说来，只是人类的愚昧性。因为愚昧不明，故容易被人用几个抽象名词骗去赴汤蹈火，牵去为牛为马，为鱼为肉。历史上许多奸雄政客，懂得人类有这一种劣根性，故往往用一些好听的抽象名词，来哄骗大多数的人民，去替他们争权夺利，去做他们的牺牲。不要说别的，试看一个"忠"字，一个"节"字，害死了多少中国人？试看现今世界上多少黑暗无人道的制度，哪一件不是全靠几个抽象名词，在那里替他做护法门神的？人类受这种劣根性的遗毒，也尽够了。我们做学者事业的，做舆论家的生活的，正应该可怜人类的弱点，打破他们对于抽象名词的迷信，使他们以后不容易受这种抽象的名词的欺骗。所以我对于蓝君的推崇抽象性和人类的"神秘性"，实在很不满意。蓝君是很有学者态度的人，他将来也许承认我这种不满意是不错的。

但是我们对于人类迷信抽象名词的弱点，该用什么方法去补救他呢？我的答案是：多研究些具体的问题，少谈些抽象的主义。一切主义，一切学理，都该研究，但是只可认作一些假设的见解，不可认作天经地义的信条；只可认作参考印证的材料，不可奉为金科玉律的宗教；只可用作启发心思的工具，切不可用作蒙蔽聪明，停止思想的绝对真理。如此方才可以渐渐养成人类的创造的思想力，方才可以渐渐使人类有解决具体问题的能力，方才可以渐渐解放人类对于抽象名词的迷信。

民国八年七月

新 生 活

——为《新生活》杂志第一期做的

哪样的生活可以叫做新生活呢？

我想来想去，只有一句话。新生活就是有意思的生活。

你听了，必定要问我，有意思的生活又是什么样子的生活呢？

我且先说一两件实在的事情做个样子，你就明白我的意思了。

前天你没有事做，闲的不耐烦了，你跑到街上的一个小酒店里，打了四两白干，喝完了，又要四两，再添上四两。喝得大醉了，同张大哥吵了一回嘴，几乎打起架来。后来李四哥来把你拉开，你气忿忿地又要了四两白干，喝的人事不知，幸亏李四哥把你扶回去睡了。昨儿早上，你酒醒了，大嫂子把前天的事告诉你，你懊悔的很，自己埋怨自己："昨儿为什么要喝那么多酒呢？可不是糊涂吗？"

你赶上张大哥家去，作了许多揖，赔了许多不是，自己怪自己糊涂，请张大哥大量包涵。正说时，李四哥也来了，王三哥也来了。他们三缺一，要你陪他们打牌。你坐下来，打了十二圈牌，输了一百多吊钱。你回得家来，大嫂子怪你不该赌博，你又懊悔的很，自己怪自己道："是呵，我为什么要陪他们打牌呢？可不是糊涂吗？"

诸位，像这样子的生活，叫做糊涂生活，糊涂生活便是没有意思的生活。你做完了这种生活，回头一想，"我为什么要这样干呢？"你自己也回答不出究竟为什么。

诸位，凡是自己说不出"为什么这样做"的事，都是没有意思的生活。

反过来说，凡是自己说得出"为什么这样做"的事，都可以说是有意思的生活。

生活的"为什么"，就是生活的意思。

人同畜生的分别，就在这个"为什么"上。你到万牲园里去看那白熊一天到晚摆来摆去不肯歇，那就是没有意思的生活。我们做了人，应该不要学那些畜牲的生活。畜牲的生活只是糊涂，只是胡混，只是不晓得自己为什么如此做。一个人做的事应该件件回得出一个"为什么"。

我为什么要干这个？为什么不干那个？回答得出，方才可算是一个人的生活。

我们希望中国人都能做这种有意思的新生活。其实这种新生活并不十分难，只消时时刻刻问自己为什么这样做，为什么不那样做，就可以渐渐的做到我们所说的新生活了。

诸位，千万不要说"为什么"这三个字是很容易的小事。你打今天起，每做一件事，便问一个为什么——为什么不把辫子剪了？为什么不把大姑娘的小脚放了？为什么大嫂子脸上搽那么多的脂粉？为什么出棺材要用那么多叫化子？为什么娶媳妇也要用那么多叫化子？为什么骂人要骂他的爹妈？为什么这个？为什么那个？——你试办一两天，你就会觉得这三个字的趣味真是无穷无尽，这三个字的功用也无穷无尽。

诸位，我们恭恭敬敬地请你们来试试这种新生活。

民国八年八月

新思潮的意义

研究问题

输入学理

整理国故

再造文明

一

近来报纸上发表过几篇解释"新思潮"的文章。我读了这几篇文章，觉得他们所举出的新思潮的性质，或太琐碎，或太笼统，不能算作新思潮运动的真确解释，也不能指出新思潮的将来趋势。即如包世杰先生的《新思潮是什么》一篇长文，列举新思潮的内容，何尝不详细？但是他究竟不曾使我们明白那种种新思潮的共同意义是什么。比较最简单的解释要算我的朋友陈独秀先生所举出的《新青年》两大罪案，——其实就是新思潮的两大罪案，——一是拥护德莫克拉西先生（民治主义），一是拥护赛因斯先生（科学）。陈先生说：

要拥护那德先生，便不得不反对孔教，礼法，贞节，旧伦理，旧政治。要拥护那赛先生，便不得不反对旧艺术，旧宗教。要拥护德先生，又要拥护赛先生，便不得不反对国粹和旧文学。（《新青年》六卷一号页一〇）

这话虽然很简明，但是还嫌太笼统了一点。假使有人问："何以要拥护德先生和赛先生便不能不反对国粹和旧文学呢？"答案自然是："因为国粹和旧文学是同德、赛两位先生反对的。"又问："何以凡同德、赛两位先生反对的东西都该反对呢？"这个问题可就不是几句笼统简单的话所能回答的了。

据我个人的观察，新思潮的根本意义只是一种新态度。这种新态度可叫做"评判的态度"。

评判的态度，简单说来，只是凡事要重新分别一个好与不好。仔细说来，评判的态度含有几种特别的要求：

（1）对于习俗相传下来的制度风俗，要问："这种制度现在还有存在的价值吗？"

（2）对于古代遗传下来的圣贤教训，要问："这句话在今日还是不错吗？"

（3）对于社会上糊涂公认的行为与信仰，都要问："大家公认的，就不会错了吗？人家这样做，我也该这样做吗？难道没有别样做法比这个更好，更有理，更有益的吗？"

民国八年（1919），胡适被聘为《新潮》杂志顾问。

尼采说现今时代是一个"重新估定一切价值"（Transvaluation of all Values）的时代。"重新估定一切价值"八个字便是评判的态度的最好解释。从前的人说妇女的脚越小越美。现在我们不但不认小脚为"美"，简直说这是"惨无人道"了。十年前，人家和店家都用鸦片烟敬客。现在鸦片烟变成犯禁品了。二十年前，康有为是洪水猛兽一般的维新党。现在康有为变成老古董了。康有为并不曾变换，估价的人变了，故他的价值也跟着变了。这叫做"重新估定一切价值"。

我以为现在所谓"新思潮"，无论怎样不一致，根本上同有这公共的一点：评判的态度。孔教的讨论只是要重新估定孔教的价值。文学的评论只是要重新估定旧文学的价值。贞操的讨论只是要重新估定贞操的道德在现代社会的价值。旧戏的评论只是要重新估定旧戏在今日文学上的价值。礼教的讨论只是要重新估定古代的纲常礼教在今日还有什么价值。女子的问题只是要重新估定女子在社会上的价值。政府与无政府的讨论，财产私有与公有的讨论，也只是要重新估定政府与财产等等制度在今日社会的价值。……我也不必往下数了，这些例很能够证明这种评判的态度是新思潮运动的共同精神。

二

这种评判的态度，在实际上表现时，有两种趋势。一方面是讨论社会上，政治上，宗教上，文学上种种问题。一方面是介绍西洋的新思想，新学术，新文学，新信仰。前者是"研究问题"，后者是"输入学理"。这两项是新思潮的手段。

我们随便翻开这两三年以来的新杂志与报纸，便可以看出这两种的趋势。在研究问题一方面，我们可以指出（1）孔教问题，（2）文学改革问题，（3）国语统一问题，（4）女子解放问题，（5）贞操问题，（6）礼教问题，（7）教育改良问题，（8）婚姻问题，（9）父子问题，（10）戏剧改良问题……等等。在输入学理一方面，我们可以指出《新青年》的"易卜生号"、"马克思号"，《民铎》的"现代思潮号"，《新教育》的"杜威号"，《建设》的"全民政治"的学理，和北京《晨报》《国民公报》《每周评论》，上海《星期评论》《时事新报》《解放与改造》，广州《民风周刊》……等等杂志报纸所介绍的种种西洋新学说。

为什么要研究问题呢？因为我们的社会现在正当根本动摇的时

候，有许多风俗制度，向来不发生问题的，现在为不能适应时势的需要，不能使人满意，都渐渐的变成困难的问题，不能不彻底研究，不能不考问旧日的解决法是否错误；如果错了，错在什么地方；错误寻出了，可有什么更好的解决方法；有什么方法可以适应现时的要求。例如孔教的问题，向来不成什么问题；后来东方文化与西方文化接近，孔教的势力渐渐衰微，于是有一班信仰孔教的人妄想要用政府法令的势力来恢复孔教的尊严；却不知道这种高压的手段恰好挑起一种怀疑的反动。因此。民国四五年的时候，孔教会的活动最大，反对孔教的人也最多。孔教成为问题就在这个时候。现在大多数明白事理的人，已打破了孔教的迷梦，这个问题又渐渐的不成问题了，故安福部的议员通过孔教为修身大本的议案时，国内竟没有人理睬他们了！

又如文学革命的问题。向来教育是少数"读书人"的特别权利，于大多数人是无关系的，文字的艰深不成问题。近来教育成为全国人的公共权利，人人知道普及教育是不可少的，故逐渐的有人知道文言在教育上实在不适用，于是文言白话就成为问题了。后来有人觉得单用白话做教科书是不中用的，因为世间决没有人情愿学一种除了教科书以外便没有用处的文字。这些人主张：古文不但不配做教育的工具，并且不配做文学的利器；若要提倡国语的教育，先须提倡国语的文学。文学革命的问题就是这样发生的。现在全国教育联合会已全体一致通过小学教科书改用国语的议案，况且用国语做文章的人也渐渐的多了，这个问题又渐渐的不成问题了。

为什么是输入学理呢？这个大概有几层解释。一来呢，有些人深信中国不但缺乏炮弹兵船电报铁路，还缺乏新思想与新学术，故他们尽量的输入西洋近世的学说。二来呢，有些人自己深信某种学说，要想他传播发展，故尽力提倡。三来呢，有些人自己不能做具体的研究工夫，觉得翻译现成的学说比较容易些，故乐得做这种稗贩事业。四来呢，研究具体的社会问题或政治问题，一方面做那破坏事业。一方面做对症下药的工夫，不但不容易，并且很遭犯忌讳，很容易惹祸，故不如做介绍学说的事业，借"学理研究"的美名；既可以避"过激派"的罪名，又还可以种下一点革命的种子。五来呢，研究问题的人，势不能专就问题本身讨论，不能不从那问题的意义上着想；但是问题引申到意义上去，便不能不靠许多学理做参考比较的材料，故学理的输入往往可以帮助问题的研究。

这五种动机虽然不同，但是多少总含有一种"评判的态度"，总表示对于旧有学术思想的一种不满意，和对于西方的精神文明的一种新觉悟。

但是这两三年新思潮运动的历史应该给我们一种很有益的教训。什么教训呢？就是：这两三年来新思潮运动的最大成绩差不多全是研究问题的结果。新文学的运动便是一个最明白的例。这个道理很容易解释。凡社会上成为问题的问题，一定是与许多人有密切关系的。这许多人虽然不能提出什么新解决，但是他们平时对于这个问题自然不能不注意。若有人能把这个问题的各方面都细细分析出来，加上评判的研究，指出不满意的所在，提出新鲜的救济方法，自然容易引起许多人的注意。起初自然有许多人反对。但是反对便是注意的证据，便是兴趣的表示。试看近日报纸上登的马克思的《赢余价值论》，可有反对的吗？可有讨论的吗？没有人讨论，没有人反对，便是不能引起人注意的证据。研究问题的文章所以能发生效果，正为所研究的问题一定是社会人生最切要的问题，最能使人注意，也最能使人觉悟。悬空介绍一种专家学说，如《赢余价值论》之类，除了少数专门学者之外，决不会发生什么影响。但是我们可以在研究问题里面做点输入学理的事业，或用学理来解释问题的意义，或从学理上寻求解决问题的方法。用这种方法来输入学理，能使人于不知不觉之中感受学理的影响。不但如此，研究问题最能使读者渐渐的养成一种批评的态度，研究的兴趣，独立思想的习惯。十部"纯粹理性的评判"，不如一点评判的态度；十篇"赢余价值论"，不如一点研究的兴趣；十种"全民政治论"，不如一点独立思想的习惯。

总起来说：研究问题所以能于短时期中发生很大的效力，正因为研究问题有这几种好处：（1）研究社会人生切要的问题最容易引起大家的注意；（2）因为问题关切人生，故最容易引起反对，但反对是该欢迎的，因为反对便是兴趣的表示，况且反对的讨论不但给我们许多不要钱的广告，还可使我们得讨论益处，使真理格外分明；（3）因为问题是逼人的活问题，故容易使人觉悟,容易得人信从；（4）因为从研究问题里面输入的学理，最容易消除平常人对于学理的抗拒力，最容易使人于不知不觉之中受学理的影响；（5）因为研究问题可以不知不觉的养成一班研究的，评判的，独立思想的革新人才。

这是这几年新思潮运动的大教训！我希望新思潮的领袖人物以后能了解这个教训，能把全副精力贯注到研究问题上去；能把一切学理不看作天经地义，但看作研究问题的参考材料，能把一切学理应用到我们自己的种种切要问题上去；能在研究问题上面做输入学理的工夫；能用研究问题的工夫来提倡研究问题的态度，来养成研究问题的人才。

这是我对于新思潮运动的解释。这也是我对于新思潮将来的趋向的希望。

（注）参看《问题与主义》

三

以上说新思潮的"评判的精神"在实际上的两种表现。现在要问："新思潮的运动对于中国旧有的学术思想，持什么态度呢？"

我的答案是："也是评判的态度。"

分开来说，我们对于旧有的学术思想有三种态度。第一，反对盲从；第二，反对调和；第三，主张整理国故。

盲从是评判的反面，我们既主张，"重新估定一切价值'，自然要反对盲从。这是不消说的了。

为什么要反对调和呢？因为评判的态度只认得一个是与不是，

一个好与不好，一个适与不适，——不认得什么古今中外的调和。调和是社会的一种天然趋势。人类社会有一种守旧的惰性，少数人只管趋向极端的革新，大多数人至多只能跟你走半程路。这就是调和。调和是人类懒病的天然趋势，用不着我们来提倡。我们走了一百里路，大多数人也许勉强走三四十里。我们若先讲调和，只走五十里，就一步都不走了。所以革新家的责任只是认定"是"的一个方向走去，不要回头讲调和。社会上自然有无数懒人懦夫出来调和。

我们对于旧有的学术思想，积极的只有一个主张，——就是"整理国故"。整理就是从乱七八糟里面寻出一个条理脉络来；从无头无脑里面寻出一个前因后果来；从胡说谬解里面寻出一个真意义来；从武断迷信里面寻出一个真价值来。为什么要整理呢？因为古代的学术思想向来没有条理，没有头绪，没有系统，故第一步是条理系统的整理。因为前人研究古书，很少有历史进化的眼光的，故从来不讲究一种学术的渊源，一种思想的前因后果，所以第二步是要寻出每种学术思想怎样发生，发生之后有什么影响效果。因为前人读古书，除极少数学者以外，大都是以讹传讹的谬说，——如太极图，爻辰，先天图，卦气……之类，——故第三步是要用科学的方法，作精确的考证，把古人的意义弄得明白清楚。因为前人对于古代的学术思想，有种种武断的成见，有种种可笑的迷信，如骂杨朱、墨翟为禽兽，却尊孔丘为德配天地、道冠古今！故第四步是综合前三步的研究，各家都还他一个本来真面目，各家都还他一个真价值。

这叫做"整理国故"。现在有许多人自己不懂得国粹是什么东西，却偏要高谈"保存国粹"。林琴南先生做文章论古文之不当废，他说，"吾知其理而不能言其所以然！"现在许多国粹党，有几个不是这样糊涂懵懂的？这种人如何配谈国粹？若要知道什么是国粹，什么是国渣，先须要用评判的态度，科学的精神，去做一番整理国故的工夫。

<h1 style="text-align:center">四</h1>

新思潮的精神是一种评判的态度。

新思潮的手段是研究问题与输入学理。

新思潮的将来趋势，依我个人的私见看来，应该是注重研究人生社会的切要问题，应该于研究问题之中做介绍学理的事业。

新思潮对于旧文化的态度，在消极一方面是反对盲从，是反对调和；在积极一方面，是用科学的方法做整理的工夫。

新思潮的唯一目的是什么呢？是再造文明。

文明不是笼统造成的，是一点一滴的造成的。进化不是一晚上笼统进化的，是一点一滴的进化的。现今的人爱谈"解放与改造"，须知解放不是笼统解放，改造也不是笼统改造。解放是这个那个制度的解放，这种那种思想的解放，这个那个人的解放，是一点一滴的解放。改造是这个那个制度的改造，这种那种思想的改造，这个那个人的改造，是一点一滴的改造。

再造文明的下手工夫，是这个那个问题的研究。再造文明的进行，是这个那个问题的解决。

民国八年十一月一日晨三时

第二组

论人生观

《科学与人生观》序

亚东图书馆主人汪孟邹先生近来把散见国内各种杂志上的讨论科学与人生观的文章搜集印行，总名为《科学与人生观》。我从烟霞洞回到上海时，这部书已印了一大半了。孟邹要我做一篇序。我觉得，在这空前的思想界大笔战的战场上，我要算一个逃兵了。我在本年三四月间，因为病体未复原，曾想把《努力周报》停刊；当时丁在君先生极不赞成停刊之议，他自己做了几篇长文，使我好往南方休息一会。我看了他的《玄学与科学》，心里很高兴，曾对他说，假使《努力》以后向这个新方向去谋发展，——假使我们以后为科学作战，——《努力》便有了新生命，我们也有了新兴趣，我从南方回来，一定也要加入战斗的。然而我来南方以后，一病就费去了六个多月的时间，在病中我只做了一篇很不庄重的《孙行者与张君劢》，此外竟不曾加入一拳一脚，岂不成了一个逃兵了？我如何敢以逃兵的资格来议论战场上各位武士的成绩呢？

但我下山以后，得遍读这次论战的各方面的文章，究竟忍不住心痒手痒，究竟不能不说几句话。一来呢，因为论战的材料太多，看这部大书的人不免有"目迷五色"的感觉，多作一篇综合的序论也许可以帮助读者对于论点的了解。二来呢，有几个重要的争点，或者不曾充分发挥，或者被埋没在这二十五万字的大海里，不容易引起读者的注意，似乎都有特别点出的需要。因此，我就大胆地作这篇序了。

一

这三十年来，有一个名词在国内几乎做到了无上尊严的地位；无论懂与不懂的人，无论守旧和维新的人，都不敢公然对他表示轻视或戏侮的态度。那个名词就是"科学"。这样几乎全国一致的崇信，究竟有无价值，那是另一个问题。我们至少可以说，自从中国讲变法维新以来，没有一个自命为新人物的人敢公然毁谤"科学"的，直到民国八九年间梁任

1928 年亚东图书馆编辑所有人合影，后排左起第四人为汪原放

公先生发表他的《欧游心影录》,科学方才在中国文字里正式受了"破产"的宣告。梁先生说:

> ……要而言之,近代人因科学发达,生出工业革命,外部生活变迁急剧,内部生活随而动摇,这是很容易看得出的。……依着科学家的新心理学,所谓人类心灵这件东西,就不过物质运动现象之一种。……这些唯物派的哲学家,托庇科学宇下建立一种纯物质的纯机械的人生观。把一切内部生活外部生活都归到物质运动的"必然法则"之下。……不惟如此,他们把心理和精神看成一物,根据实验心理学,硬说人类精神也不过是一种物质,一样受"必然法则"所支配。于是人类的自由意志不得不否认了。意志既不能自由,还有什么善恶的责任? ……现今思想界最大的危机就在这一点。宗教和旧哲学既已被科学打得个旗靡帜乱,这位"科学先生"便自当仁不让起来,要凭他的试验发明个宇宙新大原理。却是那大原理且不消说,敢是各科的小原理也是日新月异,今日认为真理,明日已成谬见。新权威到底树立不来,旧权威却是不可恢复了。所以全社会人心,都陷入怀疑沉闷畏惧之中,好像失了罗针的海船遇着风雾,不知前途怎生是好。既然如此,所以那些什么乐利主义强权主义越发得势。死后既没有天堂,只好尽这几十年尽情地快活。善恶既没有责任,何妨尽我的手段来充满我个人欲望。然而享用的物质增加速率,总不能和欲望的升腾同一比例,而且没有

法子令他均衡。怎么好呢？只有凭自己的力量自由竞争起来，质而言之，就是弱肉强食。近年来什么军阀，什么财阀，都是从这条路产生出来。这回大战争，便是一个报应。……总之，在这种人生观底下，那么千千万万人前脚接后脚的来这世界走一趟住几十年，干什么呢？独一无二的目的就是抢面包吃。不然就是怕那宇宙物质运动的大轮子缺了发动力，特自来供给他燃料。果真这样，人生还有一毫意味，人类还有一毫价值吗？无奈当科学全盛时代，那主要的思潮，却是偏在这方面，当时讴歌科学万能的人，满望着科学成功，黄金世界便指日出现。如今功总算成了，一百年物质的进步，比从前三千年所得还加几倍。我们人类不惟没有得着幸福，倒反带来许多灾难。好像沙漠中失路的旅人，远远望见个大黑影，拼命往前赶，以为可以靠他向导，知赶上几程，影子却不见了，因此无限凄惶失望。影子是谁，就是这位"科学先生"。欧洲人做了一场科学万能的大梦，到如今却叫起科学破产来。(《梁任公近著》第一辑上卷，页一九——二三）

梁先生在这段文章里很动感情地指出科学家的人生观的流毒：他很明显地控告那"纯物质的纯机械的人生观"把欧洲全社会"都陷入怀疑沉闷畏惧之中"，养成"弱肉强食"的现状，——"这回大战争，便是一个报应"。他很明白地控告这种科学家的人生观造成"抢面包吃"的社会，使人生没有一毫意味，使人类没有一毫价值，没有给人类带来幸福，"倒反带来许多灾难"，叫人类"无限凄惶失望"。梁先生要说的是欧洲"科学破产"的喊声，而他举出的却是科学家的人生观的罪状；梁先生撮拾了一些玄学家诬蔑科学人生观的话头；却便加上了"科学破产"的恶名。

梁先生后来在这段之后，加上两行自注道：

> 读者切勿误会，因此菲薄科学，我绝不承认科学破产，不过也不承认科学万能罢了。

然而谣言这件东西，就同野火一样，是易放而难收的。自从《欧游心影录》发表之后，科学在中国的尊严就远不如前了。一般不曾出国门的老先生很高兴地喊着，"欧洲科学破产了！梁任公这样说的。"我们不能说梁先生的话和近年同善社、悟善社的风行有什么直接的关系；但我们不能不说梁先生的话在国内确曾替反科学的势力助长不少的威风。梁先生的声望，梁先生那枝"笔锋常带情感"的健笔，都能使他的读者容易感受他的言论的影响。何况国中还有张君劢先生一流

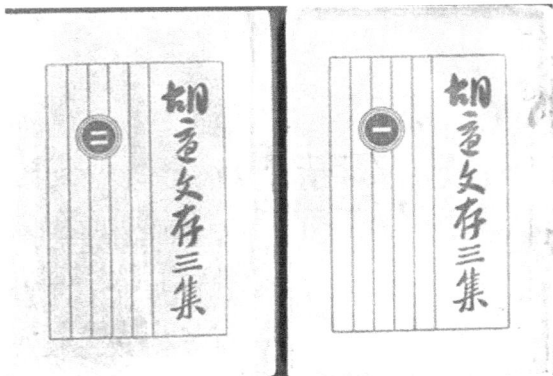

《胡适文存》书影，亚东图书馆 1930 年初版

人，打着柏格森、倭铿、欧立克……的旗号，继续起来替梁先生推波助澜呢？

我们要知道，欧洲的科学已到了根深蒂固的地位，不怕玄学鬼来攻击了。几个反动的哲学家，平素饱餍了科学的滋味，偶尔对科学发几句牢骚话，就像富贵人家吃厌了鱼肉，常想尝尝咸菜豆腐的风味；这种反动并没有什么大危险。那光焰万丈的科学，绝不是这几个玄学鬼摇撼得动的。一到中国，便不同了。中国此时还不曾享着科学的赐福，更谈不到科学带来的"灾难"。我们试睁开眼看看：这遍地的乩坛道院，这遍地的仙方鬼照相，这样不发达的交通，这样不发达的实业，——我们哪里配排斥科学？至于"人生观"，我们只有做官发财的人生观，只有靠天吃饭的人生观，只有求神问卜的人生观，只有《安士全书》的人生观，只有《太上感应篇》的人生观，——中国人的人生观还不曾和科学行见面礼呢！我们当这个时候，正苦科学的提倡不够，正苦科学的教育不发达，正苦科学的势力还不能扫除那迷漫全国的乌烟瘴气，——不料还有名流学者出来高唱"欧洲科学破产"的喊声，出来把欧洲文化破产的罪名归到科学身上，出来菲薄科学，历数科学家的人生观的罪状，不要科学在人生观上发生影响！信仰科学的

亚当图书馆书籍广告

人看了这种现状，能不发愁吗？能不大声疾呼出来替科学辩护吗？

这便是这一次"科学与人生观"的大论战所以发生的动机。明白了这个动机，我们方才可以明白这次大论战在中国思想史上占的地位。

二

张君劢的《人生观》原文的大旨是：

> 人生观之特点所在，曰主观的，曰直觉的，曰综合的，曰自由意志的，曰单一性的。惟其有此五点，故科学无论如何发达，而人生观问题之解决，决非科学所能为力，惟赖诸人类之自身而已。

君劢叙述那五个特点时，处处排斥科学，处处用一种不可捉摸的语言——"是非各持，绝不能施以一种试验"，"无所谓定义，无所谓方法，皆其自身良心之所命起而主张之"，"若强为分析，则必失其真义"，"皆出于良心之自动，而决非有使之然者"。这样一个大论战，却用一篇处处不可捉摸的论文作起点，这是一件大不幸的事。因为原文处处不可捉摸，故驳论与反驳都容易跳出本题。战线延长之后，战争的本意反不很明白了。（我常想，假如当日我们用了梁任公先生的《科学万能之梦》一篇作讨论的基础，我们定可以使这次论争的旗帜格外鲜明，至少可以免去许多无谓的纷争。）我们为读者计，不能不把这回论战的主要问题重说一遍。

君劢的要点是"人生观问题之解决，决非科学所能为力"。我们要答复他，似乎应该先说明科学应用到人生观问题上去，会产生什么样子的人生观；这就是说，我们应该先叙述"科学的人生观"是什么，然后再讨论这种人生观是否可以成立，是否可以解决人生观的问题，是否像梁先生说的那样贻祸欧洲，流毒人类。我总观这二十五万字的讨论，总觉得这一次为科学作战的人——除了吴稚晖先生——都有一个共同的错误，就是不曾具体地说明科学的人生观是什么，却去抽象地力争科学可以解决人生观的问题。这个共同错误的原因，约有两种：第一，张君劢的导火线的文章内并不曾像梁任公那样明白指斥科学家的人生观，只是笼统地说科学对于人生观问题无能为力。因此，驳论与反驳论的文章也都走上那"可能与不可能"的笼统讨论上去了。例如丁在君的《玄学与科学》的主要部分只是要证明："凡是心理的内容，真的概念推论，无一不是科学的材料。"然而他却始终没有说出什么是"科学的人生观"。从此以后许多参战的学者都错在这一点上。如张君劢《再论人生观与科学》只主张"人生观超于科学以上"，"科学决不能支配人生"。如梁任公的《人生观与科学》只说："人生关涉理智方面的事项，绝对要用科学方法来解决；关于情感方面的事项，绝对的超科学。"如林宰平的《读丁在君先生的〈玄学与科学〉》只是一面承认"科学的方法有益于人生观"，一面又反对科学包办或管理"这个最古怪的东西"——人类。如丁在君《答张君劢》也只是说明：

> 这种（科学）方法，无论用在知识界的哪一部分，都有相当的成绩，所以我们对于知识的信用，比对于没有方法的情感要好；凡有情感的冲动都要想用知识来指导他，使他发展的程度提高，发展的方向得当。

如唐擘黄《心理现象与因果律》只证明"一切心理现象都是有因的。"他的《一个痴人的说梦》只证明"关于情感的事项，要就我们的知识所及，尽量用科学方法来解决的。"王抚五的《科学与人生观》也只是说："科学是凭籍'因果'和'齐一'两个原理而横造起来的；人生问题无论为生命之观念，或生活之态度，都不能逃出这两个原理的金刚圈，所以科学可以解决人生问题。"直到最后范寿康的《评所谓科学与玄学之争》，也只是说："伦理规范——人生观——一部分是先天的，一部分是后天的。先天的形式是由主观的直觉而得，绝不是科学所能干涉。后天的内容应由科学的方法探讨而定，不是主观所应妄定。"

综观以上各位的讨论，人人都在那里笼统地讨论科学能不能解决人生问题或人生观问题。几乎没有一个人明白指出，假使我们把科学适用到人生观上去，应该产生什么样子的人生观。然而这个共同的错误大都是因为君劢的原文不曾明白攻击科学家的人生观，却只悬空武断科学决不能解决人生观问题。殊不知，我们若不先明白科学应用到人生观上去时发生的结果，我们如何能悬空评判科学能不能解决人生观呢？

这个共同的错误——大家规避"科学的人生观是什么"的问题——怕还有第二个原因，就是一班拥护科学的人虽然抽象地承认科学可以解决人生问题，却终不愿公然承认那具体的"纯物质，纯机械的人生观"为科学的人生观。我说他们"不愿"，并不是说他们怯懦不敢，只是说他们对于那科学家的人生观还不能像吴稚晖先生那样明显坚决的信仰，所以还不能公然出来主张。这一点确是这一次大论争的一个绝大的弱点。若没有吴老先生把他的"漆黑一团"的宇宙观和"人欲横流"的人生观提出来做个押阵大将，这一场大战争真成了一场混战，只闹得个一哄散场！

关于这一点，陈独秀先生的序中也有一段话，对于作战的先锋大将丁在君先生表示不满意。独秀说：

> 他（丁先生）自号存疑的唯心论，这是沿袭赫胥黎、斯宾塞诸人的谬误；你既承认宇宙间有不可知的部分而存疑，科学家站开，且让玄学家来解疑。此所以张君劢说："既已存疑，则研究形而上界之玄学，不应有丑诋之词。"其实我们对于未发现的物质固然可以存疑，而对于超物质而独立存在并且可以支配物质的什么心（心即是物之一种表现），什么神灵与上帝，我们已无疑可存了。说我们武断也好，说我们专制也好，若无证据给我们看，我们断然不能抛弃我们的信仰。

关于存疑主义的积极精神，在君自己也曾有明白的声明。(《答张君劢》，页二一——二三。)"拿证据来！"一句话确然是有积极精神的。但赫胥黎等在当用这种武器时，究竟还只是消极的防御居多。在十九世纪的英国，在那宗教的权威不曾打破的时代，明明是无神论者也不得不挂一个"存疑"的招牌。但在今日的中国，在宗教信仰向来比较自由的中国，我们如果深信现有的科学证据只能叫我们否认上帝的存在和灵魂的不灭，那么，我们正不妨老实自居为"无神论者"。这样的自称并不算是武断；因为我们的信仰是根据于证据的：等到有神论的证据充足时，我们再改信有神论，也还不迟。我们在这个时候，既不能相信那没有充分证据的有神论，心灵不灭论，天人感应论，……又不肯积极地主张那自然主义的宇宙观，唯物主义的人生观，……怪不得独秀要说"科学家站开！且让玄学家来解疑"了。吴稚晖先生便不然。他老先生宁可冒"玄学鬼"的恶名，偏要冲到那"不可知的区域"里去打一阵，他希望"那不可知区域里的假设，责成玄学鬼也带着论理色彩去假设着。"(《宇宙观及人生观》，页九。)这个态度是对的。我们信仰科学的人，正不妨做一番大规模的假设。只要我们的假设处处建筑在已知的事实之上，只要我们认我们的建筑不过是一种最满意的假设，可以跟着新证据修正的，——我们带着这种科学的态度，不妨冲进那不可知的区域里，正如姜子牙展开了杏黄旗，也不妨冲进十绝阵里去试试。

三

我在上文说的，并不是有意挑剔这一次论战场上的各位武士。我的意思只是要说，这一篇论战的文章只做了一个"破题"，还不曾做到"起讲"。至于"余兴"与"尾声"，更谈不到了。破题的功夫，自然是很重要的，丁在君先生的发难，唐擘黄先生等的响应，六个月的时间，二十五万字的煌煌大文，大吹大擂地把这个大问题捧了出来，叫乌烟瘴气的中国知道这个大问题的重要，——这件功劳真不在小处！

可是现在真有做"起讲"的必要了。吴稚晖先生的"一个新信仰的宇宙观及人生观"已经给我们做下一个好榜样。在这篇《科学与人生观》的"起讲"里，我们应该积极地提出什么叫做"科学的人生观"，应该提出我们所谓"科学的人生观"，好教将来的讨论有个具体的争点。否则你单说科学能解决人生观，他单说不能，势必至于吴稚晖先生说的"张、丁之战，便延长了一百年，也不会得到究竟。"因为若不先有一种具体的科学人生观作讨论的底子，今日泛泛地承认科学有解决人生观的可能，是没有用的。等到那"科学的人生观"的具体内容拿出来时，战线上的组合也许要起一个大大的变化。我的朋友朱经农先生是信仰科学"前程不可限量"的，然而他定不能承认无神论是科学的人生观。我的朋友林宰平先生是反对科学包办人生观的，然而我想他一定可以很明白地否认上帝的存在。到了那个具体讨论的时期，我们才可以说是真正开战。那时的反对，才是真正反对。那时的赞成，才是真正赞成。那时的胜利，才是真正胜利。

我还要再进一步说：拥护科学的先生们，你们虽要想规避那"科学的人生观是什么"的讨论，你们终于免不了的。因为他们早已正式对科学的人生观宣战了。梁任公先生的"科学万能之梦"，早已明白攻击那"纯物质的，纯机械的人生观"了。他早已把欧洲大战祸的责任加到那"科学家的新心理学"上去了。张君劢先生在《再论人生观与科学》里，也很笼统地攻击"机械主义"了。他早已说"关于人生之解释与内心之修养，当然以唯心派之言为长"了。科学家究竟何去何从？这时候正是科学家表明态度的时候了。

因此，我们十分诚恳地对吴稚晖先生表示敬意，因为他老先生在这个时候很大胆地把他信仰的宇宙观和人生观提出来，很老实地宣布他的"漆黑一团"的宇宙观和"人欲横流"的人生观。他在那篇大文章里，很明白地宣言

那种骇得煞人的显赫的名词，上帝呀，神呀，还是取消了好。

（页十二）

很明白地：

开除了上帝的名额，放逐了精神元素的灵魂。（页二九）

很大胆地宣言：

> 我以为动植物且本无感觉，皆止有其质力交推，有其辐射反应，如是而已。譬之于人，其质构而为如是之神经系，即其力生如是之反应。所谓情感，思想，意志等等，就种种反应而强为之名，美其名曰心理，神其事曰灵魂，质直言之曰感觉，其实统不过质力之相应。（页二二——二三）

他在人生观中，很"恭敬地又好像滑稽地"说：

> 人便是外面止剩两只脚，却得到了两只手，内面有三斤二两脑髓，五千零四十八根脑筋，比较占有多额神经系质的动物。（页三九）
>
> 生者，演之谓也，如是云尔。（页四十）
>
> 所谓人生，便是用手用脑的一种动物，轮到"宇宙大剧场"的第亿垓八京六兆五万七千幕，正在那里出台演唱。（页四七）

他老先生五年的思想和讨论的结果，给我们这样一个"新信仰的宇宙观及人生观"。他老先生很谦逊地避去"科学的"尊号，只叫他做"柴积上，日黄中的老头儿"的新信仰。他这个新信仰正是张君劢先生所谓"机械主义"，正是梁任公先生所谓"纯物质的纯机械的人生观"。他一笔勾销了上帝，抹煞了灵魂，戳穿了"人为万物之灵"的玄秘。这才是真正的挑战。我们要看那些信仰上帝的人们出来替上帝向吴老先生作战。我们要看那些信仰灵魂的人出来替灵魂向吴老先生作战。我们要看那些信仰人生的神秘的人们出来向这"两手动物演戏"的人生观作战。我们要看那些认爱情为玄秘的人们出来向这"全是生理作用，并无丝毫微妙"的爱情观作战。这样的讨论，才是切题的、具体的讨论。这才是真正开火。这样战争的结果，不是科学能不能解决人生的问题了，乃是上帝的有无，鬼神的有无，灵魂的有无，……等等人生切要问题的解答。

只有这种具体的人生切要问题的讨论才可以发生我们所希望的效果，——才可以促进思想上的刷新。

反对科学的先生们！你们以后的作战，请向吴稚晖的"新信仰的宇宙观及人生观"作战。

拥护科学的先生们！你们以后的作战，请先研究吴稚晖的"新信仰的宇宙观及人生观"：完全赞成他的，请准备替他辩护，像赫胥黎替达尔文辩护一样；不能完全赞成他的，请提出修正案，像后来的生物学者修正达尔文主义一样。

从此以后，科学与人生观的战线上的压阵老将吴老先生要倒转来做先锋了！

四

说到这里，我可以回到张、丁之战的第一个"回合"了。张君劢说：

> 天下古今之最不统一者，莫若人生观。(《人生观》页一)

丁在君说：

> 人生观现在没有统一是一件事，永久不能统一又是一件事，除非你能提出事实理由来证明他是永远不能统一的，我们总有求他统一的义务。(《玄学与科学》页三)
>
> 玄学家先存了一个成见，说科学方法不适用于人生观；世界上的玄学家一天没有死完，自然一天人生观不能统一。(页四)

"统一"一个字，后来很引起一些人的抗议。例如林宰平先生就控告丁在君。说他"要把科学来统一一切"，说他"想用科学的武器来包办宇宙"。这种控诉，未免过于张大其词了。在君用的"统一"一个字，不过是沿用君劢文章里的话；他们两位的意思大概都不过是大同小异的一致罢了。依我个人想起来，人类的人生观总应该有一个最低限度的一致的可能。唐擘黄先生说的最好：

　　　　人生观不过是一个人对于世界万物同人类的态度，这种态
　　度是随着人的神经构造、经验，知识等而变的。神经构造等就
　　是人生观之因，我举一二例来看。

　　　　无因论者以为叔本华（Schopenhauer）、哈德门（Hartmann）
　　的人生观是直觉的，其实他们自己并不承认这事。他们都说根
　　据经验阅历而来的。叔本华是引许多经验作证的，哈德门还要
　　说他的哲学是从归纳法得来的。

　　　　人生观是因知识而变的。例如，哥白尼太阳居中说，同后
　　来的达尔文的人猿同祖说发明以后，世界人类的人生观起绝大
　　变动；这是无可疑的历史事实。若人生观是直觉的，无因的，
　　何以随自然界的知识而变更呢？

我们因为深信人生观是因知识经验而变换的，所以深信宣传与
教育的效果可以使人类的人生观得着一个最低限度的一致。

　　最重要的问题是：拿什么东西来做人生观的"最低限度的一
致"呢？

　　我的答案是：拿今日科学家平心静气地，破除成见地，共同承
认的"科学的人生观"做人类人生观的最低限度的一致。

　　宗教的功效已曾使有神论和灵魂不灭论统一欧洲（其实岂止欧
洲！）的人生观至千余年之久。假使我们信仰的"科学的人生观"

将来靠教育与宣传的功效，也能有"有神论"和"灵魂不灭论"在中世欧洲那样的风行，那样的普遍，那也可算是我所谓"大同而小异的一致"了。

我们若要希望人类的人生观逐渐做到大同而小异的一致，我们应该准备替这个新人生观作长期的奋斗。我们所谓"奋斗"，并不是像林宰平先生形容的"摩哈默得式"的武力统一；只是用光明磊落的态度，诚恳的言论，宣传我们的"新信仰"，继续不断的宣传，要使今日少数人的信仰逐渐变成将来大多数人的信仰。我们也可以说这是"作战"，因为新信仰总免不了和旧信仰冲突的事；但我们总希望作战的人都能尊重对方的人格，都能承认那些和我们信仰不同的人不一定都是笨人与坏人，都能在作战之中保持一种"容忍"（Toleration）的态度；我们总希望那些反对我们的新信仰的人，也能用"容忍"的态度来对我们，用研究的态度来考察我们的信仰。我们要认清：我们的真正敌人不是对方；我们的真正敌人是"成见"，是"不思想"。我们向旧思想和旧信仰作战，其实只是很诚恳地请求旧思想和旧信仰势力之下的朋友们起来向"成见"和"不思想"作战。凡是肯用思想来考察他的成见的人，都是我们的同盟！

五

总而言之，我们以后的作战计划是宣传我们的新信仰，是宣传我们信仰的新人生观。（我们所谓"人生观"，依唐擘黄先生的界说，包括吴稚晖先生所谓"宇宙观"。）这个新人生观的大旨，吴稚晖先生已宣布过了。我们总括他的大意，加上一点扩充和补充，在这里再提出这个新人生观的轮廓：

一、根据于天文学和物理学的知识，叫人知道空间的无穷之大。

二、根据于地质学及古生物学的知识，叫人知道时间的无穷之长。

三、根据于一切科学，叫人知道宇宙及其中万物的运行变迁皆是自然的，——自己如此的，——正用不着什么超自然的主宰或造物者。

四、根据于生物的科学的知识，叫人知道生物界的生存竞争的浪费与残酷，因此，叫人更可以明白那"有好生之德"的主宰的假设是不能成立的。

五、根据于生物学，生理学，心理学的知识，叫人知道人不过是动物的一种，他和别种动物只有程度的差异，并无种类的区别。

六、根据于生物的科学及人类学，人种学，社会学的知识，叫人知道生物及人类社会演进的历史和演进的原因。

七、根据于生物的及心理的科学，叫人知道一切心理的现象都是有因的。

八、根据于生物学及社会学的知识，叫人知道道德礼教是变迁的，而变迁的原因都是可以用科学方法寻求出来的。

九、根据于新的物理化学的知识，叫人知道物质不是死的，是活的；不是静的，是动的。

十、根据于生物学及社会学的知识，叫人知道个人——"小我"——是要死灭的，而人类——"大我"——是不死的，不朽的；叫人知道"为全种万世而生活"就是宗教，就是最高的宗教；而那些替个人谋死后的"天堂""净土"的宗教，乃是自私自利的宗教。

这种新人生观是建筑在二三百年的科学常识之上的一个大假设，我们也许可以给他加上"科学的人生观"的尊号。但为避免无谓的争论起见，我主张叫他做"自然主义的人生观"。

在那个自然主义的宇宙里，在那无穷之大的空间里，在那无穷之长的时间里，这个平均高五尺六寸，上寿不过百年的两手动物——人——真是一个藐乎其小的微生物了。在那个自然主义的宇宙里，天行是有常度的，物变是有自然法则的，因果的大法支配着他——人——的一切生活，生存竞争的惨剧鞭策着他的一切行为，——这个两手动物的自由真是很有限的了。然而在那个自然主义的宇宙里，这个渺小的两手动物却也有他的相当的地位和相当的价值。他用他的两手和一个大脑，居然能做出许多器具，想出许多方法，造成一点文化。他不但驯伏了许多禽兽，他还能考究宇宙间的自然法则，利用这些法则来驾驭天行，到现在他居然能叫电气给他赶车，以太给他送信了。他的智慧的长进就是他的能力的增加；然而智慧的长进却又使他的胸襟扩大，想象力提高。他也曾拜物拜畜生，也曾怕神怕鬼，但他现在渐渐脱离了这种幼稚的时期，他现在渐渐明白：空间之大只增加他对宇宙的美感；时间之长只使他格外明了祖宗创业之艰难；天行之有常只增加他制裁自然界的能力。甚至于因果律笼罩一切，也并不见得束缚他的自由，因为因果律的作用一方面使他可以由因求果，由果推因，解释过去，预测未来；一方面又使他可以运用他的智慧，创造新因以求新果。甚至于生存竞争的观念也并不见得就使他成为一个冷酷无情的畜生，也许还可以格外增加他对于同类的同情心，格外使他深信互助的重要，格外使他注重人为的努力以减免天然竞争的惨酷与浪费。——总而言之，这个自然主义的人生观里，未尝没有美，未尝没有诗意，未尝没有道德的责任，未尝没有充分运用"创造的智慧"的机会。

我这样粗枝大叶的叙述，定然不能使信仰的读者满意，或使不信仰的读者心服。这个新人生观的满意的叙述与发挥，那正是这本书和这篇序所期望能引起的。

十二，十一，廿九，在上海

不 朽

——我 的 宗 教

不朽有种种说法，但是总括看来，只有两种说法是真有区别的。一种是把"不朽"解作灵魂不灭的意思。一种就是《春秋左传》上说的"三不朽"。

（一）神不灭论 宗教家往往说灵魂不灭，死后须受末日的裁判：做好事的享受天国天堂的快乐，做恶事的要受地狱的苦痛。这种说法，几千年来不但受了无数愚夫愚妇的迷信，居然还受了许多学者的信仰。但是古今来也有许多学者对于灵魂是否可离形体而存在的问题，不能不发生疑问。最重要的如南北朝人范缜的《神灭论》说："形者神之质，神者形之用。……神之于质，犹利之于刀；形之于用，犹刀之于利。……舍利无刀，舍刀无利。未闻刀没而利存，岂容形亡而神在？"宋朝的司马光也说："形既朽灭，神亦飘散，虽有剉烧春磨，亦无所施。"但是司马光说的"形既朽灭，神亦飘散"，还不免把形与神看作两件事，不如范缜说的更透切。范缜说人的神

莱布尼茨（1646—1716）

灵即是形体的作用，形体便是神灵的形质。正如刀子是形质，刀子的利钝是作用；有刀子方才有利钝，没有刀子便没有利钝。人有形体方才有作用：这个作用，我们叫做"灵魂"。若没有形体，便没有作用了，便没有灵魂了。范缜这篇《神灭论》出来的时候，惹起了无数人的反对。梁武帝叫了七十几个名士作论驳他，都没有什么真有价值的议论。其中只有沈约的《难神灭论》说："利若追施四方，则利体无处复立；利之为用正存一边毫毛处耳。神之与形，举体若合，又安得同乎？若以此譬为尽耶，则不尽；若谓本不尽耶，则不可以为譬也。"这一段是说刀是无机体，人是有机体，故不能彼此相比。这话固然有理，但终不能推翻"神者形之用"的议论。近世唯物派的学者也说人的灵魂并不是什么无形体，独立存在的物事，不过是神经作用的总名；灵魂的种种作用都即是脑部各部分的机能作用；若有某部被损伤，某种作用即时废止；人幼年时脑部不曾完全发达，神灵作用也不能完全，老年人脑部渐渐衰耗，神灵作用也渐渐衰耗。

这种议论的大旨，与范缜所说"神者形之用"正相同。但是有许多人总舍不得把灵魂打消了，所以咬住说灵魂另是一种神秘玄妙的物事，并不是神经的作用。这个"神秘玄妙"的物事究竟是什么，他们也说不出来，只觉得总应该有这么一件物事。既是"神秘玄妙"，自然不能用科学试验来证明他，也不能用科学试验来驳倒他。既然如此，我们只好用实验主义（Pragmatism）的方法，看这种学说的实际效果如何，以为评判的标准。依此标准看来，信神不灭论的固然也有好人，信神灭论的也未必全是坏人。即如司马光、范缜、赫胥黎一类的人，说不信灵魂不灭的话，何尝没有高尚的道德？更进一层说，有些人因为迷信天堂，天国，地狱，末日裁判，方才修德行善，这种修行全是自私自利的，也算不得真正道德。总而言之，灵魂灭不灭的问题，于人生行为上实在没有什么重大影响；既没有实际的影响，简直可说是不成问题了。

（二）三不朽说　《左传》说的三种不朽是：（一）立德的不朽，（二）立功的不朽，（三）立言的不朽。"德"便是个人人格的价值，像墨翟、耶稣一类的人，

哥伦布（1451—1506）

一生刻意孤行，精诚勇猛，使当时的人敬爱信仰，使千百年后的人想念崇拜。这便是立德的不朽。"功"便是事业，像哥伦布发现美洲，像华盛顿造成美洲共和国，替当时的人开一新天地，替历史开一新纪元，替天下后世的人种下无量幸福的种子。这便是立功的不朽。"言"便是语言著作，像那《诗经》三百篇的许多无名诗人，又像陶潜、杜甫、莎士比亚、易卜生一类的文学家，又像柏拉图、卢梭、弥儿顿一类的文学家，又像牛顿、达尔文一类的科学家，或是做了几首好诗使千百年后的人欢喜感叹；或是做了几本好戏使当时的人鼓舞感动，使后世的人发愤兴起；或是创出一种新哲学或是发明了一种新学说，或在当时发生思想的革命，或在后世影响无穷。这便是立言的不朽。总而言之，这种不朽说，不问人死后灵魂能不能存在，只问他的人格，他的事业，他的著作有没有永远存在的价值。即如基督教徒说耶稣是上帝的儿子，他的灵魂永远存在，我们正不用驳这种无凭据的神话，只说耶稣的人格，事业和教训都可以不朽，又何必说那些无谓的神话呢？又如孔教会的人到了孔丘的生日，一定要举行祭孔的典礼，还有些人学那"朝山进香"的法子，要赶到曲阜孔林去对孔丘的神灵表示敬意。其实孔丘的不朽全在他的人格与教训，不在他那"在天之灵"。大总统多行两次丁祭，孔教会多走两次"朝山进香"，就可以使孔丘格外不朽了吗？更进一步说，像那《三百篇》中的诗人，也没有姓名，也没有事实，但是他们都可说是立言的不朽。为什么呢？因为不朽全靠一个人的真价值，并不靠姓名事实的流传，也不靠灵魂的存在。试看古今来的多少大发明家，那发明火的，发明养蚕的，发明丝的，发明织布的，发明水车的，发明舂米的水车的，发明规矩的，发明秤的，……虽然姓名不传，事实湮没，但他们的功业永远存在，他们也就都不朽了。这种不朽比那个人的小小灵魂的存在，可不是更可宝贵，更可羡慕吗？况且那灵魂的有无还在不可知之中，这三种不朽——德，功，言，可是实在的。这三种不朽可不是比那灵魂的不灭更靠得住吗？

以上两种不朽论，依我个人看来，不消说得，那"三不朽说"是比那"神不灭说"好得多了。但是那"三不朽说"还有三层缺点，不可不知。第一，照平常的解说看来，那些真能不朽的人只不过那极少数有道德，有功业，有著述的人。还有那无量平常人难道就没有不朽的希望吗？世界上能有几个墨翟、耶稣，几个哥伦布、华盛顿，几个杜甫、陶潜，几个牛顿、达尔文呢？这岂不成了一种"寡头"的不朽论吗？第二，这种不朽论单从积极一方面着想，但没有消极的裁制。那种灵魂的不朽论既说有天国的快乐，又说有地狱的苦楚，是积极消极两方面都顾着的。如今单说立德可以不朽，不立德又怎样呢？立功可以不朽，有罪恶又怎样呢？第三，这种不朽论所说的"德，功，言"三件，范围都很含糊。究竟怎样的人格方才可算是"德"呢？怎样的事业方才可算是"功"呢？怎样的著作方才可算是"言"呢？我且举下个例。哥伦布发现美洲固然可算得立了不朽之功，但是他船上的水手火头又怎样呢？他那只船的造船工人又怎样呢？他船上用的罗盘器械的制造工人又怎样呢？他所读的书的著作者又怎样呢？……举这一条例，已可见"三不朽"的界限含糊不清了。

因为要补足这三层缺点，所以我想提出第三种不朽论来请大家讨论。我一时想不起别的好名字，姑且称他做"社会的不朽论"。

（三）社会的不朽论　社会的生命，无论是看纵剖面，是看横截面，都像一种有机的组织。从纵剖面看来，社会的历史是不断的；前人影响后人，后人又影响更后人；没有我们的祖宗和那无数的古人，又哪里有今日的我和你？没有今日的我和你，又哪里有将来的后人？没有那无数的个人，便没有历史，但是没有历史，那无数的个人也绝不是那个样子的个人：总而言之，个人造成历史，历史造成个人。从横截面看来，社会的生活是交互影响的：个人造成社会，社会造成个人：社会的生活全靠个人分工合作的生活，但个人的生活，无论如何不同，都脱不了社会的影响；若没有那样这样的社会，决不会有这样那样的我和你；若没有无数的我和你，社会也绝不是这个样子。莱布尼茨（Leibnitz）说得好：

这个世界乃是一片大充实（Plenum, 为真空 Vacuum 之对），其中一切物质都是接连着的。一个大充实里面有一点变动，全部的物质都要受影响，影响的程度与物体距离的远近成正比例。世界也是如此。每一个人不但直接受他身边亲近的人的影响，并且间接又间接的受距离很远的人的影响。所以世间的交互影响，无论距离远近，都受得着的。所以世界上的人，每人受着全世界一切动作的影响。如果他有周知万物的智慧，他可以在每人的身上看出世间一切施为，无论过去未来都可看得出，在

这一个现在里面便有无穷时间空间的影子。（见 Monadology 第六十一节）

从这个交互影响的社会观和世界观上面，便生出我所说的"社会的不朽论"来。我这"社会的不朽论"的大旨是：

我这个"小我"不是独立存在的，是和无量数"小我"有直接或间接的交互关系的；是和社会的全体和世界的全体都有互为影响的关系的；是和社会世界的过去和未来都有因果关系的。种种从前的因，种种现在无数"小我"和无数他种势力所造成的因，都成了我这个"小我"的一部分。我这个"小我"，加上了种种从前的因，又加上了种种现在的因，传递下去，又要造成无数将来的"小我"。这种种过去的"小我"，和种种现在的"小我"，和种种将来无穷的"小我"，一代传一代，一点加一滴；一线相传，连绵不断；一水奔流，滔滔不绝——这便是一个"大我"。"小我"是会消灭的，"大我"是永远不灭的。"小我"是有死的，"大我"是永远不死，永远不朽的。"小我"虽然会死，但是每一个"小我"的一切作为，一切功德罪恶，一切语言行事，无论大小，无论是非，无论善恶，都永远留存在那个"大我"之中。那个"大我"，便是古往今来一切"小我"的纪功碑，彰善祠，罪状判决书，孝子慈孙百世不能改的恶溢法。这个"大我"是永远不朽的，故一切"小我"的事业，人格，一举一动，一言一笑，一个念头，一场功劳，一桩罪过，也都永远不朽。这便是社会的不朽，"大我"的不朽。

那边"一座低低的土墙,遮着一个弹三弦的人。"那三弦的声浪,在空间起了无数波澜;那被冲动的空气质点,直接间接冲动无数旁的空气质点;这种波澜,由近而远,至于无穷空间;由现在而将来,由此刹那以至于无量刹那,至于无穷时间——这已是不灭不朽了。那时间,那"低低的土墙"外边来了一位诗人,听见那三弦的声音,忽然起了一个念头;由这一个念头,就成了一首好诗;这首好诗传诵了许多;人人读了这诗,各起种种念头;由这种种念头,更发生无量数的念头,更发生无数的动作,以至于无穷。然而那"低低的土墙"里面那个弹三弦的人又如何知道他所发生的影响呢?

一个生肺病的人在路上偶然吐了一口痰。那口痰被太阳晒干了,化为微尘,被风吹起空中,东西飘散,渐吹渐远,至于无穷时间,至于无穷空间。偶然一部份的病菌被体弱的人呼吸进去,便发生肺病,由他一身传染一家,更由一家传染无数人家。如此辗转传染,至于无穷空间,至于无穷时间。然而那先前吐痰的人的骨头早已腐烂了,他又如何知道他所种的恶果呢?

一千五六百年前有一个人叫做范缜说了几句话道:"神之于形,犹利之于刀;未闻刀没而利存,岂容形亡而神在?"这几句话在当时受了无数人的攻击。到了宋朝有个司马光把这几句话记在他的《资治通鉴》中。一千五六百年之后,有一个十一岁的小孩子——就是我——看《通鉴》到这几句话,心中受了一大感动,后来便影响了他半生的思想行事。然而那说话的范缜早已死了一千五六百年了!

二千六七百年前，在印度地方有一个穷人病死了，没人收尸，尸首暴露在路上，已腐烂了。那边来了一辆车，车上坐着一个王太子，看见了这个腐烂发臭的死人，心中起了一念；由这一念，辗转发生无数念。后来那位王太子把王位也抛了，富贵也抛了，父母妻子也抛了，独自去寻思一个解脱生老病死的方法。后来这位王子便成了一个教主，创了一种哲学的宗教，感化了无数人。他的影响势力至今还在；将来即使他的宗教全灭了，他的影响势力终久还存在，以至于无穷。这可是那腐烂发臭的路毙所曾梦想到的吗？

以上不过是略举几件事，说明上文说的"社会的不朽"，"大我的不朽"。这种不朽论，总而言之，只是说个人的一切功德罪恶，一切言语行事，无论大小好坏，一一都留下一些影响在那个"大我"之中，一一都与这永远不朽的"大我"一同永远不朽。

上文我批评那"三不朽论"的三层缺点：（一）只限于极少数的人，（二）没有消极的裁制，（三）所说"功，德，言，"的范围太含糊了。如今所说"社会的不朽"，其实只是把那"三不朽论"的范围更推广了。既然不论事业功德的大小，一切都可不朽，那第一第三两层短处都没有了。冠绝古今的道德功业固可以不朽，那极平常的"庸言庸行"，油盐柴米的琐屑，愚夫愚妇的细事，一言一笑的微细，也都永远不朽。那发现美洲的哥伦布固可以不朽，那些和他同行的水手火头，造船的工人，造罗盘器械的工人，供给他粮食衣服银钱的人，他所读的书的著作家，生他的父母，生他父母的父母祖宗，以及生育训练那些工人商人的父母祖宗，以及他以前和同时的社会，……都永远不朽。社会是有机的组织，那英雄伟人可以不朽，那挑水的，烧饭的，甚至于浴堂中替你擦背的，甚至于每天替你家掏粪倒马桶的，

也都永远不朽。至于那第二层缺点，也可免去。如今说立德不朽，行恶也不朽；立功不朽，犯罪也不朽："流芳百世"不朽，"遗臭万年"也不朽；功德盖世固是不朽的善因，吐一口痰也有不朽的恶果。我的朋友李守常先生说得好："稍一失脚，必致遗留层层罪恶种子于未来无量的人，——即未来无量的我，——永不能消除，——永不能忏悔。"这就是消极的裁制了。

中国儒家的宗教提出一个父母的观念，和一个祖先的观念，来做人生一切行为的裁制力。所以说，"一出言而不敢忘父母，一举足而不敢忘父母。"父母死后，又用丧礼祭礼等等见神见鬼的方法，时刻提醒这种人生行为的裁制力。所以又说，"斋明盛服，以承祭祀，洋洋乎如在其上，如在其左右。"又说，"斋三日，则见其所为斋者；祭之日，入室，僾然必有见乎其位；周还出户，肃然必有闻乎其容声；出户而听，忾然必有闻乎其吹息之声。"这都是"神道设教"，见神见鬼的手段。这种宗教的手段在今日是不中用了。还有那种"默示"的宗教，神权的宗教，崇拜偶像的宗教，在我们心里也不能发生效力，不能裁制我们一生的行为。以我个人看来，这种"社会的不朽"观念很可以做我的宗教了。我的宗教的教旨是：

我这个现在的"小我"，对于那永远不朽的"大我"的无穷过去，须负重大的责任。对于那永远不朽的"大我"的无穷未来，也须负

重大的责任。我须要时时想着,我应该如何努力利用现在的"小我",方才可以不辜负了那"大我"的无穷过去,方才可以不贻害那"大我"的无穷未来?

（跋）

这篇文章的主意是民国七年年底当我的母亲丧事里想到的。那时只写成一部分,到八年二月十九日方才写定付印。后来俞颂华先生在报纸上指出我论社会是有机体一段很有语病,我觉得他的批评很有理,故九年二月间我用英文发表这篇文章时,我就把那一段完全改过了。十年五月,又改定中文原稿,并记作文与修改的缘起于此。

易卜生主义

一

易卜生最后所作的《我们死人再生时》（When We Dead Awaken）一本戏中里面有一段话，很可表出易卜生所作文学的根本方法。这本戏的主人翁是一个美术家，费了全副精神雕成一副像，名为"复活日"。这位美术家自己说他这副雕像的历史道：

> 我那时年纪还轻，不懂得世事。我以为这"复活日"应该是一个极精致、极美的少女像，不带着一毫人世的经验，平空地醒来，自然光明庄严，没有什么过恶可除。……但是我后来地几年，懂得些世事了，才知道这"复活日"不是这样简单的，原来是很复杂的。……我眼中所见的人情世故，都到我理想中来，我不能不把这些现状包括进去。我只好把像的座子放大了，放宽了。
>
> 我在那座子上雕了一片曲折爆裂的地面。从那地的裂缝中，

钻出来无数模糊不分
明，人身兽面的男男
女女。这都是我在世
间亲自见过的男男女
女。（二幕）

这是"易卜生主义"
的根本方法。那不带一毫
人世罪恶的少女像，是指
那盲目的理想派文学。那
无数模糊不分明，人身兽
面的男男女女，是指写实
派的文学。易卜生早年和
晚年的著作虽不能全说是

亨利克·约翰·易卜生（1828—1906），挪威
剧作家，现代现实主义戏剧的创始人。

写实主义，但我们看他极盛时期的著作，尽可以说，易卜生的文学，
易卜生的人生观，只是一个写实主义。一八八二年，他有一封信给
一个朋友，信中说道：

我做书的目的，要使读者人人心中都觉得他所读的全是实
事。（《尺牍》第一五九号）

人生的大病根在于不肯睁开眼睛来看世间的真实现状。明明

是男盗女娼的社会，我们偏说是圣贤礼义之邦；明明是赃官污吏的政治，我们偏要歌功颂德；明明是不可救药的大病，我们偏要说一点病都没有！却不知道，若要病好，须先认有病；若要政治好，须先认现今的政治实在不好；若要改良社会，须先知道现今的社会实是男盗女娼的社会！易卜生的长处，只在他肯说老实话，只在他能把社会种种腐败龌龊的实在情形写出来，叫大家仔细看。他并不是爱说社会的坏处，他只是不得不说。一八八〇年，他对一个朋友说：

> 我无论作什么诗，编什么戏，我的目的只要我自己精神上的舒服清净。因为我们对于社会的罪恶，都脱不了干系的。(《尺牍》第一四八号）

因为我们对于社会的罪恶都脱不了干系，故不得不说老实话。

二

我们且看易卜生写近世的社会，说的是一些什么样的老实话。第一、先说家庭。

易卜生所写的家庭，是极不堪的。家庭里面，有四种大恶德：一是自私自利；二是倚赖性，奴隶性；三是假道德，装腔作戏；四是懦怯，没有胆子。做丈夫的便是自私自利的代表。他要快乐，要安逸，还要体面，所以他要娶一个妻子。正如《娜拉》戏中的郝尔茂，他觉得同他妻子有爱情是很好玩的。他叫他妻子做"小宝贝"、"小鸟儿"、"小松鼠儿"、"我的最亲爱的"等等肉麻名字。他给他妻子一点钱去买糖吃，买粉搽，买好衣服穿。他要他妻子穿得好看，打扮的标致。做妻子的完全是一个奴隶。她丈夫喜欢什么，她也该喜欢什么，她自己是

《娜拉》剧照

不许有什么选择的。她的责任在于使丈夫欢喜。她自己不用有思想：她丈夫会替她思想。她自己不过是她丈夫的玩意儿，很像叫化子的猴子专替他变把戏引人开心的（所以《娜拉》又名《玩偶之家》）。丈夫要妻子守节，妻子却不能要丈夫守节，正如《群鬼》（Ghosts）戏中的阿尔文夫人受不过丈夫的气，跑到一个朋友家去；那位朋友是个牧师，很教训了她一顿，说她不守妇道。但是阿尔文夫人的丈夫在外面偷妇人，甚至淫乱他妻子的婢女；人家都毫不介意，那位牧师朋友也觉得这是男人常有的事，不足为奇！妻子对丈夫，什么都可以牺牲；丈夫对妻子，是犯不着牺牲什么的。《娜拉》戏里的娜拉因为要救她丈夫的生命，所以冒她父亲的名字，签了借据去借钱。后来事情闹穿了，她丈夫不但不肯替娜拉分担冒名的干系，还要痛

骂她带累他自己的名誉。后来和平了结了，没有危险了，她丈夫又装出大度的样子，说不追究她的错处了。他得意扬扬的说道："一个男人赦了他妻子的过犯是很畅快的事"（《娜拉》三幕）！

这种极不堪的情形，何以居然忍耐得住呢？第一，因为人都要顾面子，不得不装腔做势，做假道德遮着面孔。第二，因为大多数的人都是没有胆子的懦夫。因为要顾面子，故不肯闹翻；因为没有胆子，故不敢闹翻。那《娜拉》戏里的娜拉忽然看破家庭是一座做猴子戏的戏台，她自己是台上的猴子。她有胆子，又不肯再装假面子，所以告别了掌班的，跳下了戏台，去干她自己的生活，那《群鬼》戏里的阿尔文夫人没有娜拉的胆子，又要顾面子，所以被她的牧师朋友一劝，就劝回头了，还是回家去尽她的"天职"，守她的"妇道"。她丈夫仍然做那淫荡的行为。阿尔文夫人只好牺牲自己的人格，尽力把他羁縻在家。后来生下一个儿子，他母亲恐怕他在家学了他父亲的坏榜样，所以到了七岁便把他送到巴黎去。她一面要哄她丈夫在家，一面要在外边替她丈夫修名誉，一面要骗她儿子说她父亲是怎样一个正人君子。这种情形，过了十九个足年，她丈夫才死。死后，他妻子还要替他装面子，花了许多钱，造了一所孤儿院，作她亡夫的遗爱。孤儿院造成了，把她儿子唤回来参与孤儿院落成的庆典。谁知她儿子从胎里就得了他父亲的花柳病的遗毒，变成一种脑腐症，到家没几天，那孤儿院也被火烧了，她儿子的遗传病发作，脑子坏了，就成了疯人了。这是没有胆子，又要面子的结局。这就是腐败家庭的下场！

三

其次，且看易卜生的社会的三种大势力。那三种大势力：一是法律，二是宗教，三是道德。

第一，法律 法律的效能在于除暴去恶，禁民为非。但是法律有好处也有坏处。好处在于法律是无有偏私的；犯了什么法，就该得什么罪。坏处也在于此。法律是死板板的条文，不通人情世故；不知道一样的罪名却有几等几样的居心，有几等几样的境遇情形；同犯一罪的人却有几等几样的知识程度。法律只说某人犯了某法的某某篇某某章某某节，该得某某罪，全不管犯罪的人的知识不同，境遇不同，居心不同。《娜拉》戏里有两件冒名签字的事：一件是一个律师做的，一件是一个不懂法律的妇人做的。那律师犯这罪全由于自私自利，那妇人犯这罪全因为她要救她丈夫的性命。但是法律全不问这些区别。请看两个"罪人"讨论这个问题：

律师：郝夫人，你好像不知道你犯了什么罪，我老实对你说，我犯的那种使我一生名誉扫地的事，和你所做的事恰恰相同，一毫也不多，一毫也不少。

娜拉：你！难道你居然也敢冒险去救你的妻子的命吗？

律师：法律不管人的居心如何。

娜拉：如此说来，这种法律是笨极了。

律师：不问他笨不笨，你总要受他的裁判。

娜拉：我不相信。难道法律不许做女儿的想个法子免得她临死的父亲烦恼吗？难道法律不许做妻子的救她的丈夫的命吗？我不大懂得法律，但是我想总该有这种法律承认这些事的。你是一个律师，你难道不知道有这样的法律吗？柯先生，你真是一个不中用的律师了。（《娜拉》一幕）

最可怜的是世上真没有这种入情入理的法律！

第二，宗教　易卜生眼里的宗教久已失去了那种可以感化人的能力；久已变成毫无生气的仪节信条，只配口头念得烂熟，却不配使人奋发鼓舞了。《娜拉》戏里说：

郝尔茂：你难道没有宗教吗？

娜拉：我不是很懂得究竟宗教是什么东西。我只知道我进教时那位牧师告诉我的一些话。他对我说宗教是这个，是那个，是这样，是那样。（三幕）

如今人的宗教，都是如此，你问他信什么教，他就把他的牧师或是他的先生告诉他的话背给你听。他会背耶稣的祈祷文，他会念阿弥陀佛，他会背一部《圣谕广训》。这就是宗教了！

宗教的本意，是为人而作的，正如耶稣说的，"礼拜是为人造的，不是人为礼拜造的。"不料后世的宗教处处与人类的天性相反，处处反乎人情。如群鬼戏中的牧师，逼着阿尔文夫人回家去受那荡子丈夫的待遇，去受那十九年极不堪的惨痛。那牧师说，宗教不许人求快乐；求快乐便是受了恶魔的魔力了。他说，宗教不许做妻子的批评丈夫的行为。他说，宗教教人无论如何总要守妇道，总须尽责任。那牧师口口声声所说是"是"的，阿尔文夫人心中总觉得都是"不是"的。后来阿尔文夫人仔细去研究那牧师的宗教，忽然大悟，原来那些教条都是假的，都是"机器造的"！（《群鬼》二幕）

但是这种机器造的宗教何以居然能这样兴旺呢？原来现在的宗教虽没有精神上的价值，却极有物质上的用场。宗教是可以利用的，是可以使人发财得意的。那《群鬼》戏中的木匠，本是一个极下流的酒鬼，卖妻卖女都肯干的。但是他见了那位道学的牧师，立刻就装出宗教家的样子，说宗教家的话，做宗教家的唱歌祈祷，把这位蠢牧师哄得滴溜溜的转（二幕）。那《罗斯马庄》（Rosmersholm）戏里面的主人翁罗斯马本是一个牧师，后来他的思想改变了，遂不信教了。他那时想加入本地的自由党，不料党中的领袖却不许罗斯马宣告他脱离教会的事。为什么呢？因为他们党中很少信教的人，故想借罗斯马的名誉来号召那些信教的人家。可见宗教的兴旺，并不是因为宗教真有兴旺的价值，不过是因为宗教有可以利用的好处罢了。

第三，道德 法律宗教既没有裁制社会的本领，我们且看"道德"可有这种本事。据易卜生看来，社会上所谓"道德"不过是许多陈腐的旧习惯。合于社会习惯的，便是道德；不合于社会习惯的，便是不道德。正如我们中国的老辈人看见少年男女实行自由结婚，便说是"不道德"。为什么呢？因为这事不合于"父母之命，媒妁之言"的社会习惯。但是这班老辈人自己讨过许多小老婆，却以为是很平常的事，没有什么不道德。为什么呢？因为习惯如此。又如中国人死了父母，发出讣书，人人都说"泣血稽颡"，"苫块昏迷"。其实他们何尝泣血？又何尝"寝苫枕块"？这种自欺欺人的事，人人都以为是"道德"，人人都不以为羞耻。为什么呢？因为社会的习惯如此，所以不道德的也觉得道德了。

这种不道德的道德，在社会上，造出一种诈伪不自然的伪君子。面子上都是仁义道德，骨子中都是男盗女娼。易卜生最恨这种人。他有一本戏，叫做《社会的栋梁》（Pillars of Society）。戏中的主人名叫褒匿，是一个极坏的伪君子：他犯了一桩奸情，却让他兄弟受这恶名，还要诬赖他兄弟偷了钱跑脱了。不但如此，他还雇了一只烂脱底的船送他兄弟出海，指望把他兄弟和一船的人都沉死在海底，可以灭口。

这样一个大奸，面子上却做得十分道德，社会上都尊敬他，称他做"全市第一个公民"，"公民的模范"，"社会的栋梁！"他谋害他兄弟的那一天，本城的公民，聚了几千人，排起队来，打着旗，奏着军乐，上他的门来表示社会的敬意，高声喊道，"褒匿万岁！社会的栋梁褒匿万岁！"

这就是道德！

四

其次，我们且看易卜生写个人与社会的关系。

易卜生的戏剧中，有一条极显而易见的学说，是说社会与个人互相损害；社会最爱专制，往往用强力摧折个人的个性，压制个人自由独立的精神；等到个人的个性都消灭了，等到自由独立的精神都完了，社会自身也没有生气了，也不会进步了。社会中有许多陈腐的习惯，老朽的思想，极不堪的迷信，个人生在社会中，不能不受这些势力的影响。有时有一两个独立的少年，不甘心受这种陈腐规矩的束缚，于是东冲西突想与社会作对。上文所说的褒匿，当少年时，也曾想和社会反抗。但是社会的权力很大，网罗很密；个人的能力有限，如何是社会的敌手？社会对个人道："你们顺我者生，逆我者死；顺我者有赏，逆我者有罚。"那些和社会反对的少年，一个一个的都受家庭的责备，遭朋友的怨恨，受社会的侮辱驱逐。再看那些奉承社会意旨的人，一个个的都升官发财，安富尊荣了。当此境地，不是顶天立地的好汉，决不能坚持到底。所以像褒匿那般人，做了几时的维新志士，不久也渐渐的受社会同化，仍然回到旧社会去做"社会的栋梁"了。社会如同一个大火炉，什么金银铜铁锡，进了炉子，都要熔化。易卜生有一个戏叫《雁》（The Wild Duck），写一个人捉到一只雁，把他养在楼上半阁里，每天给他一桶水，让他在水里打滚游戏。那雁本是一个海阔天空逍遥自得的飞鸟，如今在半阁里关久了，也会生活，也会长得胖胖的，后来竟完全忘记了他从前那种海阔天空来去自由的乐处了！个人在社会里，就同这雁在人家半阁上一般，起初未必满意，久而久之，也就惯了，也渐渐的把黑暗世界当作安乐窝了。

社会对于那班服从社会命令，维持陈旧迷信，传播腐败思想的人，一个一个的都有重赏。有的发财了，有的升官了，有的享大名誉了。这些人有了钱，有了势，有了名誉，就像老虎长了翅膀，更可横行不忌了，更可借着"公益"的名义去骗人钱财，害人生命，做种种无法无天的行为。易卜生的《社会的栋梁》和《博克曼》（John Gabriel Borkman）两本戏的主人翁都是这种人物，他们钱赚得够了，然后掏出几个小钱来，开一个学堂，造一所孤儿院，立一个公共游戏场，"捐二十磅金去买面包给贫人吃"（《社会的栋梁》二幕中语）。于是社会格外恭维他们，打着旗子，奏着军乐，上他们家来，大喊"社会的栋梁万岁！"

那些不懂事又不安本分的理想家，处处和社会的风俗习惯反对，是该受重罚的。执行这种重罚的机关，便是"舆论"，便是大多数的"公论"。世间有一种最通行的迷信，叫做"服从多数的迷信"。人都以为多数人的公论总是不错的。易卜生绝对的不承认这种迷信。他说"多数党总在错的一边，少数党总在不错的一边"（《国民公敌》五幕）。一切维新革命，都是少数人发起的，都是大多数人所极力反对的。大多数人总是守旧麻木不仁的；只有极少数人，有时只有一个人，不满意于社会的现状，要想维新，要想革命。这种理想家是社会所最忌的。大多数人都骂他是"捣乱分子"，都恨他"扰乱治安"，都说他"大逆不道"；所以他们用大多数的专制威权去压制那"捣乱"的理想志士，不许他开口，不许他行动自由；把他关在监牢中，把他赶出境去，把他杀了，把他钉在十字架上活活的钉死，把他捆在柴草上活活的烧死。过了几十年几百年，那少数人的主张渐渐的变成多数人的主张了，于是社会的多数人又把他们从前杀死钉死烧死的那些"捣乱分子"一个一个的重新推崇起来，替他们修墓，替他们作传，替他们立庙，替他们铸铜像。却不知道从前那种"新"思想，到了这时候，又早已成了"陈腐的"迷信！当他们替从前那些特立独行的人修墓铸铜像的时候，社会中早已发生了几个新派少数人，又要受他们杀死钉死烧死的刑罚了！所以说"多数党总是错的，少数党总是不错的"。

易卜生有一本戏叫做《国民公敌》，里面写的就是这个道理。这本戏的主人翁斯铎曼医生从前发现本地的水可以造成几处卫生浴池。本地的人听了他的话，觉得有利可图，便集了资本造了几处卫生浴池。后来四方的人闻了这浴池的名，纷纷来这里避暑养病。来的人多了，本地的商业市面便渐渐发达兴旺。斯铎曼医生便做了浴池的官医。后来洗浴的人之中，忽然发生一种流行病症；经这位医生仔细考察，知道这病症是从浴池的水里来的，他便装了一瓶水寄与大学的化学师请他化验。化验出来，才知道浴池的水管安的太低了，上流的污秽停积在浴池里，发生一种传染病的微生物，极有害于公众卫生。斯铎曼医生得了这种科学证据便做了一篇切切实实的报告书，请浴池的董事会把浴池的水管重行改造，以免妨碍卫生。不料改造浴池须要花费许多钱，又要把浴池闭歇一两年；浴池一闭歇，本地的商务便要受许多损失。所以本地的人全体用死力反对斯铎曼医生的提议。他们宁可听任那些来避暑养病的人受毒病死，却不情愿受这种金钱的损失，所以他们用大多数的专制威权压制这位说老实话的医生，不许他开口。他做了报告，本地的报馆都不肯登载。他要自己印刷，印刷局也不肯替他印。他要开会演说，全城的人都不把空屋借他做会场。后来好容易找到了一所会场，开了一个公民会议，会场上的人不但不听他的老实话，还把他赶下去，由全体一致表决，宣告斯铎曼医生从此是国民的公敌。他逃出会场，把裤子都撕破了，还被众人赶到他家，用石头掷他，把窗户都打碎了。到了明天，本地政府革了他的官医；本地商民发了传单不许人请他看病；他的房东请他赶快搬出屋去；他的女儿在学堂教书，也被校长辞退了。这就是"特立独行"的好结果！这就是大多数惩罚少数"捣乱分子"的辣手段！

五

其次，我们且说易卜生的政治主义。易卜生的戏剧不大讨论政治问题，所以我们须要用他的《尺牍》（Letters,ed.by his son,Sigurd Ibsen,English Trans.1905）做参考的材料。

易卜生起初完全是一个主张无政府主义的人。当普法之战

（1870—1871）时，他的无政府主义最为激烈。一八七一年，他有信与一个朋友道：

> ……个人绝无做国民的需要。不但如此，国家简直是个人的大害。请看普鲁士的国力，不是牺牲了个人的个性去买来的吗？国民都成了酒馆里跑堂的了，自然个个是好兵了。再看犹太民族：岂不是最高贵的人类吗？无论受了何种野蛮的待遇，那犹太民族还能保存本来的面目。这都因为他们没有国家的原故。国家总得毁去。这种毁除国家的革命，我也情愿加入。毁去国家观念，单靠个人的情愿和精神上的团结做人类社会的基本——若能做到这步田地，这可算得有价值的自由起点。那些国体的变迁，换来换去，都不过是弄把戏——都不过是全无道理的胡闹。（《尺牍》第七九）

易卜生的纯粹无政府主义，后来渐渐的改变了。他亲自看见巴黎"市民政府"（Commune）的完全失败（1871），便把他主张无政府主义的热心灭了许多（《尺牍》第八一）。到了一八八四年，他写信给他的朋友说，他在本国若有机会，定要把国中无权的人民联合成一个大政党，主张极力推广选举权，提高妇女的地位，改良国家教育，要使脱除一切中古陋习（《尺牍》第一七八）。这就不是无政府的口气了。但是他自己到底不曾加入政党。他以为加入政党是很下流的事（《尺牍》第一五八）。他最恨那班政客，他以为"那班政客所力争的，全是表面上的权利，全是胡闹。最要紧的是人心的大革命"（《尺牍》第七七）。

易卜生从来不主张狭义的国家主义，从来不是狭义的爱国者。一八八八年，他写信给一个朋友说道：

> 知识思想略为发达的人，对于旧式的国家观念，总不满意。我们不能以为有了我们所属的政治团体便足够了。据我看来，国家观念不久就要消灭了，将来定有人种观念起来代他。即以我个人而论，我已经过这种变化，我起初觉得我是挪威国人，后来变成斯堪丁纳维亚人（挪威与瑞典统名斯堪丁纳维亚），我现在已成了条顿人了。（《尺牍》第二〇六）

这是一八八八年的话。我想易卜生晚年临死的时候，（1906）一定已进到世界主义的地步了。

六

我开篇便说过易卜生的人生观只是一个写实主义。易卜生把家庭社会的实在情形都写了出来，叫人看了动心，叫人看了觉得我们的家庭社会原来是如此黑暗腐败，叫人看了晓得家庭社会真正不得不维新革命——这就是"易卜生主义"。表面上看去，像是破坏的，其实完全是建设的。譬如医生诊了病，开的一个脉案，把病状详细写出，这难道是消极的破坏的手续吗？但是易卜生虽开了许多脉案，却不肯轻易开药方。他知道人类社会是极复杂的组织，有种种绝不相同的境地，有种种绝不相同的情形。社会的病，种类纷繁，绝不是什么"包医百病"的药方所能治得好的。因此他只好开个脉案，说出病情，让病人各人自己去寻医病的药方。

虽然如此，但是易卜生生平却也有一种完全积极的主张。他主张个人须要充分发达自己的天才性；须要充分发展自己的个性，他有一封信给他的朋友兰戴说道：

> 我所最期望于你的是一种真益纯粹的为我主义。要使你有时觉得天下只有关于我的事最要紧，其余的都算不得什么。……你要想有益于社会，最好的法子莫如把你自己这块材料铸造成器。……有的时候我真觉得全世界都像海上撞沉了船，最要紧的还是救出自己。(《尺牍》第八四)

最可笑的是有些人明知世界"陆沉"，却要跟着"陆沉"，跟着堕落，不肯"救出自己！"却不知道社会是个人组成的，多救出一个人便是多备下一个再造新社会的分子。所以孟轲说"穷则独善其身"，这便是易卜生所说"救出自己"的意思。这种"为我主义"，其实是最有价值的利人主义。所以易卜生说，"你要想有益于社会：最好的法子莫如把你自己这块材料铸造成器。"《娜拉》戏中，写娜拉抛弃了丈夫儿女飘然而去，也只为要"救出自己"。

那戏中说：

郝尔茂：……你就是这样抛弃你的最神圣的责任吗？

娜拉：你以为我的最神圣的责任是什么？

郝：还等我说吗？可不是你对于你的丈夫和你的儿女的责任吗？

娜：我还有别的责任同这些一样的神圣。

郝：没有的。你且说，那些责任是什么。

娜：是我对于我自己的责任。

郝：最要紧的，你是一个妻子，又是一个母亲。

娜：这种话我现在不相信了。我相信第一我是一个人——正同你一样——无论如何，我务必努力做一个人。（三幕）

一八八二年，易卜生有信给朋友道：

这样生活，须使各人自己充分发展——这是人类功业顶高的一层；这是我们大家都应该做的事。（《尺牍》第一六四）

社会最大的罪恶莫过于摧折个人的个性，不使他自由发展。那本《雁》戏所写的只是一件摧残个人才性的惨剧。那戏写一个人少年时本极有高尚的志气，后来被一个恶人害得破家荡产，不能度日；那恶人又把他自己通奸有孕的下等女子配给他做妻子，从此家累日重一日，他的志气便日低一日。到了后来，他堕落深了，竟变成了一个懒人懦夫，天天受那下贱妇人和两个无赖的恭维，他洋洋得意的觉得这种生活很可以终身的。所以那本戏借一个雁做比喻：那雁在半阁上关得久了，他从前那种高飞远举的志气全消灭了。居然把人家的半阁做他的极乐国了！

发展个人的个性须要有两个条件。第一，须使个人有自由意志。第二，须使个人担干系，负责任。娜拉戏中写郝尔茂的最大错处只在他把娜拉当作"玩意儿"看待，既不许她有自由意志，又不许她担负家庭的责任，所以娜拉竟没有发展她自己个性的机会。所以娜拉一旦觉悟时，恨极她的丈夫，决意弃家远去，也正为这个原故。易卜生又有一本戏，叫做《海上夫人》（The Lady From The Sea），里面写一个女子哀梨姐少年时嫁给人家做后母，她丈夫和前妻的两个女儿看她年轻，不让她管家务，只叫她过安闲日子。哀梨姐在家觉得这种不自由的妻子，不负责任的后母，是极没趣的事。因此她天天想跟人到海外去过那海阔天空的生活。她丈夫越不许她自由，她偏越想自由。后来她丈夫知道留她不住，只得许她自由出去，她丈夫说道：

（丈夫）……我现在立刻和你毁约，现在你可以有完全自由拣定你自己的路子。……现在你可以自己决定，你有完全的自由，你自己担干系。

（哀梨姐）完全自由！还要自己担干系！还担干系咧！有

这么一来，样样事都不同了。

哀梨姐有了自由又自己负责任了，忽然大变了，也不想那海上的生活了，决意不跟人走了（《海上夫人》第五幕）。这是为什么呢？因为世间只有奴隶的生活是不能自由选择的，是不用担干系的。个人若没有自由权，又不负责任，便和做奴隶一样，所以无论怎样好玩，无论怎样高兴，到底没有真正乐趣，到底不能发展个人的人格。所以哀梨姐说，有了完全自由，还要自己担干系，有这么一来，样样事都不同了。

家庭是如此，社会国家也是如此。自治的社会，共和的国家，只是要个人有自由选择之权，还要个人对于自己所行所为都负责任。若不如此，绝不能造出自己独立的人格。社会国家没有自由独立的人格如同酒中少了酒曲，面包中少了酵，人身上少了脑筋：那种社会国家绝没有改良进步的希望。

所以易卜生的一生目的只是要社会极力容忍，极力鼓励斯铎曼医生一流的人物（斯铎曼事见上文四节）；要想社会上生出无数永不知足，永不满意，敢说老实话攻击社会腐败情形的"国民公敌"；要想社会上有许多人都能像斯铎曼医生那样宣言道："世上最强有力的人就是那个孤立的人！"

社会国家是时刻变迁的，所以不能指定那一种方法是救世的良药：十年前用补药，十年后或者须用泄药了；十年前用凉药，十年后或者须用热药了。况且各地的社会国家都不相同，适用于日本的药，未必完全适用于中国；适用于德国的药，未必适用于美国。只有康有为那种"圣人"，还想用他们的"戊戌政策"来救戊午的中国；只有辜鸿铭那班怪物，还想用二千年前的"尊王大义"来施行于二十世纪的中国。易卜生是聪明的人，他知道世上没有"包医百病"的仙方，也没有"施诸四海而皆准，推之百世而不悖"的真理。因此他对于社会的种种罪恶污秽，只开脉案，只说病状，却不肯下药。但他虽不肯下药，却到处告诉我们一个保卫社会健康的卫生良法。他仿佛说道：

> 人的身体全靠血里面有无量数的白血轮时时刻刻与人身的病菌开战，把一切病菌扑灭干净，方才可使身体健全，精神充足。社会国家的健康也全靠社会中有许多永不知足，永不满意，时刻与罪恶分子龌龊分子宣战的白血轮，方才有改良进步的希望。我们若要保卫社会的健康，须要使社会里时时刻刻有斯铎曼医生一般的白血轮分子。但使社会常有这种白血轮精神，社会绝没有不改良进步的道理。

一八八三年，易卜生写信给朋友道：

> 十年之后，社会的多数人大概也会到了斯铎曼医生开公民大会时的见地了。但是这十年之中，斯铎曼自己也刻刻向前进；所以到了十年之后，他的见地仍旧比社会的多数人还高十年。

即以我个人而论，我觉得时时刻刻总有进境。我从前每作一本戏时的主张，如今都已渐渐变成了很多数人的主张。但是等到他们赶到那里时，我久已不在那里了。我又到别处去了。我希望我总是向前去了。(《尺牍》第一七二)

民国七年五月十六日作于北京
民国十年四月二十六日改稿

第三组

论中西文化

我们对于西洋近代文明的态度

今日最没有根据而又最有毒害的妖言是讥贬西洋文明为唯物的（Materialistic），而尊崇东方文明为精神的（Spiritual）。这本是很老的见解，在今日却有新兴的气象。从前东方民族受了西洋民族的压迫，往往用这种见解来解嘲，来安慰自己。近几年来，欧洲大战的影响使一部分的西洋人对于近世科学的文化起一种厌倦的反感，所以我们时时听见西洋学者有崇拜东方的精神文明的议论。这种议论，本来只是一时的病态的心理，却正投合了东方民族的夸大狂；东方的旧势力就因此增加了不少的气焰。

我们不愿"开倒车"的少年人，对于这个问题不能没有一种彻底的见解，不能没有一种鲜明的表示。

现在高谈"精神文明""物质文明"的人，往往没有共同的标准做讨论的基础，故只能做文字上或表面上的争论，而不能有根本的了解。我想提出几个基本观念来做讨论的标准。

第一，文明（Civilization）是一个民族应付他的环境的总成绩。

第二，文化（Culture）是一种文明所形成的生活的方式。

第三，凡一种文明的造成，必有两个因子：一是物质的（Material），包括种种自然界的势力与质料；一是精神的（Spiritual），包括一个民族的聪明才智、感情和理想。凡文明都是人的心思智力运用自然界的质与力的作品；没有一种文明是精神的，也没有一种文明单是物质的。

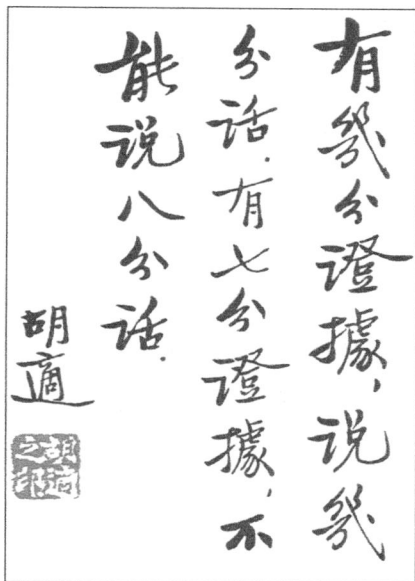

胡适关于"拿证据来"的书法作品

我想这三个观念是不须详细说明的，是研究这个问题的人都可以承认的。一只瓦盆和一只铁铸的大蒸汽炉，一只舢板船和一只大汽船，一部单轮小车和一辆电力街车，都是人的智慧利用自然界的质力制造出来的文明，同有物质的基础，同有人类的心思才智。这里面只有个精粗巧拙的程度上的差异，却没有根本上的不同。蒸汽铁炉固然不必笑瓦盆的幼稚，单轮小车上的人也更不配自夸他的精神的文明，而轻视电车上人的物质的文明。

因为一切文明都少不了物质的表现，所以"物质的文明"（Material Civilization）是一个名词不应该有什么讥贬的涵义。我们说一部摩托车是一种物质的文明，不过单指他的物质的形体；其实一部摩托车所代表的人类的心思智慧决不亚于一首诗所代表的心思智慧。所以"物质的文明"不是和"精神的文明"反对的一个贬词，我们可以不讨论。

我们现在要讨论的是（1）什么叫做"唯物的文明"（Materialistic Civilization），（2）西洋现代文明是不是唯物的文明。

崇拜所谓东方精神文明的人说，西洋近代文明偏重物质上和肉体上的享受，而略视心灵上与精神上的要求，所以是唯物的文明。

我们先要指出这种议论含有灵肉冲突的成见，我们认为错误的成见。我们深信，精神的文明必须建筑在物质的基础之上。提高人类物质上的享受，增加人类物质上的便利与安逸，这都是朝着解放人类的能力的方向走，使人们不至于把精力心思全抛在仅仅生存之上，使他们可以有余力去满足他们的精神上的要求。东方的哲人曾说：衣食足而后知荣辱，仓廪实而后知礼节。这不是什么舶来的"经济史观"；这是平恕的常识。人世的大悲剧是无数的人们终身做血汗的生活，而不能得着最低限度的人生幸福，不能避免冻与饿。人世的更大悲剧是人类的先知先觉者眼看无数人们的冻饿，不能设法增进他们的幸福，却把"乐天""安命""知足""安贫"种种催眠药给他们吃，叫他们自己欺骗自己，安慰自己。西方古代有一则寓言说，狐狸想吃葡萄，葡萄太高了，他吃不着，只好说"我本不爱吃这酸葡萄！"狐狸吃不着甜葡萄，只好说葡萄是酸的；人们享不着物质上的快乐，只好说物质上的享受是不足羡慕的，而贫贱是可以骄人的。这样自欺自慰成了懒惰的风气，又不足为奇了。于是有

发表《我们对于西洋近代文明的态度》这一年，胡适在伦敦留影

狂病的人又进一步，索性回过头去，戕贼身体，断臂，绝食，焚身，以求那幻想的精神的安慰。从自欺自慰以至于自残自杀，人生观变成了人死观，都是从一条路上来的：这条路就是轻蔑人类的基本的欲望。朝这条路上走，逆天而拂性，必至于养成懒惰的社会，多数人不肯努力以求人生基本欲望的满足，也就不肯进一步以求心灵上与精神上的发展了。

西洋近代文明的特色便是充分承认这个物质的享受的重要。西洋近代文明，依我的鄙见看来，是建筑在三个基本观念之上：

第一，人生的目的是求幸福。

第二，所以贫穷是一桩罪恶。

第三，所以衰病是一桩罪恶。

借用一句东方古话，这就是一种"利用厚生"的文明。因为贫穷是一种罪恶，所以要开发富源，奖励生产，改良制造，扩张商业。因为衰病是一种罪恶，所以要研究医药，提倡卫生，讲求体育，防止传染的疾病，改善人种的遗传。因为人生的目的是求幸福，所以要经营安适的起居，便利的交通，洁净的城市，优美的艺术，安全的社会，清明的政治。纵观西洋近代的一切工艺，科学，法制，固然其中也有不少杀人的利器与侵略掠夺的制度，我们终不能不承认那利用厚生的基本精神。

这个利用厚生的文明，当真忽略了人类心灵上与精神上的要求吗？当真是一种唯物的文明吗？

我们可以大胆地宣言：西洋近代文明绝不轻视人类的精神上的要求。我们还可以大胆地进一步说：西洋近代文明能够满足人类心灵上的要求的程度，远非东洋旧文明所能梦见。在这一方面看来，西洋近代文明绝非唯物的，乃是理想主义的（Idealistic），乃是精神的（Spiritual）。

我们先从理智的方面说起。

西洋近代文明的精神方面的第一特色是科学。科学的根本精神在于求真理。人生世间，受环境的逼迫，受习惯的支配，受迷信与成见的拘束。只有真理可以使你自由，使你强有力，使你聪明圣智；只有真理可以使你打破你的环境中的一切束缚，使你戡天，使你缩地，使你天不怕，地不怕，堂堂地做一个人。

求知是人类天生的一种精神上的最大要求。东方的旧文明对于这个要求，不但不想满足他，并且常想裁制他，断绝他。所以东方古圣人劝人要"无知"，要"绝圣弃智"要"断思惟"，要"不识不知，顺帝之则。"这是畏难，这是懒惰。这种文明，还能自夸可以满足心灵上的要求吗？

东方的懒惰圣人说，"吾生也有涯，而知也无涯，以有涯逐无涯，殆已。"所以他们要人静坐澄心，不思不虑，而物来顺应。这是自欺欺人的诳语，这是人类的夸大狂。真理是深藏在事物之中的；你不去寻求探讨，他决不会露面。科学的文明教人训练我们的官能智慧，一点一滴地去寻求真理，一丝一毫不放过，一铢一两地积起来。这是求真理的惟一法门。自然（Nature）是一个最狡猾的妖魔，只有敲打可以逼她吐露真情。不思不虑的懒人只好永永作愚昧的人，永永走不进真理之门。

东方的懒人又说："真理是无穷尽的，人的求知的欲望如何能满足呢？"诚然，真理是发现不完的。但科学决不因此而退缩。科学家明知真理无穷，知识无穷，但他们仍然有他们的满足：进一寸有一寸的愉快，进一尺有一尺的满足。二千多年前，一个希腊哲人思索一个难题，想不出道理来；有一天，他跳进浴盆去洗澡，水涨起来，他忽然明白了，他高兴极了，赤裸裸地跑出门去，在街上乱嚷道，"我寻着了！我寻着了！"（Eureka！ Eureka！）这是科学家的满足。Newton，Pasteur 以至于 Edison 时时有这样的愉快。一点一滴都是进步，一步一步都可以踌躇满志。这种心灵上的快乐是东方的懒圣人所梦想不到的。

这里正是东西文化的一个根本不同之点。一边是自暴自弃的不思不虑，一边是继续不断的寻求真理。

朋友们，究竟是哪一种文化能满足你们的心灵上的要求呢？

其次，我们且看看人类的情感与想象力上的要求。

文艺，美术，我们可以不谈，因为东方的人，凡是能睁开眼睛看世界的，至少还都能承认西洋人并不曾轻蔑了这两个重要的方面。

我们来谈谈道德与宗教罢。

近世文明在表面上还不曾和旧宗教脱离关系，所以近世文化还不曾明白建立他的新宗教新道德。但我们研究历史的人不能不指出近世文明自有他的新宗教与新道德。科学的发达提高了人类的知识，使人们求知的方法更精密了，评判的能力也更进步了，所以旧宗教的迷信部分渐渐被淘汰到最低限度，渐渐地连那最低限度的信仰——上帝的存在与灵魂的不灭——也发生疑问了。所以这个新宗教的第一特色是他的理智化。近世文明仗着科学的武器，开辟了许多新世界，发现了无数新真理，征服了自然界的无数势力，叫电气赶车，叫"以太"送信，真个做出种种动地掀天的大事业来。人类的能力的发展使他渐渐增加对于自己的信仰心，渐渐把向来信天安命的心理变成信任人类自己的心理。所以这个新宗教的第二特色是他的人化。知识的发达不但抬高了人的能力，并且扩大了他的眼界，使他胸襟阔大，想象力高远，同情心浓挚。同时，物质享受的增加使人有余力可以顾到别人的需要与痛苦。扩大了的同情心加上扩大了的能力，遂产生了一个空前的社会化的新道德，所以这个新宗教的第三特色就是他的社会化的道德。

古代的人因为想求得感情上的安慰，不惜牺牲理智上的要求，专靠信心（Faith），不问证据，于是信鬼，信神，信上帝，信天堂，信净土，信地狱。近世科学便不能这样专靠信心了。科学并不菲薄感情上的安慰；科学只要求一切信仰须要经得起理智的评判，须要有充分的证据，凡没有充分证据的，只可存疑，不足信仰。赫胥黎（Huxley）说的最好：

　　如果我对于解剖学上或生理学上的一个小小困难，必须要严格的不信任一切没有充分证据的东西，方才可望有成绩，那么，我对于人生的奇秘的解决，难道就可以不用这样严格的条件吗？

这正是十分尊重我们的精神上的要求。我们买一亩田，卖三间屋，尚且要一张契据；关于人生的最高希望的根据，岂可没有证据就胡乱信仰吗？

这种"拿证据来"的态度，可以称为近世宗教的"理智化"。

从前人类受自然的支配，不能探讨自然界的秘密，没有能力抵抗自然的残酷，所以对于自然常怀着畏惧之心。拜物，拜畜生，怕鬼，敬神，"小心翼翼，昭事上帝"，都是因为人类不信任自己的能力，不能不依靠一种超自然的势力。现代的人便不同了。人的智力居然征服了自然界的无数质力，上可以飞行无碍，下可以潜行海底，远可以窥算星辰，近可以观察极微。这个两只手一个大脑的动物——

人——已成了世界的主人翁，他不能不尊重自己了。一个少年的革命诗人曾这样的歌唱：

我独自奋斗，胜败我独自承当，

我用不着谁来放我自由，

我用不着什么耶稣基督

妄想他能替我赎罪替我死。

I fight alone and, win or sink,

I need no one to make me free,

I want no Jesus Christ to think

That he could ever die for me。

这是现代人化的宗教。信任天不如信任人，靠上帝不如靠自己。我们现在不妄想什么天堂天国了，我们要在这个世界上建造"人的乐国"。我们不妄想做不死的神仙了，我们要在这个世界上做个活泼健全的人。我们不妄想什么四禅定六神通了，我们要在这个世界上做个有聪明智慧可以戡天缩地的人。我们也许不轻易信仰上帝的万能了，我们却信仰科学的方法是万能的，人的将来是不可限量的。我们也许不信灵魂的不灭了，我们却信人格是神圣的，人权是神圣的。

这是近世宗教的"人化"。

但最重要的要算近世道德宗教的"社会化"。

古代的宗教大抵注重个人的拯救；古代的道德也大抵注重个人的修养。虽然也有自命普渡众生的宗教，虽然也有自命兼济天下的道德，然而终苦于无法下手，无力实行，只好仍旧回到个人的身心上用功夫，做那向内的修养。越向内做功夫，越看不见外面的现实世界；越在那不可捉摸的心性上玩把戏，越没有能力应付外面的实际问题。即如中国八百年的理学功夫居然看不见二万万妇女缠足的惨无人道！明心见性，何补于人道的苦痛困穷！坐禅主敬，不过造成许多"四体不勤，五谷不分"的废物！

近世文明不从宗教下手，而结果自成一个新宗教；不从道德入门，而结果自成一派新道德。十五十六世纪的欧洲国家简直都是几个海盗的国家，哥伦布（Columbus）马汲伦（Magellan）都芮克（Drake）一班探险家都只是一些大海盗。他们的目的只是寻求黄金，白银，香料，象牙，黑奴。然而这班海盗和海盗带来的商人开辟了无数新地，开拓了人的眼界，抬高了人的想象力，同时又增加了欧洲的富力。工业革命接着起来，生产的方法根本改变了，生产的能力更发达了。二三百年间，物质上的享受逐渐增加，人类的同情心也逐渐扩大。这种扩大的同情心便是新宗教新道德的基础。自己要争自由，同时便想到别人的自由，所以不但自由须以不侵犯他人的自由为界限，并且还进一步要求绝大多数人的自由。自己要享受幸福，同时便想到人的幸福，所以乐利主义（Utilitarianism）的哲学家便提出"最大多数的最大幸福"的标准来做人类社会的目的。这都是"社会化"的趋势。

十八世纪的新宗教信条是自由，平等，博爱。十九世纪中叶以后的新宗教信条是社会主义。这是西洋近代的精神文明，这是东方民族不曾有过的精神文明。

固然东方也曾有主张博爱的宗教，也曾有公田均产的思想。但这些不过是纸上的文章，不曾实地变成社会生活的重要部分，不曾变成范围人生的势力，不曾在东方文化上发生多大的影响。在西方便不然了。"自由，平等，博爱"成了十八世纪的革命口号。美国的革命，法国的革命，一八四八年全欧洲的革命运动，一八六二年的南北美战争，都是在这三大主义的旗帜之下的大革命。美国的宪法，法国的宪法，以至于南美洲诸国的宪法，都是受了这三大主义的绝大影响的。旧阶级的打倒，专制政体的推翻，法律之下人人平等的观念的普遍，"信仰，思想，言论，出版"几大自由的保障的实行，普及教育的实施，妇女的解放，女权的运动，妇女参政的实现，……都是这个新宗教新道德的实际的表现。这不仅仅是三五个哲学家书本子里的空谈；这都是西洋近代社会政治制度的重要部分，这都已成了范围人生，影响实际生活的绝大势力。

十九世纪以来，个人主义的趋势的流弊渐渐暴白于世了，资本主义之下的苦痛也渐渐明了了。远识的人知道自由竞争的经济制度不能达到真正"自由，平等，博爱"的目的。向资本家手中要求公道的待遇，等于"与虎谋皮"。救济的方法只有两条大路：一是国家利用其权力，实行裁制资本家，保障被压迫的阶级；一是被压迫的阶级团结起来，直接抵抗资本阶级的压迫与掠夺。于是各种社会主义的理论与运动不断地发生。西洋近代文明本建筑在个人求幸福的基础之上，所以向来承认"财产"为神圣的人权之一。但十九世纪中叶以后，这个观念根本动摇了；有的人竟说"财产是贼赃"，有的人竟说"财产是掠夺"。现在私有财产制虽然还存在，然而国家可以征收极重的所得税和遗产税，"财产久已不许完全私有了。劳动是向来受贱视的；但资本集中的制度使劳工有大组织的可能，社会主义的宣传与阶级的自觉又使劳工觉悟团结的必要，于是几十年之中有组织的劳动阶级遂成了社会上最有势力的分子。十年以来，工党领袖可以执掌世界强国的政权，同盟总罢工可以屈伏最有势力的政府，俄国的劳农阶级竟做了全国的专政阶级。这个社会主义的大运动现在还正在进行的时期。但他的成绩已很可观了。各国的"社会立法"（Social Legislation）的发达，工厂的视察，工厂卫生的改良，儿童工作与妇女工作的救济，红利分配制度的推行，缩短工作时间的实行，工人的保险，合作制之推行，最低工资（Minimum Wage）的运动，失业的救济，级进制的（Progressive）所得税与遗产税的实行，……这都是这个大运动已经做到的成绩，这也不仅仅是纸上的文章，这也都已成了近代文明的重要部分。

这是"社会化"的新宗教与新道德。

东方的旧脑筋也许要说："这是争权夺利，算不得宗教与道德。"这里又正是东西文化的一个根本不同之点。一边是安分，安命，安贫，乐天，不争，认吃亏；一边是不安分，不安贫，不肯吃亏，努力奋斗，继续改善现成的境地。东方人见人富贵，说他是"前世修来的"；自己贫，也说是"前世不曾修"，说是"命该如此"。西方人便不然，他说，"贫富的不平等，痛苦的待遇，都是制度的不良的结果，制度是可以改良的"。他们不是争权夺利，他们是争自由，争平等，争公道；他们争的不仅仅是个人的私利，他们奋斗的结果是人类绝大多数人的福利。最大多数人的最大幸福，不是袖手念佛号可以得来的，是必须奋斗力争的。

朋友们，究竟是哪一种文化能满足你们的心灵上的要求呢？

我们现在可综合评判西洋近代的文明了，这一系的文明建筑在"求人生幸福"的基础之上，确然替人类增进了不少的物质上的享受；然而他也确然很能满足人类的精神上的要求。他在理智的方面，用精密的方法，继续不绝地寻求真理，探索自然界无穷的秘密。他在宗教道德的方面，推翻了迷信的宗教，建立合理的信仰；打倒了神权，建立人化的宗教；抛弃了那不可知的天堂净土，努力建设"人的乐国"、"人世的天堂"；丢开了那自称的个人灵魂的超拔，尽量用人的新想象力和新智力去推行那充分社会化了的新宗教与新道德，努力谋人类最大多数的最大幸福。

东方的文明的最大特色是知足。西洋的近代文明的最大特色是不知足。

知足的东方人自安于简陋的生活，故不求物质享受的提高；自安于愚昧，自安于"不识不知"，故不注意真理的发现与技艺器械的发明；自安于现成的环境与命运，故不想征服自然，只求乐天安命，不想改革制度，只图安分守己，不想革命，只做顺民。

这样受物质环境的拘束与支配，不能跳出来，不能运用人的心思智力来改造环境改良现状的文明，是懒惰不长进的民族的文明，是真正唯物的文明。这种文明只可以遏抑而决不能满足人类精神上的要求。

西方人大不然。他们说"不知足是神圣的"（Divine Discontent）。物质上的不知足产生了今日钢铁世界，汽机世界，电力世界。理智上的不知足产生了今日的科学世界。社会政治制度上的不知足产生了今日的民权世界，自由政体，男女平权的社会，劳工神圣的喊声，社会主义的运动。神圣的不知足是一切革新一切进化的动力。

这样充分运用人的聪明智慧来寻求真理以解放人的心灵，来制服天行以供人用，来改造物质的环境，来改革社会政治的制度，来谋人类最大多数的最大幸福——这样的文明应该能满足人类精神上的要求，这样的文明是精神的文明，是真正理想主义的（Idealistic）文明，绝不是唯物的文明。

固然，真理是无穷的，物质上的享受是无穷的，新器械的发明是无穷的，社会制度的改善是无穷的。但格一物有一物的愉快，革新一器有一器的满足，改良一种制度有一种制度的满意。今日不能成功的，明日明年可以成功；前人失败的，后人可以继续助成。尽一分力便有一分的满意；无穷的进境上，步步都可以给努力的人充分的愉快。所以大诗人邓内孙（Tennyson）借古英雄的 Ulysses 的口气歌唱道：

然而人的阅历就像一座穹门，

从那里露出那不曾走过的世界，

越走越远永永望不到他的尽头。

半路上不干了，多么沉闷呵！

明晃晃的快刀为什么甘心上锈！

难道留得一口气就算得生活了？

……

朋友们，来罢！

去寻一个更新的世界是不会太晚的。

……

用掉的精力固然不回来了，剩下的还不少呢。

现在虽然不是从前那样掀天动地的身手了，

然而我们毕竟还是我们，——

光阴与命运颓唐了几分壮志！

终止不住那不老的雄心，

去努力，去探寻，去发现，

永不退让，不屈服。

一九二六、六、六

漫 游 的 感 想

一、东西文化的界线

我离了北京，不上几天到了哈尔滨，在此地我得了一个绝大的发现：我发现了东西文明的交界点。

哈尔滨本是俄国在远东侵略的一个重要中心。当初俄国人经营哈尔滨的时候，早就预备要把此地辟作一个二百万居民的大城，所以一切文明设备，应有尽有；几十年来，哈尔滨就成了北中国的上海。这是哈尔滨的租界，本地人叫做"道里"，现在租界收回，改为特别区。

租界的影响，在几十年中，使附近的一个村庄逐渐发展，也变成了一个繁盛的大城。这是"道外"。

"道里"现在收归中国管理了，但俄国人的势力还是很大的，向来租界时代的许多旧习惯至今还保存着。其中的一种遗风就是不准用人力车（东洋车）。"道外"的街道上都是人力车。一到了"道里"，只见电车与汽车，不见一部人力车。道外的东洋车可以拉到

民国时的人力车

道里，但不准再拉客，只可拉空车回去。

我到了哈尔滨，看了道里与道外的区别，忍不住叹口气，自己想道：这不是东方文明与西方文明的交界点吗？东西洋文明的界线只是人力车文明与摩托车文明的界线——这是我的一大发现。

人力车又叫做东洋车，这真是确切不疑。请看世界之上，人力车所至之地，北起哈尔滨，西至四川，南至南洋，东至日本，这不是东方文明的区域吗？

人力车代表的文明就是那用人作牛马的文明，摩托车代表的文明就是用人的心思才智做出机械来代替人力的文明。把人作牛马看待，无论如何，够不上叫做精神文明。用人的智慧造出机械来，减少人类的苦痛，便利人类的交通，增加人类的幸福，——这种文明却含有不少的理想主义，含有不少的精神文明的可能性。

我们坐在人力车上，眼看那些圆颅方趾的同胞努起筋肉，弯着背脊梁，流着血汗，替我们做牛做马，拖我们行远登高，为的是要挣几十个铜子去活命养家，——我们当此时候不能不感谢那发明蒸汽机的大圣人，不能不感谢那发明电力的大圣人，不能不祝福那制作汽船汽车的大圣人：感谢他们的心思才智节省了人类多少精力，减除了人类多少苦痛！你们嫌我用"圣人"一个字吗？孔夫子不说过吗？"制而用之谓之器。利用出入，民咸用之，谓之神。"孔老先生还嫌"圣"字不够，他简直要尊他们为"神"呢！

二、摩托车的文明

去年八月十七日的伦敦《晚报》（Evening Standard）有下列的统计：

全世界的摩托车共 24590000 辆。

全世界人口平均每七十一人有一辆摩托车。

美国每六人有车一辆。

加拿大与纽西兰每十二人有车一辆。

澳洲每二十人有车一辆。

今年一月十六日纽约的《国民周报》（The Nation）有下列的统计：

全世界摩托车   27500000

美国摩托车   22330000

美国摩托车数占全世界百分之八十一。

美国人口平均每五人有车一辆。

去年（1926）美国造的摩托车凡四百五十万辆，出口五十万辆。

美国的路上，无论是大城里或乡间，都是不断的汽车。《纽约时报》上曾说一个故事：有一个北方人驾着摩托车走过 Miami 的一条大道，他开的速度是每点钟三十五英里。后面一个驾着两轮摩托车的警察赶上来问他为什么挡住大路。他说，"我开的已是三十五里了。"警察喝道："开六十里！"

今年三月里我到费城（Philadelphia）演讲，一个朋友请我到乡间 Haverford 去住一天。我和他同车往乡间去，到了一处，只见那边停着一二百辆摩托车。我说："这里开汽车赛会吗？"他用手指道："那边不在造房子吗？这些都是木匠泥水匠坐来做工的汽车。"

这真是一个摩托车的国家！木匠泥水匠坐了汽车去做工，大学教员自己开着汽车去上课，乡间儿童上学都有公共汽车接送，农家出的鸡蛋牛乳每天都自己用汽车送上火车或直送进城。十字街头，向来总有一两家酒店的；近年酒禁实行了，十字街头往往建着汽油的小站。车多了，停车的空场遂成为都市建筑的一个大问题。此外还发生了许多连带的问题，很能使都市因此改观。例如我到丹佛城（Denver），看见墙上都没有街道的名字，我很诧异。后来才看见街名都用白漆写在马路两边的"行道"（Pavement or Side Walk）的底下，为的是要使夜间汽车灯光容易照着。这一件事便可以看出摩托车在都市经营上的影响了。

摩托车的文明的好处真是一言难尽。汽车公司近年通行"分月付款"的法子，使普通人家都可以购买汽车。据最近统计，去年一年之中美国人买的汽车有三分之二是分月付钱的。这种人家向来是不肯出远门的。如今有了汽车，旅行便利了，所以每日工作完毕之后，回家带了家中妻儿，自己开着汽车，到郊外去游玩；每星期日，可以全家到远地旅行游览。例如旧金山的"金门公园",远在海滨,可以纵观太平洋上的水光岛色;每到星期日,四方男女来游的真是人山人海!这都是摩托车的恩赐。这种远游的便利可以增进健康,开拓眼界,增加智识,——这都是我们在轿子文明与人力车文明底下想象不到的幸福。

最大的功效还在人的官能的训练。人的四肢五官都是要训练的;不练就不灵巧了,久不练就迟钝麻木了。中国乡间的老百姓,看见汽车来了,往往手足失措,不知道怎样回避;你尽着呜呜地压着号筒,他们只听不见;连街上的狗与鸡也只是懒洋洋地踱来摆去,不知避开。但是你若把这班老百姓请到上海来,请他们从先施公司走到永安公司去,他们便不能不用耳目手足了。走过大马路的人,真如《封神传》上黄天化说的"须要眼观四处,耳听八方"。你若眼不明,耳不聪,手足不灵动,必难免危险。这便是摩托车文明的训练。

美国的汽车大概都是各人自己驾驶的。往往一家里,父母子女都会开车。人工贵了,只有顶富的人家可以雇人开车。这种开车的训练真是"胜读十年书"!你开着汽车,两手各有职务,两脚也各有职务,眼要观四处,耳要听八方,还要手足眼耳一时并用,同力合作。你不但要会开车,还要会修车;随你是什么大学教授,诗人诗哲,到了半路车坏的时候,也不能不捲起袖管,替机器医病。什么书呆子,书踱头,傻瓜,若受了这种训练,都不会四体不勤,五官不灵了。你们不常听见人说大学教授"心不在焉"的笑话吗?我这回新到美国,有些大学教授如孟禄博士等请我坐他们自己开的车。

我总觉得有点慄慄危惧，怕他们开到半路上忽然想起什么哲学问题或天文学问题来，那才危险呢！但是我经过几回之后，才觉得这些大学教授已受了摩托车文明的洗礼，把从前的"心不在焉"的呆气都赶跑了，坐在轮子前便一心在轮子上，手足也灵活了，耳目也聪明了！猗欤休哉！摩托车的教育！

三、一个劳工代表

有些自命"先知"的人常常说："美国的物质发展终有到头的一天；到了物质文明破产的时候，社会革命便起来了。"

我可以武断地说：美国是不会有社会革命的，因为美国天天在社会革命之中。这种革命是渐进的，天天有进步，故天天是革命。如所得税的实行，不过是十四年来的事，然而现在所得税已成了国家税收的一大宗，巨富的家私有纳税百分之五十以上的。这种"社会化"的现象随地都可以看见。从前马克思派的经济学者说资本愈集中则财产所有权也愈集中，必做到资本全归极少数人之手的地步。但美国近年的变化却是资本集中而所有权分散在民众。一个公司可以有一万万的资本，而股票可以由雇员与工人购买，故一万万元的资本就不妨有一万人的股东。近年移民进口的限制加严，贱工绝迹，故国内工资天天增涨；工人收入既丰，多有积蓄，往往购买股票，逐渐成为小资本家。不但白人如此，黑人的生活也逐渐抬高。纽约城的哈伦区，向为白人居住的，十年之中土地房屋全被发财的黑人买去了，遂成了一片五十万人的黑人区域。人人都可以做有产阶级，故阶级战争的煽动不发生效力。

我且说一件故事。

我在纽约时，有一次被邀去参加一个"两周讨论会（Fortnightly Forum）。这一次讨论的题目是"我们这个时代应该叫什么时代？"十八世纪是"理智时代"，十九世纪是"民治时代"，这个时期应该叫什么？究竟是好是坏？

依这个讨论会规矩，这一次请了六位客人作辩论员：一个是俄国克伦斯基革命政府的交通总长；一个是印度人；一个是我；一个是有名的"效率工程师"（Efficiency Engineer），是个老女士；一个是纽约有名的牧师 Holmes；一个是工会代表。

有些人的话是可以预料的。那位印度人一定痛骂这个物质文明的时代；那位俄国交通总长一定痛骂布尔什维克，那位牧师一定是很悲观的；我一定是很乐观的；那位女效率专家一定鼓吹她的效率主义。一言表过不提。

单说那位劳工代表 Frahne 先生。他站起来演说了。他穿着晚餐礼服，挺着雪白的硬衬衫，头发苍白了。他站起来，一手向里面衣袋抽出了一卷打字的演说稿，一手向外面袋中摸出眼镜盒，取出眼镜戴上。他高声演说了。

他一开口便使我诧异。他说我们这个时代可以说是人类有历史以来最好的最伟大的时代，最可惊叹的时代。

这是他的主文。以下他一条一条地举例来证明这个主旨。他先说科学的进步，尤其注重医学的发明；次说工业的进步；次说美术的新贡献，特别注重近年的新音乐与新建筑。最后他叙述社会的进步，列举资本制裁的成绩，劳工待遇的改善，教育的普及，幸福的增加。他在十二分钟之内描写世界人类各方面的大进步，证明这个时代是人类有史以来最好的时代。

我听了他的演说，忍不住对自己说道：这才是真正的社会革命。社会革命的目的就是要做到向来被压迫的社会分子能站在大庭广众之中歌颂他的时代为人类有史以来最好的时代。

四、往西去

我在莫斯科住了三天，见着一些中国共产党的朋友，他们很劝我在俄国多考察一些时。我因为要赶到英国去开会，所以不能久留。那时冯玉祥将军在莫斯科郊外避暑，我听说他很崇拜苏俄，常常绘画列宁的肖像。我对他的秘书刘伯坚诸君说：我很盼望冯玉祥先生从俄国向西去看看。即使不能看美国，至少也应该看看德国。

我的老朋友李大钊先生在被捕之前一两月曾对北京朋友说："我们应该写信给适之，劝他仍然从俄国回来，不要让他往西去打美国回来。"但他说这话时，我早已到了美国了。

我希望冯玉祥先生带了他的朋友往西去看看德国、美国；李大钊先生却希望我不要往西去。要明白此中的意义，且听我再说一件有趣味的故事。

我在日本时，同了马伯援先生去访问日本最有名的经济学家福田德三博士。我说："福田先生，听说先生新近到欧洲游历回来之后，先生的思想主张颇有改变，这话可靠吗？"

他说，"没有什么大的改变。"

我问，"改变的大致是什么？"

他说，"从前我主张社会政策；这次从欧洲回来之后，我不主张这种妥协的缓和的社会政策了。我现在以为这其间只有两条路不是纯粹的马克思派社会主义，就是纯粹的资本主义。没有第三条路。"

我说："可惜先生到了欧洲不曾走的远点，索性到美国去看看，也许可以看见第三条路，也未可知。"

福田博士摇头说："美国我不敢去，我怕到了美国会把我的学说完全推翻了。"

我说："先生这话使我颇失望。学者似乎应该尊重事实。若事实可以推翻学说，那么我们似乎应该抛弃那学说，另寻更满意的假设。"

福田博士摇头说："我不敢到美国去。我今年五十五了，等到了六十岁时，我的思想定了不会改变了，那时候我要往美国看看去。"

这一次的谈话给了我一个绝大的刺激。世间的大问题绝不是一两个抽象名词（如"资本主义"、"共产主义"等等）所能完全包括的。最要紧的是事实。现今许多朋友却只高谈主义，不肯看看事实。孙中山先生曾引外国俗语说"社会主义有五十七种，不知哪一种是真的。"岂但社会主义有五十七种？资本主义还不止五百七十种呢！

拿一个"赤"字抹杀掉新运动，那是张作霖、吴佩孚的把戏。然而拿一个"资本主义"来抹杀掉一切现代国家，这种眼光究竟比张作霖、吴佩孚高明多少？

朋友们，不要笑那位日本学者。他还知道美国有些事实足以动摇他的学说，所以他不敢去。我们之中却有许多人决不承认世上会有事实足以动摇我们的迷信的。

五、东方人的"精神生活"

我到纽约后的第十天——一月二十一日——《纽约时报》上登出一条很有趣味的新闻：

> 昨天下午一点钟，纽吉赛邦的恩格儿坞（Englewood，N.J.）的山郎先生住宅面前，围了许多男男女女，小孩子，小狗，等着要看一位埃及道人（Fakir）名叫哈密（Hamid Bey）的被活埋的奇事。
>
> 哈密道人站在那掘好的坑坑的旁边；微微的雨点滴在他的飘飘的长袍上。他身边站着两个同道的助手。
>
> 人越来越多了。到了一点一分的时候，哈密道人忽然倒在地下，不省人事了。两个请来的医生同了三个报馆访员动手把他的耳朵鼻子，嘴，都用棉花塞好。随后便有人来把哈密道人抬下坑坑，放在坑里的内穴里。他脸上撒了一层薄层的沙。内

穴上面用木板盖好。

内穴上面还有三尺深的空坑，他们也用泥土填满了。填满了后，活埋的工作算完了。

到场的许多人都走进山郎先生的家中去吃茶点。山郎夫人未嫁之前就是那位绰号"千眼姑娘"的李麻小姐。她在那边招待来宾，大家谈着"人生无涯"一类的问题，静候那活埋道人的复活。

一点钟过去了。……一点半过去了。……两点钟过去了。……

到了下午四点，三个爱尔兰的工人动手把坑掘开。三个黑种工人站在旁边陪着，也许是给那三个白种同伴镇压邪鬼罢。

四点钟敲过不久，哈密道人扶起来了。扶到了空气里，他便颤动了，渐渐活过来了。他低低地喊了一声"胡帝尼"，微微一笑，他回生了。

他未埋之先，医生验过他的脉跳是七十二，呼吸是十八。复活之后，脉跳与呼吸仍是七十二与十八。他在坑中足足埋了两点五十二分。

这回的安排布置全是勒乌公司（Loew's）的杜纳先生办理的。杜纳先生说，本想同这位埃及道人订一个"杂耍戏"的契约，不过还得考虑一会，因为看戏的人等不得三个钟头就会跑光了。

哈密道人却很得意，他说他还可以活埋三天咧。

美国是个有钱的地方，世界各国的奇奇怪怪的宗教掮客都赶到这里来招揽信徒，炫卖花样。前一年，有个埃及道人名叫拉曼（Rahman）的，自称能收敛心神，停止呼吸。他当大众试验，闭在铁棺内，沉在赫贞河里，过一点钟之久。当时美国有大幻艺术家胡帝尼（Harry Houdini）研究此事，说这不是停止呼吸，乃是一种"浅呼吸"，是可以操练出来的。胡帝尼自己练习，到了去年夏间，他也公开试验：睡在铁棺中，叫人沉在纽约谢尔敦大旅馆的水池里，过了一点半钟，方才捞起来。开棺之后，依旧复生，不过脉跳增加至一百四十二跳而已。胡帝尼的成绩比拉曼加长半点钟，颇能使人明白这种把戏不过是一种技术上的训练，并没有什么精神作用。

胡帝尼死后，这班东方道人还不服气，所以有今年一月二十日哈密道人的公开试验。哈密的成绩又比胡帝尼加长了八十二分钟，应该够得上和勒乌公司订六个月的"杂耍戏"的契约了，然而杜纳先生又嫌活埋三点钟太干燥无味了，怕不能号召看戏的群众！可惜，可惜！大概哈密先生和他的道友们后来仍然回到东方去继续他们的"内心生活"了罢。

胡帝尼的试验的精神是很可佩服的。其实即使这班东方道人真能活埋三点钟以至三天，完全停止呼吸，这又算得什么精神生活？这里面哪有什么"精神的份子"？泥里的蚯蚓，以至一切冬天蛰伏的爬虫，不是都能这样吗？

六、麻将

前几年，麻将牌忽然行到海外，成为出口货的一宗。欧洲与美洲的社会里，很有许多人学打麻将的；后来日本也传染到了。有一个时期，麻将竟成了西洋社会中最时髦的一种游戏：俱乐部里差不多桌桌都是麻将，书店里出了许多种研究麻将的小册子，中国留学生没有钱的可以靠教麻将吃饭挣钱。欧美人竟发了麻将狂热了。

谁也梦想不到东方文明征服西洋的先锋队却是那一百三十六个麻将军！

这回我从西伯利亚到欧洲，从欧洲到美洲，从美洲到日本，十个月之中，只有一次在日本京都的一个俱乐部里看见有人打麻将。在欧美简直看不到麻将了。我曾问过欧洲和美国的朋友，他们说，"妇女俱乐部里，偶然还可以看见一桌两桌打麻将的，但那是很少的事了。"我在美国人家里，也常看见麻将牌盒子——雕刻装潢很精致的——陈列在室内，有时一家竟有两三副的。但从不见主人主妇谈起麻将；他们从不向我这位麻将国的代表请教此中的玄妙！麻将在西洋已成了架上的古玩；麻将的狂热已退凉了。

我问一个美国朋友，为什么麻将的狂热过去的这样快？他说："女太太们喜欢麻将，男子们却很反对，终于是男子们战胜了。"

这是我们意想得到的。西洋的劳动奋斗的民族绝不会做麻将的信徒，决不会受麻将的征服。麻将只是我们这种好闲爱荡，不爱惜

民国时打马吊的国人

光阴的"精神文明"的中华民族的专利品。

当明朝晚年，民间盛行一种纸牌，名为"马吊。"马吊只有四十张牌。有一文至九文，一千至九千，一万至九万等，等于麻将牌的筒子索子万子。还有一张"零，"即是"白板"的祖宗。还有一张"千万"，即是徽州纸牌的"千万"。马吊牌上每张上绘有《水浒传》的人物。徽州纸牌上的"王英"即是矮脚虎王英的遗迹。乾隆嘉庆间人汪师韩的全集里收有几种明人马吊牌（在《丛睦汪氏丛书》内）。

马吊在当日风行一时，士大夫整日整夜的打马吊，把正事都荒废了。所以明灭之后，吴梅村作《绥寇纪略》说，明之亡是亡于马吊。

三百年来，四十张的马吊逐渐演变，变成每样五张的纸牌，近七八十年中又变为每样四张的麻将牌（马吊三人对一人，故名"马吊牌"，省称"马吊"；"麻将"为"麻雀"的音变，"麻雀"为"马脚"的音变）。越变越繁复巧妙了，所以更能迷惑人心，使国中的男男女女，无论富贵贫贱，不分日夜寒暑，把精力和光阴葬送在这一百三十六张牌上。

英国的"国戏"是 Cricket，美国的国戏是 Baseball，日本的国戏是角抵。中国呢？中国的国戏是麻将。

麻将平均每四圈费时约两点钟。少说一点，全国每日只有一百万桌麻将，每桌只打八圈，就得费四百万点钟，就是损失十六万七千日的光阴，金钱的输赢，精力的消磨，都还在外。

我们走遍世界，可曾看见哪一个长进的民族，文明的国家，肯这样荒时废业吗？一个留学日本的朋友对我说："日本人的勤苦真不可及！到了晚上，登高一望，家家板屋里都是灯光；灯光之下，不是少年人跪着读书，便是老年人跪着翻书，或是老妇人跪着做活计。到了天明，满街上，满电车都是上学去的儿童。单只这一点勤苦就可以征服我们了。"

其实何止日本？凡是长进的民族都是这样的。只有咱们这种不长进的民族以"闲"为幸福，以"消闲"为急务，男人以打麻将为消闲，女人以打麻将为家常，老太婆以打麻将为下半生的大事业！

从前的革新家说中国有三害：鸦片，八股，小脚。鸦片虽然没禁绝，总算是犯法的了。虽然还有做"洋八股"与更时髦的"党八股"的，但八股的四书文是过去的了。小脚也差不多没有了。只有这第四害，麻将，还是日兴月盛，没有一点衰歇的样子，没有人说它是可以亡国的大害。新近麻将先生居然大摇大摆地跑到西洋去招摇一次，几乎做了鸦片与杨梅疮的还敬礼物。但如今他仍旧缩回来了，仍然回来做东方精神文明的国家的国粹，国戏！

后记

《漫游的感想》本不止这六条，我预备写四五十条，作成一本游记。但我当时正在赶写《白话文学史》，忙不过来，便把游记搁下来了。现在我把这六条保存在这里，因为游记专书大概是写不成的了。

十九，三，十 胡适

请大家来照照镜子

美国使馆的商务参赞安诺德先生制成这三张图表：第一表是中国人口的分配表，表示中国的人口问题不在过多，而在于分配的太不均匀，在于边省的太不发达。第二表是中国和美国的经济状况，生产能力，工业状态的比较，处处叫我们照照镜子，照出我们自己的百不如人。第三表有美国在世界上占的地位，也是给我们做一面镜子用的，叫我们生一点羡慕，起一点惭愧。

去年他们这几张图表送给我看，我便力劝他在中国出版。他答应了之后，又预备了一篇长序，题目叫做《中国问题里的几个根本问题》。他指出中国今日有三个大问题：

第一，怎样赶成全国铁路的干线，使全国的各部份有一个最经济的交通机关。

第二，怎样用教育及种种节省人力，帮助人力的机器，来增加个人生产的能力。

第三，怎样养成个人对于保管事业的责任心。

这是中国今日的三个根本问题。

安诺德先生的第二表里有这些事实：

	面积（方英里）	铁道线（英里）	摩托车
中国	4 278 000	7 000	22 000
美国	3 743 500	250 000	22 000 000

我们的面积比美国大，但铁道线只抵得上人家三十六分之一，摩托车只抵得人家一千分之一，汽车路只抵得人家一百分之一。

我们试睁开眼睛看看中国的地图。长江以南，没有一条完成的铁路干线。京汉铁路以西，三分之二以上的疆域，没有一条铁路干线。这样的国家不成一个现代国家。

前年北京开全国商会联合会，一位甘肃代表来赴会，路上走了一百零四天才到北京。这样的国家不成一个国家。

云南人要领法国护照，经过安南，方才能到上海。云南汇一百元到北京，要三百元的汇水！这样的国家绝不成一个国家。

去年胡若愚同龙云在云南打仗，打的个你死我活，南京的中央政府有什么法子？现在杨森同刘湘在四川又打的个你死我活，南京的中央政府又有什么法子？这样的国家能做到统一吗？

所以现在的第一件事是造铁路。完成粤汉铁路，完成陇海铁路，赶筑川汉、川滇、宁湘等等干路，拼命实现孙中山先生十万里铁路的梦想，然后可以有统一的可能，然后可以说我们是个国家。

所以第一个大问题是怎样赶成一副最经济的交通系统。

安诺德先生的第二表里又有这点事实：

美国人每人有二十五个机械奴隶。

中国人每人只有大半个机械奴隶。

去年三月份的《大西洋月报》里，有个美国工程专家说：

美国人每人有三十个机械奴隶。

中国人每人只有一个机械奴隶。

安诺德先生说：美国人有了这些有形与无形的机械奴隶，便可以增进个人的生产能力；故从实业及经济的观点上说，美国一百十兆的人民，便可以有二十五倍至三十倍人口的经济效能了。

人家早已在海上飞了，我们还在地上爬！人家从巴黎飞到北京，只需六十三点钟；我们从甘肃到北京，要走一百零四天（二千五百点钟）！

一个英国工人每年出十二个先令（六元），他的全家便可以每晚坐在家里听无线电传来的世界最美的音乐，歌唱，演说：每晚上只费银元一分七厘而已。而我们在上海遇着紧急事，要打一个四等电报到北京，每十个字须费银元一元八角！还保不住何时能送到！

人家的砖匠上工，可以坐自己的摩托车去了；他的子女上学，可以有公家汽车接送了。我们杭州、苏州的大官上衙门还得用人作牛马！

何以有这个大区别呢？因为人家每人有三十个机械奴隶代他做工，帮他做工，而我们却得全靠赤手空拳，——我们的机械奴隶是一根扁担挑担子，四个轿夫换抬的轿子，三个车夫轮租的人力车！

我们的工人是苦力。人家的工人是许多机械奴隶的指挥官。

故第二个大问题是怎样利用机器来减除人的痛苦，增加人的生产能力，提高人的幸福。

安诺德先生是外国人，所以他对于第三个问题说的很客气，很委婉。他只说：

> 保管责任之观念，在华人中无论如何努力终不能确立其稳定之意义。其故盖在此偏爱亲人一点。而此点又与中国家族制度有密切关系。此弊为状不一，根深而普遍。欲将家属之责任与现代团体所负保管的责任之适当关系注入于中国人之脑中，须得千钧气力从事之。

这几句话虽然说得委婉，然而也很够使我们惭愧汗下了。

这个问题，其实只是"公私不分"四个字。古话说的，"一子成佛，一家升天"。古话又说，"一人得道，鸡犬登仙"。仙佛尚且如此，何况吃肉的官人？何况公司的经理董事？

几千年来，大家好像都不曾想想，得道成佛既是那样很艰难的事，为什么一人功行圆满之后，他们全家鸡犬也都可以跟着登天？

最奇怪的就是今日的新官吏也不能打破这种旧习气。

最近招商局的一个分局的讼案便是最明显的例子。据报纸所载，一个家长做了名义上的局长，实际上却是他的子侄亲戚执行他的职务，弄得弊端百出，亏空到几十万元。到了法庭上，这位家长说他竟不知道他是局长！

招商局的全部历史，节节都是缺乏保管的责任心的好例子。我们翻开《国民政府清查整理招商局委员会报告书》，竟同看《官场现形记》一样，处处都是怪现状。上册五十九页说：

> 查自壬戌至丙寅最近五年内，历年亏折总额计有四百三十七万余两。然总沪局每年发给员司酬劳金，五年共计二十四万五千九百九十四两。查自癸亥年来，股东未获得分文息金，乃局中员司独享此厚酬。

又六十页说：

> 修理费总计每年约六七十万两。……而内河厂（所承办）实居最多数，约占全额之半。查丙寅年内河厂共计修理费三十一万四千余两。……惟内河厂既系该局附属分支机关，内部办事人员当然与该局办事者关系甚密。……曾经本会函调账籍供查。而该厂忽以账房失踪，账簿遗失呈报。内中情形不问可知矣。

这样的轻视保管的责任，便是中国的大工业与大商业所以不能发达的大原因。

怎样救济呢？安诺德先生说：

> 天下人性同为脆弱。社会与个人之关系愈互相错综依赖。则制定种种适当之保卫……愈为急需矣。

人性是不容易改变的，公德也不是一朝一夕造成的。故救济之道不在乎妄想人心大变，道德日高，乃在乎制定种种防弊的制度。中国有句古话说："先小人而后君子。"先要承认人性的脆弱，方才可以期望大家做君子。故有公平的考试制度，则用人可以无私；有精密的簿记与审计，则账目可以无弊。制度的训练可以养成无私无弊的新习惯。新习惯养成之后，保管的责任心便成了当然的事了。

这是安德诺先生提出的三个大问题。

用铁路与汽车路来做到统一，用教育机械来提高生产，用防弊制度来打倒贪污：这才是革命，这才是建设。

但依我看来，要解决这三个大问题，必须先有一番心理的建设。所谓心理的建设，并不仅仅是孙中山先生所谓"知难行易"的学说，只是一种新觉悟，一种新心理。

这种急需的新觉悟就是我们自己要认错。我们必须承认我们自己百事不如人，不但物质上不如人，不但机械上不如人，并且政治社会道德都不如人。

何以百事不如人呢？

不要尽说是帝国主义者害了我们。那是我们自己欺骗自己的话！我们要睁开眼睛看看日本近六十年的历史，试想想何以帝国主义的侵略压不住日本的发展和发愤自强？何以不平等条约捆不住日本的自由发展？

何以我们跌倒了便爬不起来呢？

因为我们从不曾悔过，从不曾彻底痛责自己，从不曾彻底认错。二三十年前，居然有点悔悟了，所以有许多谴责小说出来，曝扬我们自己官场的黑暗，社会的卑污，家庭的冷酷。十余年来，也还有一些人肯攻击中国的旧文学，旧思想，旧道德宗教，——肯承认西洋的精神文明远胜于我们自己。但现在这一点点悔悟的风气都消灭了。现在中国全部弥漫着一股夸大狂的空气：义和团都成了应该崇拜的英雄志士，而西洋文明只须"帝国主义"四个字便可以轻轻抹煞！政府下令提倡然礼教，而新少年高呼"打倒文化侵略"！

我们全不肯认错。不肯认错，便事事责人，而不肯责己。

我们到今日还迷信口号标语可以打倒帝国主义。我们到今日还迷信不学无术可以统治国家。我们到今日还不肯低头去学人家治人富国的组织与方法。

所以我说，今日的第一要务是要造一种新的心理：要肯认错要大彻大悟地承认我们自己百不如人。

第二步便是死心塌地的去学人家。老实说，我们不须怕模仿。"学之为言效也"，这是朱子的老话。学画的，学琴的，都要跟别人学起；

学的纯熟了，个性才会出来，天才才会出来。

一个现代国家不是一堆昏庸老朽的头脑造得成的，也不是口号标语喊得出来的。我们必须学人家怎样用铁轨，汽车，电线，飞机，无线电，把血脉贯通，把肢体变活，把国家统一起来。我们必须学人家怎样用教育来打倒愚昧，用实业来打倒贫穷，用机械来征服自然，抬高人的能力与幸福。我们必须学人家怎样用种种防弊的制度来经营商业，办理工业，整理国家政治。

只要我们有决心，这三个大问题都容易解决。譬如粤汉铁路还缺二百八十英里，约需六千万元才造得起。多少年来，我们都说这六千万那里去筹。然而国民政府在这一年之中便发了近一万万元的公债，不但够完成粤汉铁路，还可以造大铁桥贯通武昌汉口了。

义务教育办不成，也只因经费没有。然而今日全国各方面每天至少要用一百万元的军费（这是财政部次长的估计）。一个国家肯用三万六千万元一年的军费，而不能给全国儿童两年至四年的义务教育，这是不能呢？还是不肯呢？

所以我们应该感谢安诺德先生，感谢他给我们几面好镜子，让我们照见自己的丑态，更感谢他肯对我们说许多老实话，教我们生点愧悔，引起我们一点向上的决心。

我很盼望我们不至于辜负了他这一番友谊的忠言。

一九二八,六,二四夜

胡适文选 下

朱自清点评本

胡 适 著

朱自清 评

中国文史出版社

图书在版编目（CIP）数据

胡适文选：朱自清点评本：全2册/胡适著；朱自清评. — 北京：中国文史出版社，2013.8
ISBN 978-7-5034-4158-5

Ⅰ.①胡… Ⅱ.①胡… ②朱… Ⅲ.①胡适（1891～1962）—选集 Ⅳ.① C52

中国版本图书馆 CIP 数据核字（2013）第 176163 号

责任编辑：刘　夏

封面设计：黑眼睛设计

出版发行：中国文史出版社
网　　址：www.wenshipress.com
社　　址：北京市西城区太平桥大街 23 号　　邮编：100811
电　　话：010-66173572　66168268　66192736（发行部）
传　　真：010-66192703
印　　装：三河市天润建兴印务有限公司
经　　销：全国新华书店
开　　本：880×1230　1/32
印　　张：14　　　　字数：260 千字
版　　次：2013 年 8 月北京第 1 版
印　　次：2017 年 4 月第 2 次印刷
定　　价：58.00 元（全二册）

第四组

代表我对于中国文学的见解

建设的文学革命论

一、国语的文学——文学的国语

我的《文学改良刍议》发表以来，已有一年多了。这十几个月之中，这个问题引起了许多很有价值的讨论，居然受了许多很可使人乐观的响应。我想我们提倡文学革命的人，固然不能不从破坏一方面下手。但是我们仔细看来，现在的旧派文学实在不值得一驳。什么桐城派的古文哪，《文选》派的文学哪，江西派的诗哪，梦窗派的词哪，聊齐志异派的小说哪，——都没有破坏的价值。他们所以还能存在国中，正因为现在还没有一种真有价值，真有生气，真可算作文学的新文学起来代他们的位置。有了这种"真文学"和"活文学"，那些"假文学"和"死文学"，自然会消灭了。所以我望我们提倡文学革命的人，对于那些腐败文学，个个都该存一个"彼可取而代也"的心理，个个都该从建设一方面用力，要在三五十年内替中国创造出一派新中国的活文学。

我现在做这篇文章的宗旨，在于贡献我对于建设新文学的意见。

我且先把我从前所主张破坏的八事引来做参考的数据：

一，不做"言之无物"的文字。

二，不做"无病呻吟"的文字。

三，不用典。

四，不用套语烂调。

五，不重对偶：——文须废骈，诗须废律。

六，不做不合文法的文字。

七，不摹仿古人。

八，不避俗话俗字。

这是我的"八不主义"，是单从消极的，破坏的一方面着想的。

自从去年归国以后，我在各处演说文学革命，便把这"八不主义"都改作了肯定的口气，又总括作四条，如下：

一，要有话说，方才说话。这是"不做言之无物的文字"一条的变相。

二，有什么话，说什么话；话怎么说，就怎么说。这是（二）、（三）、（四）、（五）、（六）诸条的变相。

三，要说我自己的话，别说别人的话。这是"不摹仿古人"一条的变相。

四，是什么时代的人，说什么时代的话。这是"不避俗话俗字"的变相。

这是一半消极，一半积极的主张。一笔表过，且说正文。

二

我的《建设新文学论》的唯一宗旨只有十个大字："国语的文学，文学的国语"。我们所提倡的文学革命，只是要替中国创造一种国语的文学。有了国语的文学，方才可有文学的国语。有了文学的国语，我们的国语才可算得真正国语。国语没有文学，便没有生命，便没有价值，便不能成立，便不能发达。这是我这一篇文字的大旨。

我曾仔细研究：中国这二千年何以没有真有价值真有生命的"文言的文学"？我自己回答道："这都因为这二千年的文人所做的文学都是死的，都是用已经死了的语言文字做的。死文字决不能产出活文学。所以中国这二千年只有些死文学，只有些没有价值的死文学。"

我们为什么爱读《木兰辞》和《孔雀东南飞》呢？因为这两首诗是用白话做的。为什么爱读陶渊明的诗和李后主的词呢？因为他们的诗词是用白话做的。为什么爱杜甫的《石壕吏》、《兵车行》诸诗呢？因为他们都是用白话做的。为什么不爱韩愈的《南山》呢？因为他用的是死字死话。……简单说来，自从《三百篇》到于今，中国的文学凡是有一些价值有一些儿生命的，都是白话的，或是近于白话的。其余的都是没有生气的古董，都是博物院的陈列品！

再看近世的文学：何以《水浒传》《西游记》《儒林外史》《红楼梦》，可以称为"活文学"呢？因为他们都是用一种活文字做的。

若是施耐庵、邱长春、吴敬梓、曹雪芹，都用了文言做书，他们的小说一定不会有这样生命，一定不会有这样价值。

读者不要误会，我并不曾说凡是用白话做的书都是有价值有生命的。我说的是，用死了的文言决不能做出有生命有价值的文学来。这一千多年的文学，凡是有真正文学价值的，没有一种不带有白话的性质，没有一种不靠这个"白话性质"的帮助。换言之：白话能产出有价值的文学，也能产出没有价值的文学；可以产出《儒林外史》，也可以产出《肉蒲团》。但是那已死的文言只能产出没有价值没有生命的文学，决不能产出有价值有生命的文学；只能做几篇《拟韩退之〈原道〉》或《拟陆士衡〈拟古〉》，决不能做出一部《儒林外史》。若有人不信这话，可先读明朝古文大家宋濂的《王冕传》，再读《儒林外史》第一回的《王冕传》，便可知道死文学和活文学的分别了。

为什么死文字不能产生活文学呢？这都由于文学的性质。一切语言文字的作用在于达意表情；达意达得妙，表情表得好，便是文

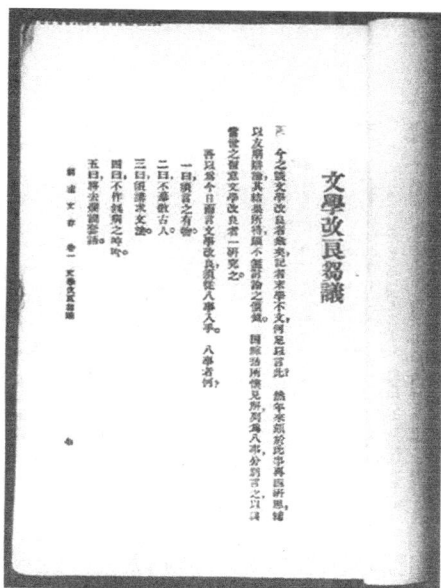

《文学改良刍议》

民国八年时的胡适，这一年，胡适母亲去世

学。那些用死文言的人，有了意思，却须把这意思翻成几千年前的典故；有了感情，却须把这感情译为几千年前的文言。明明是客子思家，他们须说"王粲登楼"、"仲宣作赋"；明明是送别，他们却须说"《阳关》三叠"、"一曲《渭城》"；明明是贺陈宝琛七十岁生日，他们却须说是贺伊尹、周公、傅说。更可笑的，明明是乡下老太婆说话，他们却要叫他打起唐宋八家的古文腔儿；明明是极下流的妓女说话，他们却要他打起胡天游、洪亮吉的骈文调子！……请问这样做文章如何能达意表情呢？既不能达意，既不能表情，哪里还有文学呢？即如那《儒林外史》里的王冕，是一个有感情、有血气、能生动、能谈笑的活人。这都因为做书的人能用活言语活文字来描写他的生活神情。那宋濂集子中的王冕，便成了一个没有生气，不能动人的死人。为什么呢？因为宋濂用了二千年前的死文字来写二千年后的活人；所以不能不把这个活人变作二千年前的木偶，才可合那古文家法。古文家法是合了，那王晃也真"作古"了！

因此我说，"死文言决不能产出活文学"。中国若想有活文学，必须用白话，必须用国语，必须做国语的文学。

三

上节所说，是从文学一方面着想，若要活文学，必须用国语。如今且说从国语一方面着想，国语的文学有何等重要。

有些人说："若要用国语做文学，总须先有国语。如今没有标准的国语，如何能有国语的文学呢？"我说这话似乎有理，其实不然。国语不是单靠几位言语学的专门家就能造得成的；也不是单靠几本国语教科书和几部国语字典就能造成的。若要造国语，先须造国语的文学。有了国语的文学，自然有国语。这话初听了似乎不通。但是列位仔细想想便可明白了。天下的人谁肯从国语教科书和国语字典里面学习国语？所以国语教科书和国语字典，虽是很要紧，绝不是造国语的利器。真正有功效有势力的国语教科书，便是国语的文学，便是国语的小说、诗文、戏本。国语的小说、诗文、戏本通行之日，便是中国国语成立之时。试问我们今日居然能拿起笔来做几篇白话文章，居然能写得出好几百个白话的字，可是从什么白话教科书上学来的吗？可不是从《水浒传》《西游记》《红楼梦》《儒林外史》……等书学来的吗？这些白话文学的势力，比什么字典教科书都还大几百倍。字典说"这"字该读"鱼彦反"，我们偏读他做"者个"的者字。字典说"么"字是"细小"，我们偏把他用作"什么"、"那么"的么字。字典说"没"字是"沉也"，"尽也"，我们偏用他做"无有"的无字解。字典说"的"字有许多意义，我们偏把他用来代文言的"之"字，"者"字，"所"字和"徐徐尔，纵纵尔"的"尔"字。……总而言之，我们今日所用的"标准白话"，都是这几部白话的文学定下来的。我们今日要想重新规定一种"标准国语"，还须先造无数国语的《水浒传》《西游记》《儒林外史》《红楼梦》。

所以我以为我们提倡新文学的人，尽可不必问今日中国有无标准国语。我们尽可努力去做白话的文学。我们可尽量采用《水浒传》《西游记》《儒林外史》《红楼梦》的白话；有不合今日用的，便不用他；有不够用的，便用今日的白话来补助；有不得不用文言的，便用文言来补助。这样做去，决不愁语言文字不够用，也决不用愁没有标准白话。中国将来的新文学用的白话，就是将来中国的标准国语。造中国将来白话文学的人，就是制定标准国语的人。

我这种议论并不是"向壁虚造"的。我这几年来研究欧洲各国国语的历史，没有一种国语不是这样造成的。没有一种国语是教育部的老爷们造成的。没有一种是言语学专门家造成的。没有一种不是文学家造成的。我且举几条例为证：

一，意大利。五百年前，欧洲各国但有方言，没有"国语"。欧洲最早的国语是意大利文。那时欧洲各国的人多用拉丁文著书通信。到了十四世纪的初年，意大利的大文学家但丁（Dante）极力主张用意大利话来代拉丁文。他说拉丁文是已死了的文字，不如他本国俗语的优美。所以他自己的杰作《喜剧》，全用脱斯堪尼（Tuscany）（意大利北部的一邦）的俗话。这部《喜剧》，风行一世，人都称他做"神圣喜剧"。那"神圣喜剧"的白话后来便成了意大利的标准国语。后来的文学家巴卡嘉（Boccacio, 1313—1375）和洛伦查（Lorenzo de Medici）诸人也都用白话作文学。所以不到一百年，意大利的国语便完全成立了。

二，英国。英伦虽只是一个小岛国，却有无数方言。现在通行全世界的"英文"，在五百年前还只是伦敦附近一带的方言，叫做"中部土语"。当十四世纪时，各处的方言都有些人用来做书。后来到了十四世纪的末年，出了两位大文学家，一个是乔叟（Chaucer, 1340—1400）一个是威克列夫（Wycliff, 1320—1384）。乔叟做了许多诗歌，散文，都用这"中部土语"。威克列夫把耶教的《旧约》、《新约》也都译成"中部土语"。有了这两个人的文学，便把这"中部土语"变成英国的标准国语。后来到了十五世纪，印刷术输进英国，所印的书多用这"中部土语"，国语的标准更确定了。到十六、十七两世纪，莎士比亚和"伊丽莎白时代"的无数文学大家，都用国语创造文学。从此以后，这一部分的"中部土语"，不但成了英国的标准国语，几乎竟成了全地球的世界语了！

此外，法国、德国及其它各国的国语，大都是这样发生的，大都是靠着文学的力量才能变成标准的国语的。我也不去一一的细说了。

意大利国语成立的历史，最可供我们中国人的研究。为什么呢？因为欧洲西部北部的新国，如英吉利、法兰西、德意志，他们的方言和拉丁文相差太远了，所以他们渐渐的用国语著作文学，还不算稀奇。只有意大利是当年罗马帝国的京畿近地，在拉丁文的故乡，各处的方言又和拉丁文最近。在意大利提倡用白话代拉丁文，真正和在中国提倡用白话代汉文，有同样的艰难。所以英、法、德各国语，一经文学发达以后，便不知不觉的成为国语了。在意大利却不然。当时反对的人很多，所以那时新文学家，一方面努力创造国语的文学，一方面还要做文章鼓吹何以当废古文，何以不可不用白话。有了这种有意的主张（最有力的是但丁［Dante］和阿儿白狄［Alberti］两个人），又有了那些有价值的文学，才可造出意大利的"文学的国语"。

　　我常问我自己道："自从施耐庵以来，很有了些极风行的白话文学，何以中国至今还不曾有一种标准的国语呢？"我想来想去，只有一个答案。这一千年来，中国固然有了一些有价值的白话文学，但是没有一个人出来明目张胆的主张用白话为中国的"文学的国语"。有时陆放翁高兴了，便做一首白话诗；有时柳耆卿高兴了，便做一首白话词；有时朱晦庵高兴了，便写几封白话信，做几条白话札记；有时施耐庵、吴敬梓高兴了，便做一两部白话的小说。这都是不知不觉的自然出产品，并非是有意的主张。因为没有"有意的主张"，所以做白话的只管做白话，做古文的只管做古文，做八股的只管做八股。因为没有"有意的主张"，所以白话文学从不曾和那些"死文学"争那"文学正宗"的位置。白话文学不成为文学正宗，故白话不曾成为标准国语。

我们今日提倡国语的文学，是有意的主张。要使国语成为"文学的国语"。有了文学的国语，方有标准的国语。

四

上文所说，"国语的文学，文学的国语"。乃是我们的根本主张。如今且说要实行做到这个根本主张，应该怎样进行。

我以为创造新文学的进行次序，约有三步：（一）工具，（二）方法，（三）创造。前两步是预备，第三步才是实行创造新文学。

（一）工具　古人说得好："工欲善其事，必先利其器"，写字的要笔好，杀猪的要刀快。我们要创造新文学，也须先预备下创造新文学的"工具"。我们的工具就是白话。我们有志造国语文学的人，应该赶紧筹备这个万不可少的工具。预备的方法，约有两种：

（甲）多读模范的白话文学　例如《水浒传》《西游记》《儒林外史》《红楼梦》；宋儒语录；白话信札；元人戏曲；明、清传奇的说白；唐、宋的白话诗词，也该选读。

（乙）用白话作各种文学。我们有志造新文学的人，都该发誓不用文言作文：无论通信，做诗，译书，做笔记，做报馆文章，编学堂讲义，替死人作墓志，替活人上条陈，……都该用白话来做。我们从小到如今，都是用文言作文，养成了一种文言的习惯。所以虽是活人，只会作死人的文字。若不下一些狠劲，若不用点苦工夫，决不能使用白话圆转如意。若单在《新青年》里面做白话文字，此外还依旧做文言的文字，那真是"一日暴之，十日寒之"的政策，决不能磨练成白话的文学家。

不但我们提倡白话文学的人应该如此做去。就是那些反对白话文学的人，我也奉劝他们用白话来做文字。为什么呢？因为他们若不能做白话文字，便不配反对白话文学。譬如那些不认得中国字的中国人，若主张废汉文，我一定骂他们不配开口。若是我的朋友钱玄同要主张废汉文，我决不敢说他不配开口了。那些不会做白话文字的人来反对白话文学，便和那些不懂汉文的人要废汉文，是一样的荒谬。所以我劝他们多做些白话文字，多做些白话诗歌，试试白话是否有文学的价值。如果试了几年，还觉得白话不如文言，那时再来攻击我们，也还不迟。

还有一层。有些人说："做白话很不容易，不如做文言的省力。"这是因为中毒太深之过。受病深了，更宜赶紧医治，否则真不可救了。其实做白话并不难。我有一个侄儿，今年才十五岁，一向在徽州不曾出过门。今年他用白话写信来，居然写得极好。我们徽州话和官话差得很远，我的侄儿不过看了一些白话小说，便会做白话文字了。这可见做白话并不是难事，不过人性的懒惰的居多数，舍不得抛"高文典册"的死文字罢了。

（二）方法　我以为中国近来文学所以这样腐败，大半虽由于没有适用的"工具"，但是单有"工具"，没有方法，也还不能造新文学。做木匠的人，单有锯凿钻刨，没有规矩师法，决不能造成木器。文学也是如此。若单靠白话便可造新文学，难道把郑孝胥、陈三立的诗翻成了白话，就可算得新文学了吗？难道那些用白话做的《新华春梦记》《九尾龟》，也可算作新文学吗？我以为现在国内新起的一班"文人"，受病最深的所在，只在没有高明的文学方法。我且举小说一门为例。现在的小说（单指中国人自己著的），看来看去，只有两派。一派最下流的，是那些学《聊斋志异》的札记小说。篇篇都是"某生，某处人，生有异禀，下笔千言，……一日于某地遇一女郎，……好事多磨，……遂为情死。"或是"某地某生，游某地，眷某妓，情好綦笃，遂订白头之约，……而大妇妒甚，不能相容，女抑郁以死，……生抚尸一恸几绝"……此类文字，只可抹桌子，固不值一驳。还有那第二派是那些学《儒林外史》或是学《官场现形记》的白话小说。上等的如《广陵潮》，下等的如《九尾龟》。这一派小说，只学了《儒林外史》的坏处，却不曾学得他的好处。《儒林外史》的坏处在于体裁结构太不紧严，全篇是杂凑起来的。例如娄府一群人自成一段；杜府两公子自成一段；马二先生又成一段；虞博士又成一段；萧云仙、郭孝子又各自成一段。分出来，可成无数札记小说；接下去，可长至无穷无极。《官场现形记》便是这样。如今的章回小说，大都犯这个没有结构，没有布局的懒病。却不知道《儒林外史》所以能有文学价值者，全靠一副写人物的画工本领。我十年不曾读这书了，但是我闭了眼睛，还觉得书中的人物，如严贡生、如马二先生，如杜少卿，如权勿用，……个个都是活的人物。

正如读《水浒》的人，过了二三十年，还不会忘记鲁智深、李逵、武松、石秀……一班人。请问列位读过《广陵潮》和《九尾龟》的人，过了两三个月，心目中除了一个"文武全才"的章秋谷之外，还记得几个活灵活现的书中人物？——所以我说，现在的"新小说"，全是不懂得文学方法的：既不知布局，又不知结构，又不知描写人物，只做成了许多又长又臭的文字，只配与报纸的第二张充篇幅，却不配在新文学上占一个位置。——小说在中国近年，比较的说来，要算文学中最发达的一门了。小说尚且如此，别种文学如诗歌戏曲，更不用说了。

如今且说甚么叫做"文学的方法"呢？这个问题不容易回答，况且又不是这篇文章的本题，我且约略说几句。

大凡文学的方法可分三类：

（一）收集材料的方法　中国的"文学"，大病在于缺少材料。那些古文家，除了墓志、寿序、家传之外，几乎没有一毫材料。因此，他们不得不做那些极无聊的"汉高帝斩丁公论"，"汉文帝、唐太宗优劣论"。至于近人的诗词，更没有什么材料可说了。近人的小说材料，只有三种：一种是官场，一种是妓女，一种是不官而官，非妓而妓的中等社会（留学生、女学生之可作小说材料者，亦附此类），除此之外，别无材料。最下流的，竟至登告白征求这种材料。做小说竟须登告白征求材料，便是宣告文学家破产的铁证。我以为将来的文学家收集材料的方法，约如下：

（甲）推广材料的区域　官场妓院与龌龊社会三个区域，决不够采用。即如今日的贫民社会，如工厂之男女工人，人力车夫，内地农家，各处大负贩及小店铺，一切痛苦情形，都不曾在文学上占一位置。并且今日新旧文明相接触，一切家庭惨变，婚姻苦痛，女子之位置，教育之不适宜……种种问题，都可供文学的材料。

（乙）注重实地的观察和个人的经验　现今文人的材料大都是关了门虚造出来的，或是间接又间接的得来的。因此我们读这种小说，总觉得浮泛敷衍的，不痛不痒的，没有一毫精彩。真正文学家的材料大概都有"实地的观察和个人自己的经验"做个根底。不能作实地的观察，便不能做文学家；全没有个人的经验，也不能做文学家。

（丙）要用周密的理想作观察经验的补助　实地的观察和个人的经验，固是极重要，但是也不能全靠这两件。例如施耐庵若单靠观察和经验，决不能做出一部《水浒传》。个人所经验的，所观察的，究竟有限。所以必须有活泼精细的理想（Imagination），把观察经验的材料，一一的体会出来，一一的整理如式，一一的组织完全：从已知的推想到未知的，从经验过的推想到不曾经验过的，从可观察的推想到不可观察的。这才是文学家的本领。

（二）结构的方法　有了材料，第二步须要讲究结构。结构是个总名词，内中所包甚广，简单说来，可分剪裁和布局两步。

（甲）剪裁　有了材料，先要剪裁。譬如做衣服，先要看那块料可做袍子，那块料可做背心。估计定了，方可下剪。文学家的材料也要如此办理。先须看这些材料该用做小诗呢？还是做长歌呢？

该用做章回小说呢？还是做短篇小说呢？该用做小说呢？还是做戏本呢？筹划定了，方才可以剪下那些可用的材料，去掉那些不中用的材料；方才可以决定做什么体裁的文字。

（乙）布局　体裁定了，再可讲布局。有剪裁，方可"做什么"；有布局，方可决定"怎样做"。材料剪定了，须要筹算怎样做去始能把这材料用得最得当又最有效力。例如唐朝天宝时代的兵祸，百姓的痛苦，都是材料。这些材料，到了杜甫的手中，便成了诗料。如今且举他的《石壕吏》一篇，作布局的例。这首诗只写一个过路的客人一晚上在一个人家内偷听得的事情。只用一百二十个字，却不但把那一家祖孙三代的历史都写出来，并且把那时代兵祸之惨，壮丁死亡之多，差役之横行，小民之苦痛，都写得逼真活现，使人读了生无限的感慨。这是上品的布局工夫。又如古诗《上山采蘼芜，下山逢故夫》一篇，写一家夫妇的惨剧，却不从"某人娶妻甚贤，后别有所欢，遂出妻再娶"说起，只挑出那前妻山上下来遇着故夫的时候下笔，却也能把那一家的家庭情形写得充分满意。这也是上品的布局工夫。——近来的文人全不讲求布局：只顾凑足多少字可卖几块钱，全不问材料用的得当不得当，动人不动人。他们今日做上回的文章，还不知道下一回的材料在何处！这样的文人怎样造得出有价值的新文学呢！

（三）描写的方法　局已布定了，方才可讲描写的方法。描写的方法，千头万绪，大要不出四条：（1）写人；（2）写境；（3）写事；（4）写情。

写人要举动，口气，身分，才性，……都要有个性的区别。件件都是林黛玉，绝不是薛宝钗；件件都是武松，绝不是李逵。写境要一喧，一静，一石，一山，一云，一鸟，……也都要有个性的区别。《老残游记》的大明湖，绝不是西湖，也绝不是洞庭湖；《红楼梦》里的家庭，绝不是《金瓶梅》里的家庭。写事要线索分明，头绪清楚，近情近理，亦正亦奇。写情要真，要精，要细腻婉转，要淋漓经致。——有时须用境写人，用情写人，用事写人；有时须用人写境，用事写境，用情写境；……这里面的千变万化，一言难尽。

如今且回到本文。我上文说的，创造新文学的第一步是工具，第二步是方法。方法的大致，我刚才说了。如今且问，怎样预备方才可得着一些高明的文学方法？我仔细想来，只有一条法子，就是赶紧多多的翻译西洋的文学名著做我们的模范。我这个主张，有两层理由：

第一，中国文学的方法实在不完备，不够作我们的模范。即以体裁而论，散文只有短篇，没有布置周密，论理精严，首尾不懈的长篇；韵文只有抒情诗，绝少纪事诗，长篇诗更不曾有过；戏本更在幼稚时代，但略能纪事掉文，全不懂结构；小说好的，只不过三四部，这三四部之中，还有许多疵病；至于最精彩的"短篇小说"、"独幕戏"，更没有了。若从材料一方面看来，中国文学更没有做模范的价值。才子佳人，封王挂帅的小说；风花雪月，涂脂抹粉的诗；不能说理，不能言情的"古文"；学这个，学那个的一切文学，这些文字，简直无一毫材料可说。至于布局一方面，除了几首实在好的诗之外，几乎没有一篇东西当得"布局"两个字！——所以我说，从文学方法一方面看去，中国的文学实在不够给我们作模范。

第二，西洋的文学方法，比我们的文学，实在完备得多，高明得多，不可不取例。即以散文而论，我们的古文家至多比得上英国的培根（Bacon）和法国的孟太恩（Montaigne），至于像柏拉图（Plato）的"主客体"，赫胥黎（Huxley）等的科学文字，包士威尔（Boswell）和莫烈（Morley）等的长篇传记，弥儿（Mill）、弗林克令（Franklin）、吉朋（Gibbon）等的"自传"，太恩（Taine）和白克儿（Buckle）等的史论；……都是中国从不曾梦见过的体裁。更以戏剧而论，二千五百年前的希腊戏曲，一切结构的工夫，描写的工夫，高出元曲何止十倍。近代的莎士比亚（Shakespeare）和莫逆尔（Molière）更不用说了。最近六十年来，欧洲的散文戏本，千变万化，远胜古代，体裁也更发达了。最重要的，如"问题戏"，专研究社会的种种重要问题；"象征戏"（Symbolie Drama），专以美术的手段作的"意在言外"的戏本；"心理戏"，专描写种种复杂的心境，作极精密的解剖；"讽刺戏"，用嬉笑怒骂的文章，达愤世救世的苦心。——我写到这里，忽然想起今天梅兰芳正在唱新编的《天女散花》，上海的人还正在等着看新排的《多尔衮》呢！我也不往下数了——更以小说而论，那材料之精确，体裁之完备，命意之高超，描写之工切，心理解剖之细密，社会问题讨论之透切，……真是美不胜收。至于近百年新创的"短篇小说"，真如芥子里面藏着大千世界；真如百炼的精金，曲折委婉，无所不可；真可说是开千古未有的创局，掘百世不竭的宝藏。——以上所说，大旨只在约略表示西洋文学方法的完备。因为西洋文学真有许多可给我们作模范的好处，所以我说，我们如果真要研究文学的方法，不可不赶紧翻译西洋的文学名著做我们的模范。

现在中国所译的西洋文学书，大概都不得其法，所以收效甚少。我且拟几条翻译西洋文学名著的办法如下：

（一）只译名家著作，不译第二流以下的著作　我以为国内真懂得西洋文学的学者应该开一会议，公共选定若干种不可不译的第一流文学名著：约数如一百种长篇小说，五百篇短篇小说，三百种戏剧，五十家散文，为第一部"西洋文学丛书"，期五年译完，再选第二部。译成之稿，由这几位学者审查，并一一为作长序及著者略传，然后付印；其第二流以下，如哈葛得之流，一概不选。诗歌一类，不易翻译，只可从缓。

（二）全用白话韵文之戏曲，也都译为白话散文　用古文译书，必失原文的好处。如林琴南的"其女珠，其母下之"，早成笑柄，且不必论。前天看见一部侦探小说《圆室案》中，写一位侦探"勃然大怒，拂袖而起"。不知道这位侦探穿的是不是康桥大学的广袖制服！——这样译书，不如不译。又如林琴南把莎士比亚的戏曲，译成了记叙体的古文！这真是莎士比亚的大罪人，罪在《圆室案》译者之上！

（三）创造　　上面所说工具与方法两项，都只是创造新文学的预备。工具用得纯熟自然了，方法也懂了，方才可以创造中国的新文学。至于创造新文学是怎样一回事，我可不配开口了。我以为现在的中国，还没有做到实行预备创造新文学的地步，尽可不必空谈创造的方法和创造的手段。我们现在且先去努力做那第一第二两步预备的工夫罢！

民国七年四月

《尝试集》自序

我这三年以来做的白话诗若干首，分做两集，总名为《尝试集》。民国六年九月我到北京以前的诗为第一集，以后的诗为第二集。民国五年七月以前，我在美国做的文言诗词删剩若干首，合为《去国集》，印在后面作一个附录。

我的朋友钱玄同曾替《尝试集》做了一篇长序，把应该用白话做文章的道理说得很痛快透切。我现在自己作序，只说我为什么要用白话来做诗。这一段故事，可以算是《尝试集》产生的历史，可以算是我个人主张文学革命的小史。

我做白话文字，起于民国纪元前六年（丙午），那时我替上海《竞业旬报》做了半部章回小说，和一些论文，都是用白话做的。到了第二年（丁未），我因脚气病，出学堂养病。病中无事，我天天读古诗，从苏武、李陵直到元好问，单读古体诗，不读律诗。那一年我也做了几篇诗，内中有一篇五百六十字的《游万国赛珍会》，和一篇近三百字的《弃父行》；以后我常常做诗，到我往美国时，已做了两

胡适题字赠钱玄同的《尝试集》

百多首诗了。我先前不做律诗，因为我少时不曾学对对子，心中总觉得律诗难做。后来偶然做了一些律诗，觉得律诗原来是最容易做的玩意儿，用来做应酬朋友的诗，再方便也没有了。我初做诗，人都说我像白居易一派，后来我因为要学时髦，也做一番研究杜甫的工夫。但是我读杜诗，只读《石壕吏》，《自京赴奉先咏怀》一类的诗，律诗中五律我极爱读，七律中最讨厌《秋兴》一类的诗，常说这些诗文法不通，只有一点空架子。

自民国前六、七年到民国前二年（庚戌），可算是一个时代。这个时代已有不满意于当时旧文学的趋向了。我近来在一本旧笔记中（名《自胜生随笔》，是丁未年记的）翻出这几条论诗的话：

作诗必使老妪听解，固不可；然必使士大夫读而不能解，亦何故耶？（录《麓堂诗话》）

东坡云，"诗须有为而作。"元遗山云，"纵横正有凌云笔，俯仰随人亦可怜"。（录《南濠诗话》）

这两条都有密圈，也可见我十六岁时论诗的旨趣了。

民国前二年，我往美国留学。初去的两年，作诗不过两三首，民国成立后，任叔永（鸿隽）、杨杏佛（铨）同来绮色佳（Ithaca），有了做诗的伴当了。集中《文学篇》所说：

> 明年任与杨，远道来就我。
> 山城风雪夜，枯坐殊未可。
> 烹茶更赋诗，有倡还须和。
> 诗炉久灰冷，从此生新火。

都是实在情形。在绮色佳五年，我虽不专治文学，但也颇读了一些西方文学书籍，无形之中，总受了不少的影响，所以我那几年的诗，胆子已大得多。《去国集》里的《耶稣诞节歌》和《久雪后大风作歌》都带有试验意味。后来做《自杀篇》，完全用分段作法，试验的态度更显明了。《藏晖室札记》第三册有跋《自杀篇》一段，说：

> ……吾国作诗每不重言外之意，故说理之作极少。求一扑蒲（Pope）已不可多得，何况华茨活（Wordsworth）、贵推（Goethe）与白郎吟（Browning）矣。此篇以吾所持乐观主义入诗。全篇为说

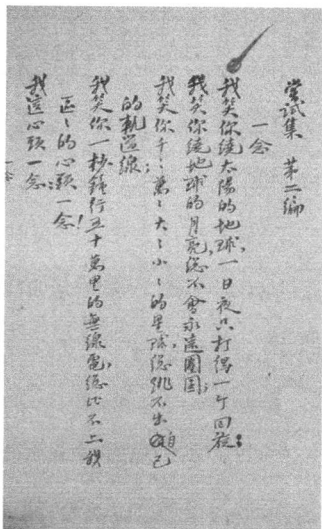

胡适《尝试集》手稿

理之作，虽不能佳，然途径具在。他日多作之，或有进境耳。（民国三年七月七日）

又跋云：

吾近来作诗，颇能不依人蹊径，亦不专学一家。命意固无从摹仿，即字句形式亦不为古人成法所拘，盖颇能独立矣。（七月八日）

民国四年八月，我作一文谕《如何可使吾国文言易于教授》。文中列举方法几条，还不曾主张用白话代文言。但那时我已明言"文言是半死之文字，不当以教活文字之法教之。"又说："活文字者，日用语言之文字，如英法文是也；如吾国之白话是也。死文字者，如希腊拉丁，非日用之语言，已陈死矣。半死文字者，以其中尚有日用之分子在也"（《札记》第九册）。

四年九月十七夜，我因为自己要到纽约进哥伦比亚大学，梅觐庄（光迪）要到康桥进哈佛大学，故作一首长诗送觐庄。诗中有一段说：

梅君梅君毋自鄙！神州文学久枯馁，百年未有健者起，新潮之来不可止，文学革命其时矣！

吾辈势不容坐视，且复号召二三子，革命军前杖马箠，鞭答驱除一车鬼，再拜迎入新世纪！

以此报国未云菲，缩地戡天差可儗。梅君梅君毋自鄙！

原诗共四百二十字，全篇用了十一个外国字的译音。不料这十一个外国字就惹出了几年的笔战！任叔永把这些外国字连缀起来，做了一首游戏诗送我：

牛顿，爱迭孙；培根，客尔文；索虏与霍桑，"烟士披里纯"：鞭笞一车鬼，为君生琼英。文学今革命，作歌送胡生。

我接到这诗，在火车上依韵和了一首寄给叔永诸人：

诗国革命何自始？要须作诗如作文。琢镂粉饰丧元气，貌似未必诗之纯。

小人行文颇大胆，诸公——皆人英。愿共戮力莫相笑，我辈不作腐儒生。

梅觐庄误会我"作诗如作文"的意思，写信来辩论。他说：

……诗文截然两途。诗之文字与文之文字，自有诗文以来，无论中西，已分道而驰。……足下为诗界革命家，改良诗文之文字则可；若仅移文之文字于诗，即谓之革命，谓之改良，则不可也。……以其太易易也。

这封信逼我把诗界革命的方法表示出来。我的答书不曾留稿。今抄答叔永书一段如下：

　　适以为今日欲救旧文学之弊，先从涤除"文胜"之弊入手。今人之诗徒有铿锵之韵，貌似之辞耳。其中实无物可言。其病根在于重形式而去精神，在于以文胜质。诗界革命当从三事入手：第一，须言之有物；第二，须讲求文法；第三，当用"文之文字"时，不可故意避之。三者皆以质救文之弊也。……觐庄所论"诗之文字"与"文之文字"之别，亦不尽当。即如白香山诗，"城云臣按六典书，任土贡有不贡无，道州水土所生者，只有矮民无矮奴！"李义山诗，"公之斯文若元气，先时已入人肝脾。"……此诸例所用文字，是"诗之文字"乎？抑"文之文字"乎？又如适赠足下诗，"国事今成遍体疮，治头治脚俱所急"。此中字字皆觐庄所谓"文之文字"。……可知"诗之文字"原不异"文之文字"：正如诗之文法原不异文之文法也。（五年二月二日）

"诗之文字"一个问题也是很重要的问题，因为有许多人只认风花雪月，蛾眉，朱颜，银汉，玉容，等字是"诗之文字"，做成的诗读起来字字是诗！仔细分析起来，一点意思也没有。所以我主张用朴实无华的白描功夫，如白居易的《道州民》，如黄庭坚的《题莲华寺》，如杜甫的《自京赴奉先咏怀》。这类的诗，诗味在骨子里，在质不在文！没有骨子的滥调诗人决不能做这类的诗。所以我的第一条件便是"言之有物"。因为注重之点在言中的"物"，故不问所用的文字是诗的文字还是文的文字。觐庄认做"仅移文之文字于诗"，所以错了。

这一次的争论是民国四年到五年春间的事。那时影响我个人最大的，就是我平常所说的"历史的文学进化观念"。这个观念是我的文学革命论的基本理论。《札记》第十册有五年四月五日夜所记一段如下：

文学革命，在吾国史上非创见也。即以韵文而论，《三百篇》变而为骚，一大革命也。又变为五言七言，二大革命也。赋变而为无韵之骈文，古诗变而为律诗，三大革命也。诗之变而为词，四大革命也。词之变而为曲，为剧本，五大革命也。何独于吾所持文学革命论而疑之？文亦遭几许革命矣。自孔子至于秦、汉，中国文体始臻完备。六朝之文……亦有可观者。然其时骈俪之体大盛，文以工巧雕琢见长，文法遂衰。韩愈之所以称"文起八代之衰"者，其功在于恢复散文，讲求文法。此一革命也。……宋人谈哲理者，深悟古文之不适于用，于是语录体兴焉。语录体者，禅门所尝用，以俚语说理纪言。……此亦一大革命也。至元人之小说，此体始臻极盛。……总之文学革命至元代而极盛。其时之词也，曲也，剧本也，小说也，皆第一流之文学，而皆以俚语为之。其时吾国真可谓有一种"活文学"出现。倘此革命潮流（革命潮流，即天演进化之迹。自其异者言之，谓之革命；自其循序渐进之迹言之，即谓之进化可也。）不遭明代八股之劫，不遭前后七子复古之劫，则吾国之文学已成俚语的文学；而吾国之语言早成为言文一致之语言，可无疑也。但丁之创意大利文学，乔叟辈之创英文学，路得之创德文学，未足独有千古矣。惜乎，五百余年来，半死之古文，半死之诗词，复夺此"活文学"之席，而"半死文学"遂苟延残喘以至于今日。……文学革命何可更缓耶！何可更缓耶！

过了几天，我填了一首"沁园春"词，题目就叫做《誓诗》，其实是一篇文学革命宣言书：

更不伤春，更不悲秋，以此誓诗。任花开也好，花飞也好；月圆固好，日落何悲！我问之曰，"从天而颂，孰与制天而用之？"更安用，为苍天歌哭，作彼奴为！

文章革命何疑？且准备搴旗作健儿。要前空千古，下开百世；收他臭腐，还我神奇！为大中华，造新文学，此业吾曹欲让谁？诗材料，有簇新世界，供我驱驰！（四月十三日）

这首词上半所攻击的是中国文学"无病而呻"的恶习惯。我是主张乐观，主张进取的人，故极力攻击这种卑弱的根性。下半首是《去国集》的尾声，是《尝试集》的先声。

以下要说发生《尝试集》的近因了。

五年七月十二日，任叔永寄我一首《泛湖即事》诗。这首诗里有"言棹轻楫，以涤烦疴"，和"猜谜赌胜，载笑载言"等句，我回他的信说：

> ……诗中"言棹轻楫"之言字及"载笑载言"之载字，皆系死字。又如"猜谜赌胜，载笑载言"两句，上句为二十世纪之活字，下句为三千年前之死句，殊不相称也。（七月十六日）

不料这几句话触怒了一位旁观的朋友。那时梅觐庄在绮色佳过夏，见了我给叔永的信，他写信来痛驳我道：

> 足下所自矜为文学革命真谛者，不外乎用"活字"以入文；于叔永诗中，稍古之文字，皆所不取，以为非"二十世纪之活字"……夫文字革新须洗去旧日腔套，务去陈言，固矣。然此非尽屏古人所用之字，而另以俗语白话代之谓也。……足下以俗语白话为向来文学上不用之字，骤以入文，似觉新奇而美，实则无永久价值。因其向未经美术家锻炼，徒诿诸愚夫愚妇无美术观念者之口，历世相传，愈趋愈下，鄙俚乃不可言。足下得之，乃矜矜自喜，炫为创获，异矣。如足下之言，则人间材智，

选择，教育，诸事皆无足算，而村农伧父皆足为诗人美术家矣。

甚至非洲黑蛮，南洋土人，其言文无分者，最有诗人美术家之资格矣。

至于无所谓"活文学"，亦与足下前此言之。……文字者，世界上最守旧之物也。……足下乃视改革文字如是之易乎？……

觐庄这封信不但完全误解我的主张，并且说了一些没有道理的话，故我做了一首一千多字的白话游戏诗答他。这首诗虽是游戏诗，也有几段庄重的议论。如第二段说：

> 文字没有雅俗，却有死活可道。
>
> 古人叫做欲，今人叫做要。
>
> 古人叫做至，今人叫做到。
>
> 古人叫做溺，今人叫做尿。
>
> 本来同是一字，声音少许变了。
>
> 并无雅俗可言，何必纷纷胡闹？
>
> 至于古人叫字，今人叫号；古人悬梁，今人上吊：
>
> 古名虽未必不佳，今名又何尝不妙？
>
> 至于古人乘舆，今人坐轿；古人加冠束帻，今人但知戴帽：
>
> 若必叫帽作巾，叫轿叫舆，岂非张冠李戴，认虎作豹？……

又如第五段说：

今我苦口饶舌，算来却是为何？

正要求今日的文学大家，

把那些活泼泼的白话拿来锻炼，拿来琢磨，拿来作文演说，

作曲作歌：——

出几个白话的嚣俄，和几个白话的东坡，

那不是"活文学"是什么？

那不是"活文学"是什么？

这一段全是后来用白话作实地试验的意思。

这首白话游戏诗是五年七月二十二日做的，一半是朋友游戏，一半是有意试做白话诗。不料梅、任两位都大不以为然。觐庄来信大骂我，他说：

读大作如儿时听莲花落，真所谓革尽古今中外人之命者。足下诚豪健哉！盖今之西洋诗界，若足下之张革命旗者，亦数见不鲜。最著者有所谓 Futurism, Imagism, Free Verse，及各种 Decadent movements in Literature and in Arts。大约皆足下俗话诗之流亚，皆喜以"前无古人后无来者"自豪；皆喜诡立名字，号召徒众，以眩世人之耳目，而己则从中得名士头衔以去焉。

信尾又有两段添入的话：

> 文章体裁不同。小说词曲固可用白话，诗文则不同。今之欧美狂澜横流，所谓"新潮流""新潮流"者，耳已闻之熟矣。诚望足下勿剿窃此种不值钱之新潮流以哄国人也。（七月二十四日）

这封信颇使我不心服，因为我主张的文学革命，只是就中国今日文学的现状立论；和欧美的文学新潮流并没有关系；有时借镜于西洋文学史，也不过举出三四百年前欧洲各国产生"国语的文学"的历史，因为中国今日国语文学的需要很像欧洲当日的情形，我们研究他们的成绩，也许使我们减少一点守旧性，增添一点勇气。觐庄硬派我一个"剿窃此种不值钱之新潮流以哄国人"的罪名，我如何能心服呢？

叔永来信说：

> 足下此次试验之结果，乃完全失败是也。……要之，白话自有白话用处，（如作小说、演说等），然不能用之于诗。如凡白话皆可为诗，则吾国之京调，高腔，何一非诗？……乌乎适之！吾人今日言文学革命，乃诚见今日文学有不可不改革之处，非特文言白话之争而已。吾尝默省吾国今日文学界，即以诗论，其老者，如郑苏盦、陈伯严辈，其人头脑已死，只可让其与古

人同朽腐。其幼者，如南社一流人，淫滥委琐，亦去文学千里而遥。旷观国内，如吾侪欲以文学自命者，舍自倡一种高美芳洁之文学，更无吾侪侧身之地。以足下高才有为，何为舍大道不由，而必旁逸斜出，植美卉于荆棘之中哉？……唯以此（白话）作诗，则仆期期以为不可。……今且假令足下之文学革命成功，将令吾国作诗者皆高腔京调，而陶谢李杜之流，将永不复见于神州，则足下之功又何若哉？（七月二十四夜）

觐观说，"小说词曲固可用白话，诗文则不可"。叔永说，"白话自有白话用处，（如作小说、演说等），然不能用之于诗"，这是我最不承认的。我答叔永信中说：

　　……白话入诗，古人用之者多矣。（此下举放翁诗及山谷稼轩词为例），……总之，白话之能不能作诗，此一问题全待吾辈解决。解决之法，不在乞怜古人，谓古之所无，今必不可有，而在吾辈实地试验。一次"完全失败"，何妨再来？若一次失败，便"期期以为不可"，此岂科学的精神所许乎？

这一段乃是我的"文学的实验主义"。我三年来所做的文学事业只不过是实行这个主义。

答叔永书很长，我且再抄一段：

……今且用足下之字句以述吾梦想中之文学革命曰：

一、文学革命的手段：要令国中之陶谢李杜敢用白话京调高腔作诗；要令国中之陶谢李杜皆能用白话京调高腔作诗。

二、文学革命的目的：要令白话京调高腔之中产出几许陶谢李杜。

三、今日决用不着"陶谢李杜的"陶谢李杜。若陶谢李杜生于今日仍作陶谢李杜当日之诗，则决不能更有当日的价值与影响。何也？时代不同也。

四、吾辈生于今日，与其作不能行远不能普及的五经、两汉、六朝、八家文字，不如作家喻户晓的《水浒》《西游》文字。与其作似陶似谢似李似杜的诗，不如作不似陶谢不似李杜的白话诗。与其作一个学这个学那个的郑苏盦、陈伯严，不如作一个实地试验"旁逸斜出"，"舍大道而弗由"的胡适之。

……吾志决矣，吾自此以后，不更作文言诗词。（七月二十六日）

这是第一次宣言不做文言诗词。过了几天，我再答叔永道：

……古人说，"工欲善其事，必先利其器"。文字者，文学之器也。我私心以为文言决不足为吾国将来文学之利器。施耐庵、曹雪芹诸人已实地证明作小说之利器在于白话。今尚需人实地试验白话是否可为韵文之利器耳。……我自信颇能用白话作散文，但尚未能用之于韵文。私心颇欲以数年之力实地练习之。倘数年之后，竟能用文言白话作诗，无不随心所欲，岂非一大快事？我此时练习白话韵文，颇似新辟一文学殖民地。可惜须单身匹马而往，不能多得同志，结伴同行。然吾去志已决。公等假我数年之期。倘此新国尽是沙碛不毛之地，则我或终归老于"文言诗国"亦未可知。倘幸而有成，则辟除荆棘之后，当开放门户，迎公等同来莅止耳！"狂言人道臣当烹。我自不吐定不快，人言未足为重轻。"足下定笑我狂耳。（八月四日）

这时我已开始作白话诗歌。诗还不曾做得几首，诗集的名字已定下了，那时我想起陆游有一句诗："尝试成功自古无"！我觉得这个意思恰和我的实验主义反对，故用"尝试"两字作我的白话诗集的名字，要看"尝试"究竟是否可以成功。那时我已打定主意，努力做白话诗的试验；心中只有一点痛苦，就是同志太少了，"须单身匹马而往"，我平时所最敬爱的一班朋友都不肯和我同去探险。但是我若没有这一班朋友和我打笔墨官司，我也决不会有这样的尝试决心。庄子说得好："彼出于是，是亦因彼"。我至今回想当时和那班朋友，一日一邮片，三日一长函的乐趣，觉得那真是人生最不容易有的幸福。我对于文学革命的一切见解，所以能结晶成一种有系统的主张，全都是同这一班朋友切磋讨论的结果。五年八月十九日我写信答朱经农（信）中有一段说：

新文学之要点，约有八事：

（一）不用典，

（二）不用陈套话，

（三）不讲对仗，

（四）不避俗字俗语，

（五）须讲求文法。以上为形式的一方面。

（六）不作无病之呻吟，

（七）不摹仿古人，须语语有个我在，

（八）须言之有物。以上为精神（内容）的一方面。

这八条，后来成为一篇《文学改良刍议》（《新青年》第二卷第五号，六年一月一日出版），即此一端，便可见朋友讨论的益处了。

我的《尝试集》起于民国五年七月，到民国六年九月我到北京时，已成一小册子了，这一年之中，白话诗的试验室中只有我一个人。因为没有积极的帮助，故这一年的诗，无论怎样大胆，终不能跳出旧诗的范围。

我初回国时，我的朋友钱玄同说我的诗词"未能脱尽文言窠臼"，又说"嫌太文了！"美洲的朋友嫌"太俗"的诗，北京的朋友嫌"太文"了！这话我初听了很觉得奇怪。后来平心一想，这话真是不错。我在美洲做的《尝试集》，实在不过是能勉强实行了《文学改良刍议》里面的八个条件；实在不过是一些刷洗过的旧诗！这些诗的大缺点就是仍然用五言七言的句法。句法太整齐了，就不合语言的自然，不能不有截长补短的毛病，不能不时时牺牲白话的字和白话的文法，来迁就五七言的句法。音节一层，也受很大的影响：第一，整齐划一的音节没有变化，实在无味；第二，没有自然的音节，不能跟着诗料随时变化。因此，我到北京以后所做的诗，认定一个主义：若要做真正的白话诗，若要充分采用白话的字，白话的文法和白话的自然音节，非做长短不一的白话诗不可。这种主张，可叫做"诗体的大解放"。

诗体的大解放就是把从前一切束缚自由的枷锁镣铐，一齐打破：有什么话，说什么话；话怎么说，就怎么说。这样方才可有真正白话诗，方才可以表现白话的文学可能性。《尝试集》第二编中的诗虽不能处处做到这个理想的目的，但大致都想朝着这个目的做去。这是第二集和第一集的不同之处。

以上说《尝试集》发生的历史。现在且说我为什么赶紧印行这本白话诗集。我的第一个理由是因为这一年以来白话散文虽然传播得很快很远，但是大多数的人对于白话诗仍然很怀疑；还有许多人不但怀疑，简直持反对的态度。因此，我觉得这个时候有一两种白话韵文的集子出来，也许可以引起一般人的注意，也许可以供赞成和反对的人作一种参考的材料。第二，我实地试验白话诗已经三年了，我很想把这三年试验的结果供献给国内的文人，作为我的试验报告。我很盼望有人把我试验的结果，仔细研究一番，加上平心静气的批评，使我也可以知道这种试验究竟有没有成绩，用的试验方法，究竟有没有错误。第三，不论试验的成绩如何，我觉得我的《尝试集》至少有一件事可供献给大家的。这一件可贡献的事就是这本诗所代表的"实验的精神"。我们这一班人的文学革命论所以同别人不同，全在这一点试验的态度。

近来稍稍明白事理的人，都觉得中国文学有改革的必要。即如我的朋友任叔永他也说："乌乎！适之！吾人今日言文学革命，乃诚见今日文学有不可不改革之处，非特文言白话之争而已。"甚至于南社的柳亚子也要高谈文学革命。但是他们的文学革命论只提出一种空荡荡的目的，不能有一种具体进行的计划。他们都说文学革命绝不是形式上的革命，绝不是文言白话的问题。等到人问他们究竟所主张的革命"大道"是什么，他们可回答不出了。这种没有具体计划的革命，——无论是政治的是文学的——决不能发生什么效果。我们认定文字是文学的基础，故文学革命的第一步就是文字问题的解决。我们认定"死文字定不能产生活文学"，故我们主张若要造一种活的文学，必须用白话来做文学的工具。我们也知道单有白话未必就能造出新文学；我们也知道新文学必须要有新思想做里子。但是我们认定文学革命须有先后的程序：先要做到文字体裁的大解放，方才可以用来做新思想新精神的运输品。我们认定白话实在有文学的可能，实在是新文学的唯一利器。但是国内大多数人都不肯承认这话，——他们最不肯承认的，就是白话可作韵文的唯一利器。我们对于这种怀疑，这种反对，没有别的法子可以对付，只有一个法子，就是科学家的试验方法。科学家遇着一个未经实地证明的理论，只可认他做一个假设；须等到实地试验之后，方才用试验的结果来批评那个假设的价值。我们主张白话可以做诗，因为未经大家承认，只可说是一个假设的理论。我们这三年来，只是想把这个假设用来做种种实地试验，——做五言诗，做七言诗，做严格的词，做极不整齐的长短句；做有韵诗，做无韵诗，做种种音节上的试验，——要看白话是不是可以做好诗，要看白话诗是不是比文言诗要更好一点。这是我们这班白话诗人的"实验的精神"。

我这本集子中的诗，不问诗的价值如何，总都可以代表这点实验的精神。这两年来，北京有我的朋友沈尹默，刘半农，周豫才，周启明，傅斯年，俞平伯，康白情诸位，美国有陈衡哲女士，都努力作白话诗。白话诗的试验室中的试验家渐渐多了起来了。但是大多数的文人仍然不敢轻易"尝试"。他们永不来尝试尝试，如何能判断白话诗的问题呢？耶稣说得好："收获是很好的，可惜做工的人太少了。"所以我大胆把这本《尝试集》印出来，要想把这本集子所代表的"实验的精神"贡献给全国的文人，请他们大家都来尝试尝试。

我且引我的《尝试集》作这篇长序的结论：

"尝试成功自古无！"放翁这话未必是。我今为下一转语："自古成功在尝试！"请看药圣尝百草，尝了一味又一味。又如名医试丹药，何嫌六百零六次？莫想小试便成功？那有这样容易事！有时试到千百回，始知前功尽抛弃。即使如此已无愧，即此失败便足记。告人"此路不通行"，可使脚力莫枉费。

我生求师二十年，今得"尝试"两个字。作诗做事要如此，虽未能到颇有志。作"尝试歌"颂吾师，愿大家都来尝试！

八年八月一日　胡适

文学进化观念

文学进化的观念有四层意义，每一层含有一个重要的教训。

第一层总论文学的进化：文学乃是人类生活状态的一种记载，人类生活随时代变迁故文学也随时代变迁，故一代有一代的文学。周秦有周秦的文学，汉魏有汉魏的文学，唐有唐的文学，宋有宋的文学，元有元的文学。《三百篇》的诗人做不出《元曲选》,《元曲选》的杂剧家也做不出《三百篇》。左丘明做不出《水浒传》，施耐庵也做不出《春秋左传》。这是文学进化观念的第一层教训，最容易明白故不用详细引证了（古人如袁枚、焦循，多有能懂得此理的）。

文学进化观念的第二层意义是：每一类文学不是三年两载就可以发达完备的，须是从极低微的起源，慢慢的，渐渐的，进化到完全发达的地位。有时候，这种进化刚到半路上，遇着阻力，就停住不进步了。有时候因为这一类文学受种种束缚不能自由发展，故这一类文学的进化史，全是摆脱这种束缚力争自由的历史；有时候，这种文学上的羁绊居然完全毁除，于是这一类文学便可以自由发达。

有时候这种文学革命只能有局部的成功，不能完全扫除一切枷锁镣铐，后来习惯成了自然，便如缠足的女子，不但不想反抗，竟以为非如此不美了！这是说各类文学进化变迁的大势。西洋的戏剧便是自由发展的进化；中国的戏剧便是只有局部自由的结果。列位试读王国维先生的《宋元戏曲史》，试看中国戏剧从古代的"歌舞"（Ballad Dance，歌舞是一事，犹言歌的舞也），一变而为戏优；后来加入种种把戏，再变而为演故事兼滑稽的杂戏（王氏以唐、宋、辽、金之滑稽戏为一种独立之戏剧，与歌舞戏为二事。鄙意此似有误。王氏引各书所记诙谐各则，未必独立于歌舞戏之外。但因打诨之中时有谲谏之旨，故各书特别记此诙谐之一部分而略其不足记之他部分耳。元杂剧中亦多打诨语。今之京调戏亦可随时插入讥刺时政之打诨。若有人笔记之，后世读之者亦但见林步青、夏月珊之打诨而不见其他部分，或亦有疑为单独之滑稽戏者矣），后来由"叙事"体变成"代言"体，由遍数变为折数，由格律极严的大曲变为可以增减字句变换宫调的元曲，于是中国戏剧三变而为结构大致完成的元杂剧。但元杂剧不过是大体完具，其实还有许多缺点：（一）每本戏限于四折；（二）每折限于一宫调；（三）每折限一人唱。后来南戏把这些限制全部毁除，使一戏的长短无定，一折的宫调无定，唱者不限于一人。杂剧的限制太严，故除一二大家之外，多只能铺叙事实，不能有曲折详细的写生工夫；所写人物，往往毫无生气；所写生活与人情，往往缺乏细腻体会的工夫。后来的传奇，因为体裁更自由了，故于写生，写物，言情，各方面都大有进步。试举例为证。李渔的《蜃中楼》乃是合并《元曲选》里的《柳毅传书》同《张生煮海》两本戏做成的，但《蜃中楼》不但情节更有趣味，并且把戏中人物一一都写得有点生气，个个都有点个性的区别。如元剧中的钱塘君虽于布局有关，但没有着意描写；李渔于《蜃中楼》的《献寿》一折中，写钱塘君何等痛快，何等有意味！这便是一进步。又如元剧《渔樵记》写朱买臣事，为后来南戏《烂柯山》所本，但《烂柯山》中写人情世故，远胜《渔樵记》，试读《凝梦》一折，便知两本的分别。又如昆曲《长生殿》与元曲《梧桐雨》同记一事，但两本相比，《梧桐雨》叙事虽简洁，写情实远不如《长生殿》。以戏剧的体例看来，杂剧的文字经济实为后来所不及；但以文学上表情写生的工夫看来，杂剧实不及昆曲。如《长生殿》中《弹词》一折，虽脱胎于元人的《货郎旦》，但一经运用不同，便写出无限兴亡盛衰的感慨，成为一段很动人的文章。以上所举的三条例，——《蜃中楼》《烂柯山》《长生殿》——都可表示杂剧之变为南戏传奇，在体裁一方面虽然不如元代的严谨，但因为体裁更自由，故于写生表情一方面实在大有进步，可以算得是戏剧史的一种进化。即以传奇变为京调一事而论，据我个人看来，也可算得是一种进步。

传奇的大病在于太偏重乐曲一方面，在当日极盛时代固未当不可供私家歌童乐部的演唱，但这种戏只可供上流人士的赏玩，不能成通俗的文学。况且剧本折数无限，大多数都是太长了，不能全演，故不能不割出每本剧中最精彩的几折，如《西厢记》的《拷红》，如《长生殿》的《闻铃》《惊变》等，其余的几折，往往无人过问了。割裂之后，文人学士虽可赏玩，但普通一般社会更觉得无头无尾不能懂得。传奇杂剧既不能通行，于是各地的"土戏"纷纷兴起：徽有徽调，汉有汉调，粤有粤戏，蜀有高腔，京有京调，秦有秦腔。统观各地俗剧，约有五种公共的趋向：（一）材料虽有取材于元明以来的"杂剧"（亦有新编者），而一律改为浅近的文字；（二）音乐更简单了，从前各种复杂的曲调渐渐被淘汰完了，只剩得几种简单的调子（三）因上两层的关系，曲中字句比较的容易懂得多了；（四）每本戏的长短，比"杂剧"更无限制，更自由了；（五）其中虽多连台的长戏，但短戏的趋向极强，故其中往往有很有剪裁的短戏，如《三娘教子》《四进士》之类。依此五种性质看来，我们很可以说，从昆曲变为近百年的"俗戏"，可算得中国戏剧史上的一大革命。大概百年来政治上的大乱，生计上的变化，私家乐部的销灭，也都与这种"俗剧"的兴起大有密切关系。后来"俗剧"中的京调受了几个有势力的人，如前清慈禧太后等的提倡，于是成为中国戏界最通行的戏剧。但此种俗剧的运动，起源全在中下级社会，与文人学士无关，故戏中字句往往十分鄙陋，梆子腔中更多极不通的文字。俗剧的内容，因为他是中下级社会的流行品，故含有此种社会的种种恶劣性，很少如《四进士》一类有意义的戏。况且编戏做戏的人大都是没有学识的人，故俗剧中所保存的戏文恶习惯最多。这都是现行俗戏的大缺点。但这种俗戏在中国戏剧史上，实在有一种革新的趋向，有一种过渡的地位，这是不可埋没的。研究文学历史的人，须认清这种改革的趋向，更须认明这种趋向在现行的俗剧中不但并不曾完全达到目的，反被种种旧戏的恶习惯所束缚，到如今弄成一种既不通俗又无意义的恶劣戏剧。——以上所说中国戏剧进化小史的教训是：中国戏剧一千年来力求脱离乐曲一方面的种种束缚，但因守旧性太大，未能完全达到自由与自然的地位。中国戏剧的将来，全靠有人能知道文学进化的趋势，能用人力鼓吹，帮助中国戏剧早日脱离一切阻碍进化的恶习惯，使他渐渐自然，渐渐达到完全发达的地位。

文学进化的第三层意义是：一种文学的进化，每经过一个时代，往往带着前一个时代留下的许多无用的纪念品；这种纪念品在早先的幼稚时代本来是很有用的，后来渐渐的可以用不着他们了，但是因为人类守旧的惰性，故仍然保存这些过去时代的纪念品。在社会学上，这种纪念品叫做"遗形物"（Vestiges or Rudiments）。如男子的乳房，形式虽存，作用已失，本可废去，总没废去，故叫做"遗形物"。即以戏剧而论，古代戏剧的中坚部分全是乐歌，打诨科白不过是一小部分，后来元人杂剧中，科白竟占极重要的部分，如《老生儿》《陈州粜米》《杀狗劝夫》等杂剧竟有长至几千字的说白，这些戏本可以废去曲词全用科白了，但曲词终不曾废去。元明之际，已有"终曲无一曲"的传奇，如屠长卿的《昙花梦》（臧晋叔《〈元曲选〉序》）可见此时可以完全废曲用白了；但后来不但不如此，并且白越减少，曲词越增多，明朝以后，除了李渔之外，竟连会做好白的人都没有了。所以在中国戏剧进化史上，乐曲一部分本可以渐渐废去，但也依旧存留，遂成一种"遗形物"。此外如脸谱，嗓子，文步，武把子……等等，都是这一类的"遗形物"，早就可以不用了，但相沿下来至今不改。西洋的戏剧在古代也曾经过许多幼稚的阶级,如"和歌"(Chorus)面具,"过门",背躬(Aside),武场……等等。但这种"遗形物",在西洋久已成了历史上的古迹,渐渐的都淘汰完了。这些东西淘汰干净了,方才有纯粹戏剧出世。中国人的守旧性最大,保存的"遗形物"最多。皇帝虽没有了,总统出来时依旧地上铺着黄土,年年依旧祀天祭孔,这都是"遗形物"。再回到本题,现今新式舞台上有了布景,本可以免去种种开门,关门,跨门槛的做作了,但这些做作依旧存在;甚至于在一个布置完好的祖先堂里"上马加鞭"!又如武把子一项,本是古代角抵等戏的遗风,在完全成立的戏剧里本没有立足之地,一部《元曲选》里,一百本戏之中只有三四本用得着武场,而这三四本武场戏之中有《单鞭夺槊》和《气英布》两本都用一个观戏的人口述战场上的情形,不用在戏台上打仗而战争的情状都能完全写出。这种虚写法便是编戏的一大进步。不料中国戏剧家发明这种虚写法之后六七百年,戏台上依旧是打斤斗,爬杠子,舞刀耍枪的卖弄武把子,这都是"遗形物"的怪现状。这种"遗形物"不扫除干净,中国戏剧永远没有完全革新的希望。不料现在的评剧家不懂得文学进化的道理,不知道这种过时的"遗形物"很可阻碍戏剧的进化。又不知道这些东西于戏剧的本身全不相关,不过是历史经过的一种遗迹;居然竟有人把这些"遗形物",——脸谱、嗓子、台步、武把子、唱工、锣鼓、马鞭子,跑龙套等等，当作中国戏剧的精华！这真是缺乏文学进化观念的大害了。

文学进化观念的第四层意义是：一种文学有时进化到一个地位，便停住不进步了，直到他与别种文学相接触，有了比较，无形之中受了影响，或是有意的吸收人的长处，方才再继续有进步。此种例在世界文学史上，真是举不胜举。如英国戏剧在伊丽莎白女王的时代本极发达，有蒋生（Ben Jonson）、莎士比亚等的名著。后来英国人崇拜莎士比亚太甚了，被他笼罩一切，故十九世纪的英国诗与小说虽有进步，于戏剧一方面实在没有出色的著作。直到最近三十年中，受了欧洲大陆上新剧的影响，方才有萧伯纳（Bernard Shaw）、高尔华胥（John Galsworthy）等人的名著。这便是一例。中国文学向来不曾与外国高级文学相接触，所接触的都没有什么文学的势力；然而我们细看中国文学所受外国的影响，也就不少了。六朝至唐的三四百年中间，西域（中亚细亚）各国的音乐、歌舞、戏剧，输入中国的极多：如龟兹乐，如"拨头"戏（《旧唐书·音乐志》云："拨头者，出西域胡人"），却是极明显的例（看《宋元戏曲史》第九页）。再看唐、宋以来的典调，如《伊州》《凉州》《熙州》《甘州》《氐州》各种曲，名目显然，可证其为西域输入的曲调。此外中国词曲中还不知道有多少外国分子呢！现在戏文上用的乐器，十分之六七是外国的乐器，最重要的是"胡琴"，更不用说了。所以我们可以说，中国戏剧的变迁，实在带着无数外国文学美术的势力。只可惜这千余年来和中国戏剧接触的文学美术都是一些很幼稚的文学美术，故中国戏剧所受外来的好处虽然一定不少，但所受的恶劣影响也一定很多。现在中国戏剧有西洋的戏剧可作直接比较参考的材料，若能有人虚心研究，取人之长，补我之短；扫除旧日的种种"遗形物"，采用西洋最近百年来继续发达的新观念，新方法，新形式，如此方才可使中国戏剧有改良进步的希望。

国语的进化

一

现在国语的运动总算是传播得很快很远了。但是全国的人对于国语的价值，还不曾有明了正确的见解。最错误的见解就是误认白话为古文的退化。这种见解是最危险的阻力。为什么呢？因为我们既认某种制度文物为退化，决没有还肯采用那种制度文物的道理。如果白话真是古文的退化，我们就该仍然用古文，不该用这退化的白话。所以这个问题——"白话是古文的进化呢？还是古文的退化呢？"是国语运动的生死关头！这个问题不能解决，国语文与国语文学的价值便不能确定。这是我所以要做这篇文章的理由。

我且先引那些误认白话为文言的退化的人的议论。近来有一班留学生出了一种周刊，第一期便登出某君的一篇"评新旧文学之争"。这篇文章的根本主张，我不愿意讨论，因为这两年的杂志报纸上早已有许多人讨论过了。我只引他论白话退化的一段：

以吾国现今之文言与白话较，其优美之度，相差甚远。当谓吾国文字至今日虽未甚进化，亦未大退化。若白话则反是，盖数千年来，国内聪明才智之士虽未尝致力于他途，对于文字却尚孳孳研究，未尝或辍。至于白话，则语言一科不讲者久；其乡曲愚夫，闾巷妇稚，谰言俚语，粗鄙不堪入耳者，毋论矣；即在士夫，其持笔为文亦尚雅洁可观，而听其出言则鄙俗可噱，不识者几不辨其为斯文中人。……以是入文，不惟将文学价值扫地以尽，且将为各国所非笑。

这一段说文言"虽未甚进化,亦未大退化",白话却是大退化了。我再引孙中山先生的《孙文学说》第一卷第三章的一段：

中国文言殊非一致。文字之源本出于言语，而言语每随时代以变迁，至于为文虽亦有古今之殊，要不能随言语而俱化。……始所歧者甚仅，而分道各驰，久且相距愈远。顾言语有变迁而无进化，而文字则虽仍古昔，其使用之技术实日见精研。所以中国言语为世界中之粗劣者，往往文字可达之意，言语不得而传。是则中国人非不善为文而拙于用语者也。亦惟文字可传久远，故古人所作，模仿匪难；至于言语，非无杰出之士妙于修辞，而流风余韵无所寄托，随时代而俱湮，故学者无所继承。然则文字有进化而语言转见退步者，非无故矣。亦欧洲文字基于音韵，音韵即表语；言语有变，文字即可随之。中华制字以象形会意为主，所以言语虽殊而文字不能与之俱变。要之，此不过为言语之不进步，而中国人民非有所阙于文字，历代能文之士其所创作突过外人，则公论所归也。盖中国文字成为一种美术，能文者直美术专门名家，既有天才，复以其终身之精力赴之，其造诣自不易及。……

孙先生直说"文字有进化，而语言转见退步。"他的理由大致也与某君相同。某君说文言因为有许多文人专心研究，故不曾退步；白话因为没有学者研究，故退步了。孙先生也说文言所以进步，全靠文学专家的终身研究。他又说，中国文字是象形会意的，没有字母的帮助，故可以传授古人的文章，但不能记载那随时代变迁的言语；语言但有变迁，没有进化；文字虽没有变迁，但用法更"精研"了。

我对于孙先生的《孙文学说》曾有很欢迎的介绍（《每周评论》第三十一号。）但是我对于这一段议论不能不下一点批评。因为孙先生说的话未免太笼统了，不像是细心研究的结果。即如他说"言语有变迁而无进化"，试问他可曾研究言语的"变迁"是朝什么方向变的？这种"变迁"何以不能说是"进化"？试问我们该用什么标准来定哪一种"变迁"为"进化的"，哪一种"变迁"为"无进化的"？若不曾细心研究古文变为白话的历史，若不知道古文和白话不同之点究竟在什么地方，若不先定一个"进化""退化"的标准，请问我们如何可说白话有变迁而无进化呢？如何可说"文字有进化而语言转见退步"呢？

某君用的标准是"优美"和"鄙俗"。文言是"优美"的，故不曾退化；白话是"鄙俗可嗤"的，故退化了。但我请问，我们又拿什么标准来分别"优美"与"鄙俗"呢？某君说，"即在士夫，其持笔为文亦尚雅洁可观，而听其出言则鄙俗可嗤，不识者几不辨其为斯文中人"。请问"斯文中人"的话又应该是怎样说法？难道我们都该把我字改作予字，他字改作其字，满口"雅洁可观"的之乎者也，方才算作"优美"吗？"梦为远别啼难唤，书被催成墨未浓"固可算是美。"衣裳已施行看尽，针线犹存未忍开"又何尝不美？"别时言语在心头，那一句依他到底？"完全是白话，又何尝不美？《晋书》说王衍少时，山涛称赞他道："何物老妇，生宁馨儿！"后来不通的文人把"宁馨"当做一个古典用，以为很"雅"，很"美"。其实"宁馨"即是现在苏州上海人的"那哼"。但是这班不通的文人一定说"那哼"就是"鄙俗可嗤"了！《王衍传》又说王衍的妻郭氏把钱围绕床下，衍早晨起来见钱，对婢女说，"举阿堵物去"。后来的不通的文人又把"阿堵物"用作一个古典，以为很"雅"，很"美"。其实"阿堵"即是苏州人说的"阿笃"，官话说的"那个""那些"，但是这班不通文人一定说"阿笃""那个""那些"都是"鄙俗可嗤"了！

所以我说，"优美"还须要一个标准，"鄙俗"也须要一个标准。某君自己做的文言未必尽"优美"，我们做的白话未必尽"鄙俗可嗤"。拿那没有标准的"优美""鄙俗"来定白话的进化退化，便是笼统，便是糊涂。

　　某君和孙先生都说古文因为有许多文人终身研究，故不曾退化。反过来说，白话因为文人都不注意，全靠那些"乡曲愚夫，闾巷妇稚"自由改变，所以渐渐退步，变成"粗鄙不堪入耳"的俗话了。这种见解是根本错误的。稍稍研究言语学的人都该知道：文学家的文学只可定一时的标准，决不能定百世的标准；若推崇一个时代的文学太过了，奉为永久的标准，那就一定要阻碍文字的进化；进化的生机被一个时代的标准阻碍住了，那种文字就渐渐干枯，变成死文字或半死的文字；文字枯死了，幸亏那些"乡曲愚夫，闾巷妇稚"的白话还不曾死，仍然随时变迁：变迁便是活的表示，不变迁便是死的表示。稍稍研究言语学的人都该知道：一种文字枯死或麻木之后，一线生机全在那些"乡曲愚夫，闾巷妇稚"的白话；白话的变迁，因为不受那些"斯文中人"的干涉，故非常自由；但是自由之中，却有个条理次序可寻；表面上很像没有道理，其实仔细研究起来，都是有道理的变迁：都是改良，都是进化！

　　简单一句话，一个时代的大文学家至多只能把那个时代的现成语言，结晶成文学的著作；他们只能把那个时代的语言的进步，作一个小小的结束；他们是语言进步的产儿，并不是语言进步的原动力；有时他们的势力还能阻碍文字的自由发达。至于民间日用的白话正因为文人学者不去干涉，故反能自由变迁，自由进化。

二

本篇的宗旨只是要证明上节末段所说的话，要证明白话的变迁并非退步，乃是进化。立论之前，我们应该定一个标准：怎样变迁才算是进化？怎样变迁才算是退步？

这个问题太大，我们不能详细讨论，现在只能简单说个大概。

一切器物制度都是应用的。因为有某种需要，故发明某种器物，故创造某种制度。应用的能力增加，便是进步；应用的能力减少，便是退步。例如车船两物都是应付人类交通运输的需要的。路狭的地方有单轮的小车，路阔的地方有双轮的骡车；内河有小船，江海有大船。后来陆地交通有了人力车，马车，火车，汽车，电车，水路交通有了汽船，人类的交通运输便更方便了，更稳当了，更快捷了。我们说小车骡车变为汽车火车电车是大进步，帆船划船变为汽船也是大进步，都只是因为应用的能力增加了。一切器物制度都是如此。

语言文字也是应用的。语言文字的用处极多，简单说来：（一）是表情达意，（二）是记载人类生活的过去经验，（三）是教育的工具，（四）是人类共同生活的唯一媒介物。我们研究语言文字的退化进化，应该根据这几种用处，定一个标准："表情达意的能力增加吗？记载人类经验更正确明白吗？还可以做教育的利器吗？还可以作共同生活的媒介物吗？"这几种用处增加了，便是进步；减少了，便是退化。

现在先泛论中国文言的退化。

（1）文言达意表情的功用久已减少至很低的程度了。禅门的语录，宋明理学家的语录，宋元以来的小说，这种白话文学的发生便是文言久已不能达意表情的铁证。

（2）至于记载过去的经验，文言更不够用。文言的史书传记只能记一点极简略极不完备的大概。为什么只能记一点大概呢？因为文言自身本就太简单了，太不完备了，决不能有详细写实的记载，只好借"古文义发"做一个护短的托词。我们若要知道某个时代的社会生活的详细记载，只好向《红楼梦》和《儒林外史》一类的书中寻去。

（3）至于教育一层，这二十年的教育经验更可以证明文言的绝对不够用了。二十年前，教育是极少数人的特殊权利，故文言的缺点还不大觉得。二十年来，教育变成了人人的权利，变成了人人的义务，故文言的不够用，渐渐成为全国教育界公认的常识。今年全国教育会的国语教科书的议案，便是这种公认的表示。

（4）至于作社会共同生活的媒介物，文言更不中用了。从前官府的告示，"圣谕广训"一类的训谕，为什么要用白话呢？不是因为文言不能使人懂得吗？现在的阔官僚到会场演说，摸出一篇文言的演说辞，哼了一遍，一个人都听不懂；明天登在报上，多数人看了还是不懂！再看我们的社会生活，——在学校听讲，教授演说，命令仆役，叫车子，打电话，谈天，辩驳，哪一件是用文言的？我们还是"斯文中人"，尚且不能用文言作共同生活的媒介；何况大多数的平民呢？

以上说语言文字的四种用处，文言竟没有一方面不是退化的，上文所说。同时又都可证明，白话在这四方面没有一方面的应用能力不是比文言更大得多。

总括一句话，文言的种种应用能力，久已减少到很低的程度，故是退化的。白话的种种应用能力，不但不曾减少，反增加发达了，故是进化的。

现在反对白话的人，到了不得已的时候，只好承认白话的用处；于是分出"应用文"与"美文"两种；以为"应用文"可用白话，但是"美文"还应该用文言。这种区别，含有两层意义：第一他承认白话的应用能力，但不承认白话可以作"美文"。白话不能作"美文"，是我们不能承认的。但是这个问题和本文无关，姑且不谈。第二他承认文言没有应用的能力，只可以拿来做无用的美文。即此一端，便是古文报丧的讣闻！便是古文死刑判决书的主文！

天下的器物制度，决没有无用的进化，也决没有用处更大的退化！

三

上节说文言的退化和白话的进化，都是泛论的。现在我要说明白话的应用能力是怎样增加的，就是要说明白话怎样进化。上文我曾说：“白话的变迁，因为不受文人的干涉，故非常自由；但是自由之中，却有个条理次序可寻；表面上很像没有道理，其实仔细研究起来，都是有理由的变迁；都是改良，都是进化。”本节所说，只是要证明这一段话。

从古代的文言，变为近代的白话，这一大段历史有两个大方向可以看得出。（一）该变繁的都渐渐变繁了。（二）该变简的都变简了。

（一）该变繁的都变繁了。

变繁的例很多，我只能举出几条重要的趋向。

第一，单音字变为复音字。中国文字，同音的字太多了，故容易混乱。古代的字的尾音除了韵母之外，还有 P,K,T,M,N,NG,H, 等等，故区别还不很难；后来只剩得韵母和 N,NG,H, 几种尾音，便容易彼此互混了。后来“声母”到处都增加起来，如轻唇重唇的分开，如舌头舌上的分开，等等，也只是不知不觉的要补救这种容易混乱的缺点。最重要的补救方法还是把单音字变为复音字。例如师，狮，尸，司，私，思，丝，八个字，有许多地方的人读成一个音，没有分别；有些地方的人分作“尸”（师狮诗尸）“厶”（私司思丝）两个音，也还没有大分别。但是说话时，这几个字成了复音字：师傅，狮子，死尸，尸首，偏私，私通，职司，思想，蝉丝；故不觉得困难。所以我们可以说，单音字变成复音字，乃是中国语言的一大进化。这种变化的趋势起得很早，《左传》中的议论文已有许多复音字，如“散离我兄弟，扰乱我同盟，倾覆我国家，……倾覆我社稷，帅我蟊贼，以来荡摇我边疆。”汉代的文章用复音字更多。可见这种趋势在古文本身已有了起点，不过还不十分自由发达。白话因为有会话的需要，故复音字也最多。复音字的造成，约有几种方法：

（1）同义的字并成一字。例如规矩，法律，刑罚，名字，心思，头脑，师傅……

（2）本字后加"子""儿"等语尾。例如儿子，妻子，女子，椅子，桌子；盆儿，瓶儿……这种语尾，如英文之—let，德文之—chen，—lein，最初都有变小和变亲热的意味。

（3）类名上加区别字。例如木匠，石匠；工人，军人；会馆，旅馆；学堂，浴堂；……

（4）重字。例如太太，奶奶，慢慢，快快，……

（5）其他方法，不能遍举。

这种变迁有极大的重要。现在的白话所以能应付我们会话讲演的需要，所以能做共同生活的媒介物，全靠单音字减少，复音字加多。现在注音字母所以能有用，也只是因为这个缘故。将来中国语言所以能有采用字母的希望，也只是因为这种缘故。

第二，字数增加。

许多反对白话的人都说白话的字不够用。这话是大错的。其实白话的字数比文言多的多。我们试拿红楼梦用的字和一部《正续古文辞类纂》用的字相比较，便可知道文言中的字实在不够用。我们做大学教授的人，在饭馆中开一个菜单，都开不完全，却还要说白话字少！这岂不是大笑话吗？白话中已写定的字也就不少了，还有无数没有写定的字，将来都可用注音字母写出来。此外文言中的字，除了一些完全死了的字之外，都可尽量收入。复音的文言字，如法律，国民，方法，科学，教育，……等等，自不消说了。有许多单音字，如诗，饭，米，茶，水，火，……等字，都是文言白话共同可用的。将来做字典的人，把白话小说中用的字和各种商业工业通用的专门术言，搜集起来，再加上文言中可以收用的字和新学术的术语，一定比文言常用的字要多好几十倍。（文言中有许多字久已完全无用了，一部《说文》中可删的字也不知多少。）

以上举了两条由简变繁的例。变繁的例很多，如动词的变化，如形容词和状词的增加，……我们不能一一列举了。章太炎先生说：

有农牧之言，有士大夫之言。……而世欲更文籍以从鄙语，冀人人可以理解则文化易流，斯则左矣。今言"道""义"，其旨固殊也。农牧之言"道"则曰"道理"，其言"义"亦曰"道理"。今言"仁人""善人"，其旨亦有辨也。农牧之言"仁人"则曰"好人"，其言"善人"亦曰"好人"。更文籍而从之，当何以为别矣？夫里闾恒言，大体不具；以是教授，是使真意讹淆，安得理解也？（《章氏丛书·检论》五）

这话也不是细心研究的结果。文言中有许多字的意思最含混，最分歧。章先生所举的"道""义"等字，便是最普通的例。试问文言中的"道"字有多少种意义？白话用"道"字的许多意义，每个各有分别：例如"道路"，"道理"，"法子"等等。"义"字也是如此。白话用"义气","意义","意思"等词来分别"义"字的许多意义。白话用"道理"来代"义"字时，必是"义不容辞"一类的句子，因为"义"字这样用法与"理"字本无分别，故白话也不加分别了。既此一端，可见白话对于文言应该分别的地方，都细细分别；对于文言不必分别的地方，便不分别了。白话用"好人"代"仁人""善人"，也只是因为平常人说"仁人君子"本来和"善人"没有分别。至于儒书中说的"仁人"，本不是平常人所常见的（如"惟仁人放流之"等例），如何能怪俗话中没有这个分别呢？总之，文言有含混的地方，应该细细分别的，白话都细细分别出来，比文言细密得多。章先生所举的几个例，不但不能证明白话的"大体不具"，反可以证明白话的变繁为简都是有理由的进化。

（二）该变简的都变简了。

上文说白话比文言更繁密，更丰富，都是很显而易见的变迁。如复音字的便利，如字数的加多，都是不能否认的事实。现在我要说文言中有许多应该变简的地方，白话中都变简了。这种变迁，平常人都不大留意，故不觉得这都是进化的变迁。我且举几条最容易明白的例。

第一，文言中一切无用的区别都废除了。文言中有许多极无道理的区别。《说文》豕部说，豕生三月叫做"豯"，一岁叫做"豵"，二岁叫做"豝"，三岁叫做"豜"；又牝豕叫做"豝"，牡豕叫做"豭"。马部说，马二岁叫做"驹"，三岁叫做"駣"，八岁叫做"马八"；又马高六尺为"骄"，七尺为"騋"，八尺为"龙"；牡马为"骘"，牝马为"骟"。羊部说,牡羊为"羝",牝羊为"牂";又夏羊牝曰"羭",夏羊牡曰"羖"。牛部说,二岁牛为"㹬",三岁牛为"犙",四岁为"牭"。这些区别都是没有用处的区别。当太古畜牧的时代,人同家畜很接近,故有这些繁琐的区别。后来的人,离开畜牧生活日远了,谁还能记得这些麻烦的区别? 故后来这些字都死去了,只剩得一个"驹"字代一切小马,一个"羔"字代一切小羊,一个"犊"字代一切小牛。这还是不容易记的区别,所以白话中又把"驹""犊"等字废去了,直用一个"类名加区别字"的普通公式,如"小马","小牛","公猪,母猪","公牛,母牛"之类,那就更容易记了。三岁的牛直叫做"三岁的牛",六尺的马直叫做"六尺的马",也是变为"类名加区别字"的公式。从前要记无数烦难的特别名词,现在只须记得这一个公式就够用了。这不是一大进化吗? (这一类的例极多,不能遍举了。)

　　第二,繁杂不整齐的文法变化多变为简单画一的变化了。我们可举代名词的变化为例。古代的代名词很有一些麻烦的变化。例如:(1)吾我之别。"如有复我者,则吾必在汶上矣。"又"如有用我者,吾其为东周乎?"又"今者吾丧我。"可见吾字常用在主格,我字常用在目的格。(目的格一名受格,《文通》作宝次。)(2)尔汝之别。"……丧尔子,丧尔明,尔罪三也。而曰汝无罪欤?"可见名词之前的形容代词(领格,白话的"你的")应该用"尔"。(3)彼之其之别。上文的两种区别后来都是渐渐的失掉了。只有第三身的代名词,在文言中至今还不曾改变,"之"字必须用在目的格,决不可用在主格。"其"字必须用在领格。

这些区别，在文言中不但没有废除干净，并且添上了余予侬卿伊渠，……等字，更麻烦了。但是白话把这些无谓的区别都废除了，变成一副很整齐的代名词：

第一身：我，我们，我的，我们的。

第二身：你，你们，你的，你们的。

第三身：他，他们，他的，他们的。

看这表，便可知白话的代名词把古代剩下的主格和目的格的区别一齐删去了；领格虽然分出来，但是加上"的"字语尾，把"形容词"的性质更表示出来，并且三身有同样的变化，也更容易记得了。不但国语如此，就是各地土话用的代名词虽然不同，文法的变化都大致相同。这样把繁杂不整齐的变化，变为简易画一的变化，确是白话的一大进化。

这样的例，举不胜举。古文"承接代词"有"者""所"两字，一个是主格，一个是目的格。现在都变成一个"的"字了：（1）古文。（主格）为此诗者，其知道乎？（目的格）播州非人所居。（2）白话。（主格）做这诗的是谁？（目的格）这里不是人住的。

又如古文的"询问代词"有谁，孰，何，奚，曷，胡，恶，焉，安，等字。这几个字的用法很复杂（看《马氏文通》二之五），很不整齐。白话的询问代词只有一个"谁"问人，一个"什么"问物；无论主格，目的格，领格，都可通用。这也是一条同类的例。

我举这几条例来证明文言中许多复杂不整齐的文法变化在白话中都变简易画一了。

第三，许多不必有的句法变格都变成容易的正格了。中国句法的正格是：

（1）鸡鸣。狗吠。

（格）主词——动词。

（2）子见南子。

（格）主词——外动词——止词。

但是文言中有许多句子是用变格的。我且举几个重要的例：

（1）否定句的止词（目的格）若是代名词，当放在动词之前。

（例）莫我知也夫！不作"莫我知"。

吾不之知。不作"不知之"。

吾不汝贷。不作"不贷汝"。

（格）主词——否定词——止词——外动词。

白话觉得这种句法是很不方便的，并且没有理由，没有存在的必要。因此白话遇着这样的句子，都改作正格：

（例）我不认识他。

我不赦你。没有人知道我。

（2）询问代词用作止词时（目的格），都放在动词之前：

（例）吾谁欺？客何好？客何能？

问臧奚事？

（格）主词——止词——外动词。

这也是变格。白话也不承认这种变格有存在的必要，故也把他改过来，变成正格：

（例）我欺谁？ 你爱什么？ 你能做什么？

（格）主词——外动词——止词。

这样一变，就更容易记得了。

（3）承接代词"所"字是一个止词（目的格），常放在动词之前：

（例）己所不欲勿施于人。

天所立大单于。

（格）主词——止词——动词。

白话觉得这种倒装句法也没有保存的必要，所以也把他倒过来，变成正格。

（例）你自己不要的，也不要给人。

天立的大单于。

（格）主词——动词——止词。

这样一变更方便了。

以上举出的三种变格的句法，在实用上自然很不方便，不容易懂得，又不容易记得。但是因为古文相传下来是这样倒装的，故那些"聪明才智"的文学专门名家都只能依样画葫芦，虽然莫名其妙，也只好依着古文大家的"义法"做去！这些"文学专门名家"，因为全靠机械的熟读，不懂得文法的道理，故往往闹出大笑话来。但是他们决没有改革的胆子，也没有改革的能力，所以中国文字在他们的手中实在没有什么进步。中国语言的逐渐改良，逐渐进步，——如上文举出的许多例，——都是靠那些无量数的"乡曲愚夫，闾巷妇稚"的功劳！

最可怪的，那些没有学问的"乡曲愚夫，闾巷妇稚"虽然不知不觉的做这种大胆的改革事业，却并不是糊里糊涂的一味贪图方便，不顾文法上的需要。最可怪的，就是他们对于什么地方应该改变，什么地方不应该改变，都极有斟酌，极有分寸。就拿倒装句法来说。有一种变格的句法，他们丝毫不曾改变：

（例）杀人者，知命者。

（格）动词——止词——主词。

这种句法，把主词放在最末，表示"者"字是一个承接代词。白话也是这样倒装的：这种句法，把主词放在最末，表示"者"字是一个承接代词。白话也是这样倒装的：

（例）杀人的。算命的。打虎的。

这种句法，白话也曾想改变过来，变成正格：

（例）谁杀人，谁该死。谁不来，谁不是好汉。谁爱听，尽管来听。但是这种变法，总不如旧式倒装法的方便，况且有许多地方仍然是变不过来：

（例）杀人的是我。这句若变为"谁杀人，是我"，上半便成疑问句了。

（又）打虎的武松是他的叔叔。这句决不能变为"谁打虎武松是他的叔叔！"

因此白话虽然觉得这种变格很不方便，但是他又知道变为正格更多不便倒不如不变了罢。

以上所说，都只是要证明白话的变迁，无论是变繁密了或是变简易了，都是很有理由的变迁。该变繁的，都变繁了；该变简的，都变简了；就是那些该变而不曾变的，也都有一个不能改变的理由。改变的动机是实用上的困难；改变的目的是要补救这种实用上的困难；改变的结果是应用能力的加多。这便是国语的进化小史。

这一段国语进化小史的大教训：莫要看轻了那些无量数的"乡曲愚夫闾巷妇稚"！他们能做那些文学专门名家所不能做又不敢做的革新事业！

文学革命运动

现在我们要来说说这五六年的文学革命运动了。

中国的古文在二千年前已经成了一种死文字。所以汉武帝时丞相公孙弘奏称"诏书律令下者,……文章尔雅,训辞深厚,恩施甚美;小吏浅问,不能究宣,无以明布谕下。"那时代的小吏已不能了解那文章尔雅的诏书律令了。但因为政治上的需要,政府不能不提倡这种已死的古文;所以他们想出一个法子来鼓励民间研究古文:凡能"通一艺以上"的,都有官做,"先用诵多者"。这个法子起于汉朝,后来逐渐修改,变成"科举"的制度。这个科举的制度延长了那已死的古文足足二千年的寿命。

但民间的白话文学是压不住的。这二千年之中,贵族的文学尽管得势,平民的文学也在那里不声不响的继续发展。汉魏六朝的《乐府》代表第一时期的白话文学。乐府的真美是遮不住的,所以唐代的诗也很多白话的,大概是受了乐府的影响。中唐晚唐的禅宗大师用白话讲学说法,白话散文因此成立。唐代的白话诗和禅宗的白话散文代表第二时期的白话文学。但诗句的长短有定，那一律五字或一律七字的句子究竟不适宜于白话；所以诗一变为词。词句长短不齐，更近说话的自然了。五代的白话词，北宋柳永、欧阳修、黄庭坚的白话词，南宋辛弃疾一派的白话词，代表第三时期的白话文学。诗到唐末，有李商隐一派的妖孽诗出现，北宋杨亿等接着，造为"西昆体"。北宋的大诗人极力倾向解放的方面，但终不能完全脱离这种恶影响。所以江西诗派，一方面有很近白话的诗，一方面又有很坏的古典诗。直到南宋杨万里、陆游、范成大三家出来，白话诗方才又兴盛起来。这些白话诗人也属于这第三时期的白话文学。南宋晚年，诗有严羽的复古派，词有吴文英的古典派，都是背时的反动。然而北方受了契丹、女真、蒙古三大征服的影响，古文学的权威减少了，民间的文学渐渐起来。金元时代的白话小曲——如《阳春白雪》和《太平乐府》两集选载的——和白话杂剧，代表这第四时期的白话文学。明朝的文学又是复古派战胜了：八股之外，诗词和散文都带着复古的色彩，戏剧也变成又长又酸的传奇了。但是白话小说可进步了。白话小说起于宋代，传至元代，还不曾脱离幼稚的时期。到了明朝，小说方才到了成人时期：《水浒传》《金瓶梅》《西游记》都出在这个时代。明末的金人瑞竟公然宣言"天下之文章无出《水浒传》右者"，清初的《水浒后传》，乾隆一代的《儒林外史》与《红楼梦》，都是很好的作品。直到这五十年中，小说的发展始终没有间断。明清五百多年的白话小说，代表第五时期的白话文学。

这五个时期的白话文学之中，最重要的是这五百年里的白话小说。这五百年之中，流行最广，势力最大，影响最深的书，并不是《四书五经》，也不是性理的语录，乃是那几部"言之无文行之最远"的《水浒传》《三国》《西游记》《红楼梦》。这些小说的流行便是白话的传播；多卖得一部小说，便添得一个白话教员。所以这几百年来，白话的知识与技术都传播的很远，超出平常所谓的"官话疆域"之外。试看清朝末年南方作白话小说的人，如李伯元是常州人，吴沃尧是广东人，便可以想见白话传播之远了。但丁（Dante）、鲍高嘉（Boccacio）的文学，规定了意大利的国语；乔叟（Chaucer）、威克列夫（Wycliff）的文学，规定了英吉利的国语；十四十五世纪的法兰西文学，规定了法兰西的国语。中国国语的写定与传播两方面的大功臣，我们不能不公推这几部伟大的白话小说了。

中国的国语早已写定了，又早已传播的很远了，又早已产生了许多第一流的活文学了，——然而国语还不曾得全国的公认，国语的文学也还不曾得大家的公认：这是因为什么缘故呢？这里面有两个大原因：一是科举没有废止，一是没有一种有意的国语主张。

科举一日不废，古文的尊严一日不倒。在科举制度之下，居然能有那无数的白话作品出现，功名富贵的引诱居然买不动施耐庵、曹雪芹、吴敬梓，政府的权威居然压不住《水浒》《西游》《红楼》的产生与流传：这已经是中国文学史上最侥幸又最光荣的事了。但科举的制度究竟能使一般文人锁在那墨卷古文堆中过日子，永远不知道时文古文之外还有什么活的文学。倘使科举制度至今还存在，白话文学的运动决不曾有这样容易的胜利。

一九〇四年以后，科举废止了。但是还没有人出来明明白白的主张白话文学。二十多年以来，有提倡白话报的，有提倡白话书的，有提倡官话字母的，有提倡简体字母的：这些人难道不能称为"有意的主张"吗？这些人可以说是"有意的主张白话"，但不可以说是"有意的主张白话文学"。他们的最大缺点是把社会分作两部份：一边是"他们"，一边是"我们"。一边是应该用白话的"他们"，一边是应该做古文古诗的"我们"。我们不妨仍然吃肉，但他们下等社会不配吃肉，只好抛块骨头给他们吃去罢。这种态度是不行的。

一九一六年以来的文学革命运动，方才是有意的主张白话文学。这个运动有两个要点与那些白话报或字母的运动绝不相同。第一，这个运动没有"他们""我们"的区别。白话并不单是"开通民智"的工具，白话乃是创造中国文学的唯一工具。白话不是只配抛给狗吃的一块骨头，乃是我们全国人都该赏识的一件好宝贝。第二，这个运动老老实实的攻击古文的权威，认他做"死文学"。从前那些白话报的运动和字母的运动，虽然承认古文难懂，但他们总觉得"我们上等社会的人是不怕难的：吃得苦中苦，方为人上人"。这些"人上人"自己仍然应该努力模仿汉魏唐宋的文章。这个文学革命便不同了；他们说，古文死了二千年了，他的不孝子孙瞒住大家，不肯替他发丧举哀；现在我们来替他正式发讣文，报告天下"古文死了！死了两千年了！你们爱举哀的，请举哀罢！爱庆祝的，也请庆祝罢！"

这个"古文死了两千年"的讣文发出之后，起初大家还不相信；不久，就有人纷纷议论了；不久，就有人号啕痛哭了。那号啕痛哭的人，有些哭过一两场，也就止哀了；有些一头哭，一头痛骂那些发讣文的人，怪他们不应该做这种"大伤孝子之心"的恶事；有些从外国奔丧回来，虽然素同死者没有多大交情，但他们听见哭声，也忍不住跟着哭一场，听见骂声，也忍不住跟着骂一场。所以这种哭声骂声至今还不曾完全停止。但是这个死信是不能再瞒的了，倒不如爽爽快快说穿了，叫大家痛痛快快哭几天，不久他们就曾"节哀尽礼"的；即使有几个"终身孺慕"的孝子，那究竟是极少数人，也顾不得了。

文学革命的主张，起初只是几个私人的讨论，到民国六年（1917）一月方才正式在杂志上发表。第一篇胡适的《文学改良刍议》还是很和平的讨论。胡适对于文学的态度，始终只是一个历史进化的态度。故他这一篇的要点是：

> 文学者，随时代而变迁者也。一时代有一时代之文学，……因时进化，不能自止。唐人不当作商周之诗，宋人不当作相如子云之赋，——即令作之，亦必不工。逆天背时，达进化之迹，

故不能工也。……

以今世历史进化的眼光观之，则白话文学之为中国文学之正宗，又为将来文学必用之利器，可断言也。

后来他的《历史的文学观念论》说的更详细：

居今日而言文学改良，当注重"历史的文学观念"。一言以蔽之曰：一时代有一时代之文学。此时代与彼时代之间，虽皆有承前启后之关系，而决不容完全抄袭；其完全抄袭者，决不成为真文学。愚惟深信此理，故以为古人已造古人之文学今人当造今人之文学。……纵观古今文学变迁之趋势，……白话之文学，自宋以来，虽见屏于古文家，而终一线相承，至今不绝。……岂不以此为吾国文学趋势自然如此，故不可禁遏而以昌大耶？……吾辈之攻古文家，正以其不明文学之趋势，而强欲作一千年二千年以上之文。此说不破，则白话之文学无有列为文学正宗之一日，而世之文人将犹鄙薄之，以为小道邪径而不肯以全力经营造作之。……夫不以全副精神造文学而望文学之发生，此犹不耕而求获，不食而求饱也，亦终不可得矣。施耐庵、曹雪芹诸人所以能有成者，正赖其有特别毅力，能以全力为之耳。

胡适自己常说他的历史癖太深，故不配做革命的事业。文学革命的进行，最重要的急先锋是他的朋友陈独秀。陈独秀接着《文学改良刍议》之后发表了一篇《文学革命论》(六年二月)，正式举起"文学革命"的旗子。他说：余甘冒全国学究之敌，高张"文学革命军"大旗，以为吾友之声援。旗上大书革命军"三大主义"：

日推倒雕琢的，阿谀的贵族文学；建设平易的，抒情的国民文学。

日推倒陈腐的，铺张的古典文学；建设新鲜的，立诚的写实文学。

日推倒迂晦的，艰涩的山林文学；建设明了的，通俗的社会文学。

陈独秀的特别性质是他的一往直前的定力。那时胡适还在美洲，曾有信给独秀说：

"此事之是非，非一朝一夕所能定，亦非一二人所能定。甚愿国中人士能平心静气与吾辈同力研究此问题。讨论既熟，是非自明。吾辈已张革命之旗虽不容退缩，然亦不敢以吾辈所主张为必是而不容他人之匡正也。(六年四月九日)

可见胡适当时承认文学革命还在讨论的时期。他那时正在用白话作诗词，想用实地试验来证明白话可以作韵文的利器，故自取集名为《尝试集》。他这种态度太和平了。若照他这个态度做去，文学革命至少还须经过十年的讨论与尝试。但陈独秀的勇气恰好补救这个太持重的缺点。独秀答书说：鄙意容纳异议，自由讨论，固为学术发达之原则；独至改良中国文学当以白话为文学正宗之说，其是非甚明，必不容反对者有讨论之余地；必以吾辈所主张者为绝对之是而不容他人之匡正也。

这种态度，在当日颇引起一般人的反对。但当日若没有陈独秀"必不容反对者有讨论之余地"的精神，文学革命的运动决不能引起那样大的注意。反对即是注意的表示。

民国六年的《新青年》中有许多讨论文学的通信，内里钱玄同的讨论很多可以补正胡适的主张。民国七年一月，《新青年》重新出版，归北京大学教授陈独秀、钱玄同、沈尹默、李大钊、刘复、胡适六人轮流编辑。这一年的《新青年》（四卷五卷）完全用白话做文章。七年四月有胡适的《建设的文学革命论》，大旨说：

> 我的"建设新文学论"的唯一宗旨只有十个大字："国语的文学，文学的国语"。我们所提倡的文学革命只是要替中国创造一种国语的文学。有了国语的文学，方才可以有文学的国语。有了文学的国语，我们的国语方才算得真正国语。

这篇文章名为"建设的"，其实还是破坏的方面最有力。他说：

这二千年的文人所做的文学，都是死的，都是用已经死了的语言文字做的。死文字决不能产出活文学。……简单说来，自从《三百篇》到于今，中国的文学凡是有一些儿价值有一些儿生命的，都是白话的，或是近于白话的。……中国若想有活文学，必须用国语，必须做国语的文学。

这就是上文说的替古文发丧举哀了。在"建设的"方面，这篇文章也有一点贡献，他说：

若要造国语，先须造国语的文学，有了国语的文学，自然有国语。……真正有功效力的国语教科书便是国语的文学，便是国语的小说、诗文、戏本。国语的小说、诗文、戏本通行之日，便是中国国语成立之时。……中国将来的新文学用的白话，就是将来中国的标准国语。造将来白话文学的人，就是制定标准国语文学的人。

这篇文章把从前胡适、陈独秀的种种主张都归纳到十个字，其实又只有"国语的文学"五个字。旗帜更明白了，进行也就更顺利了。

这一年的文学革命在建设的方面，有两件事可记，第一，是白话诗的试验。胡适在美洲做的白话诗还不过是刷洗过的文言诗；这是因为他还不能抛弃那五言七言的格式，故不能尽量表现白话的长处。钱玄同指出这种缺点来，胡适方才放手去做那长短无定的白话诗。同时沈尹默、周作人、刘复等也加入白话诗的试验。这一年的作品虽不很好，但技术上的训练是很重要的。第二，是欧洲新文学的提倡。北欧的 Ibsen，Strindberg，Anderson；东欧的 Dostojevski，Kuprin，Tolstoi；希腊的 Ephtaliotis；波兰的 Seinkiewicz：这一年之中，介绍了这些人的文学进来。在这一方面，周作人的成绩最好。他用的是直译的方法，严格的尽量保全原文的文法与口气。这种译法，近年来很有人仿效，是国语的欧化的一个起点。

民国七年冬天，陈独秀等又办了一个《每周评论》，也是白话的。同时北京大学的学生傅斯年、罗家伦、汪敬熙等出了一个白话的月刊，叫做《新潮》，英文名字叫做 The Renaissance，本义即是欧洲史上的"文艺复兴时代"。这时候，文学革命的运动已经鼓动了一部分少年人的想象力，故大学生有这样的响应。《新潮》初出时，精彩充足，确是一支有力的生力军。民国八年开幕时，除了《新青年》《新潮》《每周评论》之外，北京的《国民公报》也有好几篇响应的白话文章。从此以后，响应的渐渐的更多了。

但响应的多了，反对的也更猛烈了。大学内部的反对分子也出了一个《国故》，一个《国民》，都是拥护古文学的。校外的反对党竟想利用安福部的武人政客来压制这种新运动。八年二三月间，外间谣言四起，有的说教育部出来干涉了，有的说陈、胡、钱等已被驱逐出京了。这种谣言虽大半不确，但很可以代表反对党心理上的愿望。当时古文家林纾在《新申报》上做了好几篇小说痛骂北京大学的人。内中有一篇《妖梦》，用元绪影北大校长蔡元培，陈恒影陈独秀，胡亥影胡适；那篇小说太龌龊了，我们不愿意引他。还有一篇《荆生》写田必美（陈）、金心异（钱）、狄莫（胡）三人聚谈于陶然亭，田生大骂孔子，狄生主张白话；忽然隔壁一个"伟丈夫"蹑足超过破壁，指三人曰，"汝适何言？……尔乃敢以禽兽之言，乱吾清听！"田生尚欲抗辨，伟丈夫骈二指按其首，脑痛如被锥刺；更以足践狄莫，狄腰痛欲断。金生短视，丈夫取其眼镜掷之，则怕死如猬，泥首不已。丈夫笑曰，"尔之发狂似李贽，直人间之怪物。今日吾当以香水沐吾手足，不应触尔背天反常禽兽之躯干。尔可鼠窜下山，勿汗吾简。……留尔以俟鬼诛。"……

这种话很可以把当时的卫道先生们的心理和盘托出。这篇小说的末尾有林纾的附论，如此浑浊世界，亦但有田生狄生足以自豪耳！安有荆生？

这话说得很可怜。当日古文家很盼望有人出来作荆生，但荆生究竟不可多得。他们又想运动安福部的国会出来弹劾教育总长和北京大学校长，后来也失败了。

八年三月间，林纾作书给蔡元培，攻击新文学的运动；蔡元培也作长书答他。这两书很可以代表当日"新旧之争"的两方面，故我们摘抄几节。林书说：

> ……大学为全国师表，五常之所系属。近者谣琢纷集，我公必有所闻。……弟年垂七十；富贵功名，前三十年视若死灰；

今笃老，尚抱守残缺，至死不易其操。前年梁任公倡马班革命之说，弟问之失笑。任公非劣，何为作此媚世之言？马班之书，读者几人？将不革而自革，何劳任公费此神力？

若云死文字有碍生学术，则科学不用古文，古文亦无碍科学。英之迭更累斥希腊、拉丁、罗马之文为死物，而至今仍存者，迭更虽躬负盛名，固不能用私心以蔑古。矧吾国人尚有何人如迭更者耶？……

且天下惟有真学术，真道德，始足独树一帜，使人景从。若尽废古书，行用土语为文字，则都下引车卖浆之徒所操之语，按之皆有文法，……则凡京津之稗贩皆可用为教授矣。若《水浒》《红楼》皆白话之圣，并足为教科之书，不知《水浒》中辞吻多采岳珂之《金陀萃编》，《红楼》亦不止为一人手笔，作者均博极群书之人。总之，非读破万卷，不能为古文，亦并不能为白话。若化古子之言为白话演说，亦未尝不是。按《说文》"演，长流也"，亦有延之广之之义，法当以短演长，不能以古子之长演为白话之短。……（以下论"新道德"一节，从略。）

今全国父老以子弟托公，愿公留意，以守常为是。……此书上后，可不必示覆；唯静盼好音为国民端其趋向。……林纾顿首。

蔡元培答书对于"经废古书，行用土语为文字"一点，提出三个答案。但蔡书的最重要之点并不在驳论，因为原书本不值得一驳，乃在末端的宣言。他说：至于弟在大学，则有两种主张：

（一）对于学说仿世界各大学通例，循思想自由原则，取兼容并包主义。……无论有何种学派，苟其言之成理，持之有故，尚不达自然淘汰之运命者，虽彼此相反，悉听其自由发展。

（二）对于教员，以学诣为主；……其在校外之言动，悉听自由，本校从不过问亦不能代负责任。……

蔡元培自己也主张白话，他曾说：

我们中国文言同拉丁文一样，所以我们不能不改用白话。……虽现在白话的组织不完全，可是我们决不可错了这个趋势。（在北京高等师范国文部演说。）

他又说：

我敢断定白话派一定占优胜。……将来应用文一定全用白话；但美术或者有一部份仍用文言。（在北京女子高等师范演说。）

林蔡的辩论是八年三月中间的事。过了一个多月，巴黎和会

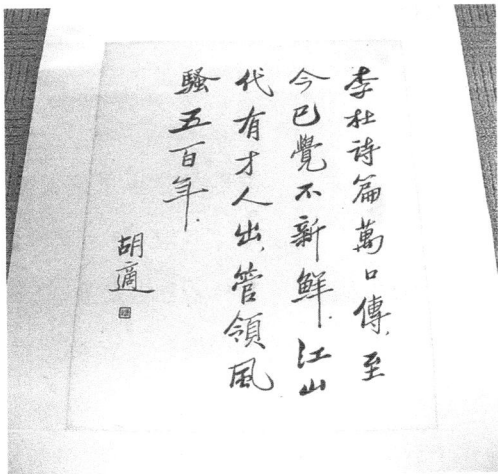

李杜诗篇万口传
至今已觉不新鲜
江山代有才人出
管领风骚五百年

胡适 [印]

胡适提倡文学革命关于李杜诗歌的评论手迹

的消息传来，中国的外交完全失败了。于是有"五四"的学生运动，有"六三"的事件，全国的大响应居然逼迫政府罢免了曹汝霖、陆宗舆、章宗祥三人。这时代，各地的学生团体中忽然发生了无数小报纸，形式略仿《每周评论》，内容完全用白话。此外又出了许多白话的新杂志。有人估计，这一年（一九一九）之中，至少出了四百种白话报。内中如上海的《星期评论》，如《建设》，如《解放与改造》（现名《改造》），如《少年中国》，都有很好的贡献。一年以后，《日报》也渐渐的改了样子。从前《日报》的附章往往记载戏子妓女的新闻，现在多改登白话的论文译著、小说新诗了。北京的《晨报》副刊，上海《民国日报》的《觉悟》，《时事新报》的《学灯》，在这三年之中，可算是三个最重要的白话文的机关。时势所趋，就使那些政客军人办的报也不能不寻几个学生来包办一个白话的附章了。民国九年以后，国内几个持重的大杂志，如《东方杂志》，《小说月报》，……也都渐渐的白话化了。

民国八年的学生运动与新文学运动虽是两件事，但学生运动的影响能使白话的传播遍于全国，这是一大关系；况且"五四"运动以后，国内明白的人渐渐觉悟"思想革新"的重要，所以他们对于新潮流，或采取欢迎的态度，或采取研究的态度，或采取容忍的态度，渐渐的把从前那种仇视的态度减少了，文学革命的运动因此得自由发展，这也是一大关系。因此，民国八年以后，白话文的传播真有"一日千里"之势。白话诗的作者也渐渐的多起来了。民国九年，教育部颁布了一个部令，要国民学校一二年的国文，从九年秋季起，一律改用国语。又令：

> 凡照旧制编辑之国民学校国文教科书，其供第一第二两学年用者，一律作废；第三学年用书，准用至民国十年为止；第四学年用书，准用至民国十一年为止。

依这个次序，须到今年（1922），方才把国民学校的国文完全改成国语。但教育制度是上下连接的；牵动一发，便可摇动全身。第一二年改了国语，初级师范就不能不改了，高等小学也多跟着改了。初级师范改了，高等师范也就不能不改动了。中学校也有许多自愿采用国语文的。教育部这一次的举动虽是根据于民国八年全国教育会的决议，但内中很靠着国语研究会员的力量。国语研究会是民国五年成立的，内中出力的会员多半是和教育部有关系的。国语文学的运动成熟以后，国语教科书的主张也没有多大阻力了，故国语研究会能于傅岳芬做教育次长代理部务的时代，使教育部做到这样重要的改革。

还有一件事，虽然与文学革命的运动没有多大的关系，却也是应该提及的。民国元年，教育部召集了一个读音统一会，讨论读音统一的问题。读音统一会议定了三十九个"注音字母"。这一副字母，本来不过用来注音，"以代反切之用"的。当初的宗旨，全在统一汉文的读音，并不曾想到白话上去，也不曾有多大的奢望。七年十一月，教育部把这副字母正式颁布了。八年四月，教育部重新颁布注音字母的新次序（吴敬恒定的）。八年九月，《国音字典》出版。这个时候，国语的运动已快成熟了，国语教育的需要已是公认的了；所以当日"代反切之用"的注音字母，到这时候就不知不觉的变成国语运动的一部份了，就变成中华民国的国语字母了。

民国九年十年（1920—1921），白话公然叫做国语了。反对的声浪虽然不曾完全消灭，但始终没有一种"持之有故，言之成理"的反对论。今年（1922）南京出了一种《学衡》杂志，登出几个留学生的反对论，也只能谩骂一场，说不出什么理由来。如梅光迪说的：

> 彼等非思想家，乃诡辩家也。……夫古文与八股何涉？而必并为一谈。吾国文学，汉魏六朝则骈体盛行，至唐宋则古文大昌，宋元以来又有白话体之小说戏曲。彼等乃谓文学随时代而变迁，以为今人当兴文学革命，废文言而用白话。夫革命者，以新代然，以此易彼之谓。若古文之递兴，乃文学体裁之增加，

实非完全变迁，尤非革命也。诚如彼等所云，则古文之后，当无骈体；白话之后，当无古文。而何以唐宋以来文学正宗与专门名家皆为作古文或骈体之人？此吾国文学史上事实，岂可否认以圆其私说者乎？……

这种议论真是无的放矢。正为古文之后还有那背时的骈文，白话已兴之后还有那背时的骈文古文，所以有革命的必要。若"古文之后无骈体，白话之后无古文"，那就用不着谁来提倡有意的革命了。又如胡先骕说的：

胡君（胡适）……以过去之文字为死文字，现在白话中所用之字为活文字；……而以希腊拉丁文以比中国古文，以英德法文以比中国白话。……以不相类之事，相提并论，以图眩世欺人而自圆其说，予诚无法以谅胡君之过矣。希腊拉丁之于英德法，外国文也。苟非国家完全为人所克服，人民完全与他人所同化，自无不用本国文字以作文学之理。至意大利之用塔斯干方言已占重要之位置，而有立为国语之必要也。希腊拉丁文之于英德法文，恰如汉文与日本文之关系。今日人提倡以日本文作文学其谁能指其非？胡君可谓废弃古文而用白话文，等于日人之废弃汉文而用日本文乎？吾知其不然也。……

其实胡适的答案应该是"正是如此"。中国人用古文作文学，与四百年前欧洲人用拉丁文著书作文，与日本人做汉文，同是一样的错误，同是活人用死文字作文学。至于外国文与非外国文之说，并不成问题。瑞士人，比利时人，美国人，都可以说是用外国文字作本国的文学；但他们用的是活文字，故与用拉丁文不同，与日本人用汉文也不同。

《学衡》的议论，大概是反对文学革命的尾声了。我可以大胆说，文学革命已过了讨论的时期，反对党已破产了。从此以后，完全是新文学的创造时期。

至于这五年以来白话文学的成绩，因为时间的过近，我们还不便一一的下评判。但是我们从大势上看来，也可以指出几个要点：第一，白话诗可以算是上了成功的路了。诗体初解放时，工具还不伏手，技术还不精熟，故还免不了过渡时代的缺点。但最近两年的新诗，无论是有韵诗，是无韵诗，或是新兴的"短诗"，都很有许多成熟的作品。我可以预计十年之内的中国诗界定有大放光明的一个时期。第二，短篇小说也渐渐的成立了。这一年多（一九二一以后）的《小说月报》已成了一个提倡"创作"的小说的重要机关，内中也曾有几篇很好的创作。但成绩最大的却是一位托名"鲁迅"的。他的短篇小说从四年前的《狂人日记》到最近的《阿Q正传》，虽然不多，差不多没有不好的。第三，白话散文很进步了。长篇议论文的进步，那是显而易见的，可以不论。这几年来，散文方面最可注意的发展乃是周作人等提倡的"小品散文"。这一类的小品，用平淡的谈话，包藏着深刻的意味；有时很像笨拙，其实却是滑稽。

这一类的作品的成功，就可彻底打破那"美文不能用白话"的迷信了。第四，戏剧与长篇小说的成绩最坏。戏剧还有人试做，长篇小说不但没有人做，几乎连译本都没有了！这也是很自然的现象。现在试作新文学的人，或是等着稿费买米下锅，或是天天和粉笔黑板做朋友；我们的时间只够做几件零碎的小作品，如诗，如短篇小说。他们的时间不许他们做长篇的创作。这是一个原因。况且我们近来觉悟从前那种没有结构没有组织的小说体——或是《儒林外史》式，或是《水浒传》式，——已不能使人满意了，所以不知不觉的格外慎重起来。这个慎重的现象，是暂时的，也许是很好的。平心而论，与其多出几集无穷无尽的《官场现形记》一类的小说，倒不如现在这样完全缺货的好了。

《词选》自序

　　《词选》的工作起于三年之前，中间时有间断，然此书费去的时间却已不少。我本想还搁一两年，等我的见解更老到一点，方才出版。但今年匆匆出国，归国之期遥遥不可预定，有些未了之事总想作一结束，使我在外国心中舒服一点。所以我决计把这部书先行付印。有些地方，本想改动；但行期太匆忙，我竟无法细细修改，只好留待将来再版时候了。

　　我本想作一篇长序，但去年写了近两万字，一时不能完功，只好把其中的一部份——《词的起原》——抽出作一个附录，其余的部分也须待将来补作了。

　　今天从英国博物院里回来，接着王云五先生的信，知道此书已付印，我想趁此机会写一篇短序，略略指出我选词的意思。有许多见解，已散见于各词人的小传之中了；我在此地要补说的，只是我这部书中选择去取的大旨。

　　我深信，凡是文学的选本都应该表现选家个人的见解。今年朱彊邨先生选了一部《宋词三百首》，那就代表朱先生个人的见解；我这三百多首的五代宋词，就代表我个人的见解。我是一个有历史癖的人，所以我的《词选》就代表我对于词的历史的见解。

我以为词的历史有三个大时期：

第一时期：自晚唐到元初（850—1250），为词的自然演变时期。

第二时期：自元到明、清之际（1250—1650），为曲子时期。

第三时期：自清初至今日（1650—1900）为模仿填词的时期。

第一个时期是词的"本身"的历史。第二个时期是词的"替身"的历史，也可说是他"投胎再世"的历史。第三个时期是词的"鬼"的历史。

词起于民间，流传于娼女歌伶之口，后来才渐渐被文人学士采用，体裁渐渐加多，内容渐渐变丰富。但这样一来，词的文学就渐渐和平民离远了。到了宋末的词，连文人都看不懂了，词的生气全没有了。词到了宋末，早已死了。但民间的娼女歌伶仍旧继续变化他们的歌曲，他们新翻的花样就是"曲子"。他们先有"小令"，次有"双调"，次有"套数"。套数一变就成了"杂剧"；"杂剧"又变为明代的剧曲。这时候，文人学士又来了；他们也做"曲子"，也做剧本；体裁又变复杂了，内容又变丰富了。然而他们带来的古典，搬来的书袋，传染来的酸腐气味又使这一类新文学渐渐和平民离远，渐渐失去生气，渐渐死下去了。

清朝的学者读书最博，离开平民也最远。清朝的文学，除了小说之外，都是朝着"复古"的方面走的。他们一面做骈文，一面做

顾颉刚（1893—1980），著名历史学家、民俗学家

"词的中兴"的运动。陈其年、朱彝尊以后，二百多年之中很出了不少的词人。他们有学花间的，有学北宋的，有学南宋的；有学苏、辛的，有学白石、玉田的，有学清真的，有学梦窗的。他们很有用全力做词的人，他们也有许多很好的词，这是不可完全抹杀的。然而词的时代早过去了四百年了。天才与学力终归不能挽回过去的潮流。三百年的清词，终逃不出模仿宋词的境地。所以这个时代可说是词的鬼影的时代；潮流已去，不可复返，这不过是一点之回波，一点之浪花飞沫而已。

我的本意想选三部长短句的选本：第一部是《词选》，表现词的演变；第二部是《曲选》，表现第二时期的曲子；第三部是《清词选》，代表清朝一代才子借词体表现的作品。

这部《词选》专表现第一个大时期。这个时期，也可分作三个段落：

（1）歌者的词

（2）诗人的词

（3）词匠的词

苏东坡以前，是教坊乐工与娼家妓女歌唱的词；东坡到稼轩、后村，是诗人的词；白石以后，直到宋末元初，是词匠的词。

《花间集》五百首，全是为娼家歌者作的，这是无可疑的。不但《〈花间集〉序》明明如此说；即看其中许多科举的鄙词，如《喜迁莺》《鹤冲天》之类，便可明白。此风直到北宋盛时，还不曾衰歇。柳耆卿是长住在娼家，专替妓女乐工作词的。晏小山的词集自序也明明说他的词是作了就交与几个歌妓去唱的。这是词史的第一段落。这个时代的词有一个特征：就是这二百年的词都是无题的：内容都很简单，不是相思，便是离别，不是绮语，便是醉歌，所以用不着标题；题底也许别有寄托，但题面仍不出男女的艳歌；所以也不用特别标出题目。南唐李后主与冯廷巳出来之后，悲哀的境遇与深刻的感情自然抬高了词的意境，加浓了词的内容；但他们的词仍是要给歌者去唱的，所以他们的作品始终不曾脱离平民文学的形式。北宋的词人继续这个风气，所以晏氏父子与欧阳永叔的词都还是无题的。他们在别种文艺作品上，尽管极力复古，但他们作词时，总不能不采用乐工娼女的语言声口。

这时代的词还有一个特征：就是大家都接近平民的文学，都采用乐工娼女的声口，所以作者的个性都不充分表现，所以彼此的作品容易混乱。冯廷巳的词往往混作欧阳修的词；欧阳修的词也往往混作晏氏父子的词。（周济选词，强作聪明，说冯廷巳小人，决不能作某首某首《蝶恋花》！这是主观的见解；其实"几日行云何处去"一类的词可作忠君解，也可作患得患失解。）

到了十一世纪的晚年，苏东坡一班人以绝顶的天才，采用这新起的词体，来作他们的"新诗"。从此以后，词便大变了。东坡作词，并不希望拿给十五六岁的女郎在红氍毹上袅袅婷婷地去歌唱。他只是用一种新的诗体来作他的"新体诗"。词体到了他手中，可以咏古，可以悼亡，可以谈禅，可以说理，可以发议论。同时的王荆公也这样做；苏门的词人黄山谷，秦少游，晁补之也都这样做。山谷、少游都还常常给妓人作小词；不失第一时代的风格。稍后起的大词人周美成也能作绝好的小词。但风气已开了，再关不住了；词的用处推广了，词的内容变复杂了，词人的个性也更显出了。到了朱希真与辛稼轩，词的应用的范围，越推越广大；词人的个性的风格越发表现出来。无论什么题目，无论何种内容，都可以入词。悲壮、苍凉、哀艳、闲逸、放浪、颓废、讥弹、忠爱、游戏、诙谐……这种种风格都呈现在各人的词中。

这一段落的词是"诗人的词"。这些作者都是有天才的诗人；他们不管能歌不能歌，也不管协律不协律；他们只是用词体作新诗。这种"诗人的词"，起于荆公、东坡，至稼轩而大成。

这个时代的词也有它的特征。第一，词的题目不能少了，因为内容太复杂了。第二，词人的个性出来了：东坡自是东坡，稼轩自是稼轩，希真自是希真，不能随便混乱了。

但文学史上有一个逃不了的公式。文学的新方式都是出于民间的。久而久之，文人学士受了民间文学的影响，采用这种新体裁来做他们的文艺作品。文人的参加自有他的好处：浅薄的内容变丰富了，幼稚的技术变高明了，平凡的意境变高超了。但文人把这种新体裁学到手之后，劣等的文人便来模仿；模仿的结果，往往得到了形式上的技术，而丢掉了创作的精神。天才堕落而为匠手，创作堕落而为机械。生气剥丧完了，只剩下一点小技巧，一堆烂书袋，一套烂调子！于是这种文学方式的命运便完结了，文学的生命又须另向民间去寻新方向发展了。

四言诗如此，楚辞如此，乐府如此。词的历史也如此。词到了稼轩，可算是到了极盛的时期。姜白石是个音乐家，他要向音律上去做功夫。从此以后，词便转到音律的专门技术上去。史梅溪、吴梦窗、张叔夏都是精于音律的人；他们都走到这条路上去。他们不惜牺牲词的内容，来牵就音律上的和谐。例如张叔夏《词源》里说，他的父亲作了一句"琐窗深"，觉得不协律，遂改为"琐窗幽"，还觉得不协律，后来改为"琐窗明"，才协律了。"深"改为"幽"还不差多少；"幽"改为"明"，便是恰相反的意义了。究竟那窗子是"幽暗"呢，还是"明敞"呢？这上面，他们全不计较！他们只求音律上的谐婉，不管内容的矛盾！这种人不是词人，不是诗人，只可叫做"词匠"。

这个时代的词，叫做"词匠"的词。这个时代的词，也有几种特征。第一，是重音律而不重内容。词起于歌，而词不必可歌，正如诗起于乐府，而诗不必都是乐府，又正如戏剧起于歌舞，而戏剧不必都是歌舞。这种单有音律而没有意境与情感的词，全没有文学上的价值。第二，这时代的词侧重"咏物"，又多用古典。他们没有情感，没有意境，却要作词，所以只好作"咏物"的词。这种词等于文中的八股，诗中的试帖；这是一班词匠的笨把戏，算不得文学。在这个时代，张叔夏以南宋功臣之后，身遭亡国之痛，还偶然有一两首沉痛的词（如《高阳台》）。但"词匠"的风气已成，音律与古典压死了天才与情感，词的末运已不可挽救了。

这是我对于词的历史的见解，也就是我选词的标准。我的去取也许有不能尽满人意之处，也许有不能尽满我自己意思之处。但我自信我对于词的四百年历史的见地是根本不错的。

这部《词选》中的词，大都是不用注解的。我加的注解大都是关于方言或文法的。关于分行及标点，我要负完全责任。《词律》等书，我常用作参考，但我往往不依他们的句读。有许多人的词，例如东坡，是不能依《词律》去点读的。

顾颉刚先生为我校读一遍，并替我加上一些注，我很感谢他的好意。

十五年，九月三十夜，伦敦

第五组

代表我对于整理国故问题的态度与方法

《国学季刊》发刊宣言

近年来，古学的大师渐渐死完了，新起的学者还不曾有什么大成绩表现出来。在这个青黄不接的时期，只有三五个老辈在那里支撑门面。古学界表面上的寂寞，遂使许多人发生无限的悲观。所以有许多老辈遂说，"古学要沦亡了！""古书不久要无人能读了！"

在这个悲观呼声中，很自然的发出一种没气力的反动的运动来。有些人还以为西洋学术思想的输入是古学沦亡的原因；所以他们至今还在那里抗拒那他们自己也莫名其妙的西洋学术。有些人还以为孔教可以完全代表中国的古文化；所以他们至今还梦想孔教的复兴；甚至于有人竟想抄袭基督教的制度来光复孔教。有些人还以为古文古诗的保存就是古学的保存了；所以他们至今还想压国语体文字的提倡与传播。至于那些静坐扶乩，逃向迷信中去自寻安慰的，更不用说了。

在我们看起来，这些反动都只是旧式学者破产的铁证；这些行为，不但不能挽救他们所忧虑的国学之沦亡，反可以增加国中少年人对于古学的藐视。如果这些举动可以代表国学，国学还是沦亡了更好！

我们平心静气的观察这三百年的古学发达史，再观察眼前

胡适等主编的《国学季刊》第一卷

国内和国外的学者研究中国学术的现状，我们不但不抱悲观，并且还抱无穷的乐观。我们深信，国学的将来，定能远胜国学的过去；过去的成绩虽然未可厚非，但将来的成绩一定还要更好无数倍。

自从明末到于今，这三百年，诚然可算是古学昌明时代。总括这三百年的成绩，可分这些方面：

（一）整理古书。在这方面，又可分三门。第一，本子的校勘；第二，文字的训诂；第三，真伪的考订。考订真伪一层，乾嘉的大师（除了极少数学者如崔述等之外）都不很注意；只有清初与晚清的学者还肯做这种研究，但方法还不很精密，考订的范围也不大。因此，这一方面的整理，成绩比较的就最少了。然而校勘与训诂两方面的成绩实在不少。戴震、段玉裁、王念孙、阮元、王引之们的治"经"；钱大昕、赵翼、王鸣盛、洪亮吉们的治"史"；王念孙、俞樾、孙诒让们的治"子"；戴震、王念孙、段玉裁、邵晋涵、郝

1923 年胡适与《国学季刊》编委会成员左起：徐炳昶、沈兼士、马衡、胡适、顾颉刚、朱希祖、陈垣。

懿行、钱绎、王筠、朱骏声们的治古词典；都有相当的成绩。重要的古书，经过这许多大师的整理，比三百年前就容易看的多了。我们试拿明刻本的《墨子》来比孙诒让的《墨子闲诂》，或拿二徐的《说文》来比清儒的各种《说文》注，就可以量度这几百年整理古书的成绩了。

（二）发现古书。 清朝一代所以能称为古学复兴时期，不单因为训诂校勘的发达，还因为古书发现和翻刻之多。清代中央政府，各省书局，都提倡刻书。私家刻的书更是重要：丛书与单行本，重刊本，精校本，摹刻本，近来的影印本。我们且举一个最微细的例。近三十年内发现与刻行的宋、元词集，给文学史家添了多少材料？清初朱彝尊们固然见着不少的词集；但我们今日购买词集之便易，却是清初词人没有享过的福气了。翻刻古书孤本之外，还有辑佚书一项，如《古经解钩沉》、《小学钩沉》、《玉函山房辑佚书》和《四库全书》里那几百种从《永乐大典》辑出的佚书，都是国学史上极重要的贡献。

（三）发现古物。 清朝学者好古的风气不限于古书一项，风气所被，遂使古物的发现，记载，收藏，都成了时髦的嗜好。鼎彝，泉币，碑版，壁画，雕塑，古陶器之类；虽缺乏系统的整理，材料确是不少了。最近三十年来，甲骨文字的发现，竟使殷商一代的历史有了地底下的证据，并且给文字学添了无数的最古材料。最近辽阳、河南等处石器时代的文化的发现，也是一件极重要的事。

但这三百年的古学的研究，在今日估计起来，实在还有许多缺点。三百年的第一流学者的心思精力都用在这一方面，而究竟还只有这一点点结果，也正是因为有这些缺点的缘故。那些缺点，分开来说，也有三层：

（一）研究的范围太狭窄了。 这三百年的古学，虽然也有整治史书的，虽然也有研究子书的，但大家的眼光与心力注射的焦点，究竟只在儒家的几部经书。古韵的研究，古词典的研究，古书旧注的研究，子书的研究，都不是为这些材料的本身价值而研究的。一切古学都只是经学的丫头！内中固然也有婢作夫人的；如古韵学之自成一种专门学问，如子书的研究之渐渐脱离经学的羁绊而独立。但学者的聪明才力被几部经书笼罩了三百年，那是不可讳的事实。况且在这个狭小的范围里，还有许多更狭小的门户界限。有汉学和宋学的分家，有今文和古文的分家；甚至于治一部《诗经》还要舍弃东汉的郑笺而专取西汉的毛传。专攻本是学术进步的一个条件；但清儒狭小研究的范围，却不是没有成见的分功。他们脱不了"儒书一尊"的成见，故用全力治经学，而只用余力去治他书。他们又脱不了"汉儒去古未远"的成见，故迷信汉人，而排除晚代的学者。

他们不知道材料固是愈古愈可信，而见解则后人往往胜过前人；所以他们力排郑樵、朱熹而迷信毛公、郑玄。今文家稍稍能有独立的见解了；但他们打倒了东汉，只落得回到西汉的圈子里去。研究的范围的狭小是清代学术所以不能大发展的一个绝大原因。三五部古书，无论怎样绞来挤去，只有那点精华和糟粕。打倒宋朝的"道士《易》"固然是好事；但打倒了"道士《易》"，跳过了魏晋人的"道家《易》"，却回到两汉的"方士《易》"，那就是很不幸的了。《易》的故事如此；《诗》《书》《春秋》《三礼》的故事也是如此。三百年的心思才力，始终不曾跳出这个狭小的圈子外去！

（二）太注重功力而忽略了理解。　学问的进步有两个重要方面：一是材料的积聚与剖解；一是材料的组织与贯通。前者须靠精勤的功力，后者全靠综合的理解。清儒有鉴于宋明学者专靠理解的危险，所以努力做朴实的功力而力避主观的见解。这三百年之中，几乎只有经师，而无思想家；只有校史者，而无史家；只有校注，而无著作。这三句话虽然很重，但我们试除去戴震、章学诚、崔述几个人，就不能不承认这三句话的真实了。章学诚生当乾隆盛时（乾隆，1736—1795；章学诚，1738—1800），大声疾呼的警告当日的学术界道：

今之博雅君子，疲精劳神于经传子史，而终身无得于学者，正坐……误执求知之功力，以为学即在是尔。学与功力实相似而不同。学不可以骤几，人当致攻乎功力，则可耳。指功力以

为学，是犹指秫黍以为酒也。(《文史通义·博约篇》)

他又说：

"近日学者风气，征实太多，发挥太少，有如蚕食叶而不
能抽丝"。(《章氏遗书·与汪辉祖书》)

古人说："鸳鸯绣取从君看，不把金针度与人。"单把织成的鸳
鸯给人看，而不肯把金针教人，那是不大度的行为。然而天下的人
不是人人都能学绣鸳鸯的；多数人只爱看鸳鸯，而不想自己动手去
学绣。清朝的学者只是天天一针一针的学绣，始终不肯绣鸳鸯。所
以他们尽管辛苦殷勤的做去，而在社会的生活思想上几乎全不发生
影响。他们自以为打倒了宋学，然而全国的学校里读的书仍然是朱
熹的《四书集注》《诗集传》《易本义》等书。他们自以为打倒了伪
《古文尚书》，然而全国村学堂里的学究仍然继续用蔡沈的《书集传》。
三百年第一流的精力，二千四百三十卷的《经解》，仍然不能替换
朱熹一个人的几部启蒙的小书！这也可见单靠功力而不重理解的失
败了。

（三）缺乏参考比较的材料。我们试问，这三百年的学者何以
这样缺乏理解呢？我们推求这种现象的原因，不能不回到第一层缺
点——研究的范围的过于狭小。宋明的理学家所以富于理解，全因
为六朝、唐以后佛家与道士的学说弥漫空气中，宋、明的理学家全

都受了他们的影响，用他们的学说作一种参考比较的资料。宋、明的理学家，有了这种比较研究的材料，就像一个近视眼的人戴了近视眼镜一样；从前看不见的，现在都看见了；从前不明白的，现在都明白了。同是一篇《大学》，汉、魏的人不很注意他，宋、明的人忽然十分尊崇他，把他从《礼记》里抬出来，尊为《四书》之一，推为"初学入德之门"。《中庸》也是如此的。宋、明的人戴了佛书的眼镜，望着《大学》《中庸》，便觉得"明明德""诚""正心诚意""率性之谓道"等等话头都有哲学的意义了。清朝的学者深知戴眼镜的流弊，决意不配眼镜；却不知道近视而不戴眼镜，同瞎子相差有限。说《诗》的回到《诗序》，说《易》的回到"方士《易》"，说《春秋》的回到《公羊》，可谓"陋"之至了；然而我们试想这一班第一流才士，何以陋到这步田地，可不是因为他们没有高明的参考资料吗？他们排斥"异端"；他们得着一部《一切经音义》，只认得他有保存古韵书古词典的用处；他们拿着一部子书，也只认得他有旁证经文古义的功用。他们只向那几部儒书里兜圈子；兜来兜去，始终脱不了一个"陋"字！打破这个"陋"字，没有别的法子，只有旁搜博采，多寻参考比较的材料。

　　以上指出的这三百年的古学研究的缺点，不过是随便挑出了几桩重要的。我们的意思并不要菲薄这三百年的成绩；我们只想指出他们的成绩所以不过如此的原因。前人上了当，后人应该学点乖。我们借鉴于前辈学者的成功与失败，然后可以决定我们现在和将来研究国学的方针。我们不研究古学则已；如要想提倡古学的研究，应该注意这几点：

（一）扩大研究的范围。

（二）注意系统的整理。

（三）博采参考比较的资料。

（一）怎样扩大研究的范围呢？"国学"在我们的心眼里，只是"国故学"的缩写。中国的一切过去的文化历史，都是我们的"国故"；研究这一切过去的历史文化的学问，就是"国故学"，省称为"国学"。"国故"这个名词，最为妥当；因为他是一个中立的名词，不含褒贬的意义。"国故"包含"国粹"；但他又包含"国渣"。我们若不了解"国渣"，如何懂得"国粹"？所以我们现在要扩充国学的领域，包括上下三四千年的过去文化，打破一切的门户成见：拿历史的眼光来整统一切，认清了"国故学"的使命是整理中国一切文化历史，便可以把一切狭陋的门户之见都扫空了。例如治经，郑玄、王肃在历史上固然占一个位置，王弼、何晏也占一个位置，王安石、朱熹也占一个位置，戴震、惠栋也占一个位置，刘逢禄、康有为也占一个位置。段玉裁曾说：

> 校经之法，必以贾还贾，以孔还孔，以陆还陆，以杜还杜，以郑还郑，各得其底本，而后判其理义之是非。……不先正注、疏、释文之底本，则多诬古人。不断其立说之是非，则多误今人。……（《经韵楼集·与诸同志书论校书之难》）

我们可借他论校书的话来总论国学；我们也可以说：整治国故，必须以汉还汉，以魏、晋还魏、晋，以唐还唐，以宋还宋，以明还明，以清还清；以古文还古文家，以今文还今文家；以程、朱还程、朱，以陆、王还陆、王，……各还他一个本来面目，然后评判各代各家各人的义理的是非。不还他们的本来面目，则多诬古人。不评判他们的是非，则多误今人。但不先弄明白了他们的本来面目，我们决不配评判他们的是非。

这还是专为经学哲学说法。在文学的方面，也有同样的需要。庙堂的文学固可以研究，但草野的文学也应该研究。在历史的眼光里，今日民间小儿女唱的歌谣，和《诗》三百篇有同等的位置；民间流传的小说，和高文典册有同等的位置，吴敬梓、曹霑和关汉卿、马东篱和杜甫、韩愈有同等的位置。故在文学方面，也应该把"三百篇"还给西周、东周之间的无名诗人，把古乐府还给汉、魏、六朝的无名诗人，把唐诗还给唐，把词还给五代、两宋，把小曲杂剧还给元朝，把明、清的小说还给明、清。每一个时代，还他那个时代的特长的文学，然后评判他们的文学的价值。不认明每一个时代的特殊文学，则多诬古人而多误今人。

近来颇有人注意戏曲和小说了；但他们的注意仍不能脱离古董家的习气。他们只看得起宋人的小说，而不知道在历史的眼光里，一本石印小字的《平妖传》和一部精刻的残本《五代史平话》有同样的价值，正如《道藏》里极荒谬的道教经典和《尚书》《周易》有同等的研究价值。

总之，我们所谓"用历史的眼光来扩大国学研究的范围"，只是要我们大家认清国学是国故学，而国故学包括一切过去的文化历史。历史是多方面的：单记朝代兴亡，固不是历史；单有一宗一派，也不成历史。过去种种，上自思想学术之大，下至一个字，一只山歌之细，都是历史，都属国学研究的范围。

（二）怎样才是"注意系统的整理"呢？学问的进步不单靠积聚材料，还须有系统的整理。系统的整理可分三部说：

（甲）索引式的整理。 不曾整理的材料，没有条理，不容易检寻，最能消磨学者有用的精神才力，最足阻碍学术的进步。若想学问进步增加速度，我们须想出法子来解放学者的精力，使他们的精力用在最经济的方面。例如一部《说文解字》，是最没有条理系统的；向来的学者差不多全靠记忆的苦工夫，方才能用这部书。但这种苦工夫是最不经济的；如果有人能把《说文》重新编制一番（部首依笔画，每部的字也依笔画），再加上一个检字的索引（略如《说文通检》或《说文易检》)，那就可省许多无谓的时间与记忆力了。又如一部《二十四史》，有了一部《史姓韵编》，可以省多少精力与时间？清代的学者也有见到这一层的；如章学诚说：

> 窃以典籍浩繁，闻见有限；在博雅者且不能悉究无遗，况其下乎？校雠之先，宜尽取四库之藏，中外之籍，择其中之人名地名官阶书目，凡一切有名可治有数可稽者，略仿《佩文韵府》之例，悉编为韵；乃于本韵之下，注明原书出处及先后篇第；

自一见再见，以至数千百，皆详注之；藏之馆中，以为群书之总类。至校书之时，遇有疑似之处，即名而求其编韵，因韵而检其本书，参互错综，即可得其至是。此则渊博之儒穷毕生年力而不可究殚者，今即中才校勘可坐收于几席之间，非校雠之良法欤？（《校雠通义》）

当日的学者如朱筠、戴震等，都有这个见解，但这件事不容易做到，直到阮元得势力的时候，方才集合许多学者，合力做成一部空前的《经籍纂诂》，"展一韵而众字毕备，检一字而诸训皆存，寻一训而原书可识"（王引之序）；"即字而审其义，依韵而类其字，有本训，有转训，次叙布列，若网在纲"（钱大昕序）。这种书的功用，在于节省学者的功力，使学者不疲于功力之细碎，而省出精力来做更有用的事业。后来这一类的书被科场士子用作夹带的东西，用作抄窃的工具，所以有许多学者竟以用这种书为可耻的事。这是大错的。这一类"索引"式的整理，乃是系统的整理的最低而最不可少的一步；没有这一步的预备，国学止限于少数有天才而又有闲空工夫的少数人；并且这些少数人也要因功力的拖累而减少他们的成绩。偌大的事业，应该有许多人分担去做的，却落在少数人的肩膀上：这是国学所以不能发达的一个重要原因。所以我们主张，国学的系统的整理的第一步要提倡这种"索引"式的整理，把一切大部的书或不容易检查的书，一概编成索引，使人人能用古书。人人能用古书，是提倡国学的第一步。

（乙）结账式的整理。 商人开店，到了年底，总要把这一年的账结算一次，要晓得前一年的盈亏和年底的存货，然后继续进行，做明年的生意。一种学术到了一个时期，也有总结账的必要。学术上结账的用处有两层：一是把这一种学术里已经不成问题的部分整理出来，交给社会；二是把那不能解决的部分特别提出来，引起学者的注意，使学者知道何处有隙可乘，有功可立，有困难可以征服。结账是（1）结束从前的成绩，（2）预备将来努力的新方向。前者是预备普及的，后者是预备继长增高的。古代结账的书，如李鼎祚的《周易集解》，如陆德明的《经典释文》，如唐、宋的《十三经注疏》，如朱熹的《四书》《诗集传》《易本义》等，所以都在后世发生很大的影响，全是这个道理。三百年来，学者都不肯轻易做这种结账的事业。二千四百多卷的《清经解》，除了极少数之外，都只是一堆"流水"烂账，没有条理，没有系统；人人从"粤若稽古""关关雎鸠"说起，人人做的都是杂记式的稿本！怪不得学者看了要"望洋兴叹"了；怪不得国学有沦亡之忧了。我们试看科举时代投机的书坊肯费整年的工夫来编一部《皇清经解缩本编目》，便可以明白索引式的整理的需要，我们又看那时代的书坊肯费几年的工夫来编一部《皇清经解分经汇纂》，便又可以明白结账式的整理的需要了。现在学问的途径多了，学者的时间与精力更有经济的必要了。例如《诗经》，二千年研究的结果，究竟到了什么田地，很少人说得出的，只因为二千年的《诗经》烂账至今不曾有一次的总结算。宋人驳了汉人，清人推翻了宋人，自以为回到汉人：至今《诗经》的研究，音韵自音韵，训诂自训诂，异文自异文，序说自序说，各不相关连。少年的学者想要研究《诗经》的，伸头望一望，只看见一屋子的烂账簿，吓得吐舌缩不进去，只好吹口气，"算了罢!"《诗经》在今日所以渐渐无人过问，是少年人的罪过呢? 还是《诗经》的专家的罪过呢? 我们以为，我们若想少年学者研究《诗经》，我们应该把《诗经》这笔烂账结算一遍，造成一笔总账。《诗经》的总账里应该包括这四大项：

（A）异文的校勘：总结王应麟以来，直到陈乔枞、李富孙等校勘异文的账。

（B）古韵的考究：总结吴棫、朱熹、陈第、顾炎武以来考证古音的账。

（C）训诂：总结毛公、郑玄以来直到胡承珙、马瑞辰、陈奂、二千多年训诂的账。

（D）见解（序说）：总结《诗序》《诗辨妄》《诗集传》《伪诗传》，姚际恒，崔述，龚橙，方玉润……等二千年猜迷的账。

有了这一本总账，然后可以使大多数的学子容易踏进"《诗经》研究"之门：这是普及。入门之后，方才可以希望他们之中有些人出来继续研究那总账里未曾解决的悬账：这是提高。《诗经》如此，一切古书古学都是如此。我们试看前清用全力治经学，而经学的书不能流传于社会，倒是那几部用余力做的《墨子闲诂》《荀子集解》《庄子集释》一类结账式的书流传最广。这不可以使我们觉悟结账式的整理的重要吗?

（丙）专史式的整理。 索引式的整理是要使古书人人能用；结账式的整理是要使古书人人能读：这两项都只是提倡国学的设备。但我们在上文曾主张，国学的使命是要使大家懂得中国的过去的文化史；国学的方法是要用历史的眼光来整理一切过去文化的历史。国学的目的是要做成中国文化史。国学的系统的研究，要以此为归宿。一切国学的研究，无论时代古今，无论问题大小，都要朝着这一个大方向走。只有这个目的可以整统一切材料；只有这个任务可以容纳一切努力；只有这种眼光可以破除一切门户畛域。

我们理想中的国学研究，至少有这样的一个系统：

中国文化史：

（一）民族史；

（二）语言文字史；

（三）经济史；

（四）政治史；

（五）国际交通史；

（六）思想学术史；

（七）宗教史；

（八）文艺史；

（九）风俗史；

（十）制度史。

这是一个总系统。历史不是一件人人能做的事；历史家须要有两种必不可少的能力：一是精密的功力，一是高远的想象。没有精密的功力，不能做搜求和评判史料的工夫；没有高远的想象力，不能构造历史的系统。况且中国这么大，历史这么长，材料这么多，除了分工合作之外，更无他种方法可以达到这个大目的。但我们又觉得，国故的材料太纷繁了，若不先做一番历史的整理工夫，初学的人实在无从下手，无从入门。后来的材料也无所统属；材料无所统属，是国学纷乱烦碎的重要原因。所以我们主张，应该分这几个步骤：

第一，用现在力所能搜集考定的材料，因陋就简的先做成各种专史，如经济史、文学史、哲学史、数学史、宗教史……之类。这是一些大间架，他们的用处只是要使现在和将来的材料有一个附丽的地方。

第二，专史之中，自然还可分子目，如经济史可分时代，又可分区域；如文学史、哲学史可分时代，又可分宗派，又可专治一人；如宗教史可分时代，可专治一教，或一宗派，或一派中的一人。这种子目的研究是学问进步必不可少的条件。治国学的人应该各就"性之所近而力之所能勉者"，用历史的方法与眼光担任一部分的研究。子目的研究是专史修正的唯一源头，也是通史修正的唯一源头。

（三）怎样"博采参考比较的资料"呢？　向来的学者误认"国学"的"国"字是国界的表示，所以不承认"比较的研究"的功用。最浅陋的是用"附会"来代替"比较"。他们说基督教是墨教的绪余，墨家的"巨子"即是"矩子"。而"矩子"即是十字架！……附会是我们应该排斥的，但比较的研究是我们应该提倡的。有许多现象，孤立的说来说去，总说不通，总说不明白；一有了比较，竟不须解释，自然明白了。例如一个"之"字，古人说来说去，总不明白；现在我们懂得西洋文法学上的术语，只须说某种"之"字是内动词（由是而之焉），某种是介词（贼夫人之子），某种是指物形容词（之子于归），某种是代名词的第三身用在目的位（爱之能勿劳乎），就都明白分明了。又如封建制度，向来被那方块头的分封说欺骗了，所以说来说去，总不明白；现在我们用欧洲中古的封建制度和日本的封建制度来比较，就容易明白了。音韵学上，比较的研究最有功效。用广东音可以考"侵""覃"各韵的古音，可以考古代入声各韵的区别。近时西洋学者如 Karlgren，如 Baron von Staël—Holstein，用梵文原本来对照汉文译音的文字，很可以帮助我们解决古音学上的许多困难问题。不但如此：日本语里，朝鲜语里，安南语里，都保存有中国古音可以供我们的参考比较。西藏文自唐朝以来，音读虽变了，而文字的拼法不曾变，更可以供我们的参考比较，也许可以帮助我们发现中国古音里有许多奇怪的复辅音呢。制度史上，这种比较的材料也极重要。懂得了西洋的议会制度史，我们更可以了解中国御史制度的性质与价值；懂得了欧美高等教育制度史，我们更能了解中国近一千年来的书院制度的性质与价值。哲学史上，这种比较的材料已发生很大的助力了。《墨子》里的《经》上、下诸篇，若没有印度因明学和欧洲哲学作参考，恐怕至今还是几篇无人能解的奇书。韩非、王莽、王安石、李贽……一班人，若没有西洋思想作比较，恐怕至今还是沉冤莫白。看惯了近世国家注重财政的趋势，自然不觉得李觏、王安石的政治思想的可怪了。懂得了近世社会主义的政策，自然不能不佩服王莽、王安石的见解和魄力了。《易·系辞传》里"易者，象也"的理论，得柏拉图的"法象论"的比较而更明白；荀卿书里"类不悖，虽久同理"的理论，得亚里士多德的"类不变论"的参考而更易懂。这都是明显的例。至于文学史上，小说戏曲近年忽然受学者的看重，民间俗歌近年渐渐引起学者的注意，都是和西洋文学接触比较的功效更不消说了。此外，如宗教的研究，民俗的研究，美术的研究，也都是不能不利用参考比较的材料的。

以上随便举的例，只是要说明比较参考的重要。我们现在治国学，必须要打破闭关孤立的态度，要存比较研究的虚心。第一，方法上，西洋学者研究古学的方法早已影响日本的学术界了，而我们还在冥行索涂的时期。我们此时应该虚心采用他们的科学的方法，补救我们没有条理系统的习惯。第二，材料上，欧美日本学术界有无数的成绩可以供我们的参考比较，可以给我们开无数新法门，可以给我们添无数借鉴的镜子。学术的大仇敌是孤陋寡闻；孤陋寡闻的唯一良药是博采参考比较的材料。

我们观察这三百年的古学史，研究这三百年的学者的缺陷，知道他们的缺陷都是可以补救的；我们又反观现在古学研究的趋势，明白了世界学者供给我们参考比较的好机会，所以我们对于国学的前途，不但不抱悲观，并且还抱无穷的乐观。我们认清了国学前途的黑暗与光明全靠我们努力的方向对不对。因此，我们提出这三个方向来做我们一班同志互相督责勉励的条件：

第一，用历史的眼光来扩大国学研究的范围。

第二，用系统的整理来部勒国学研究的资料。

第三，用比较的研究来帮助国学的材料的整理与解释。

十二，一月

古史讨论的读后感

《读书杂志》上顾颉刚，钱玄同，刘掞藜，胡堇人四位先生讨论古史的文章，已做了八万字，经过了九个月，至今还不曾结束。这一件事可算是中国学术界的一件极可喜的事，他在中国史学史上的重要一定不亚于丁在君先生们发起的科学与人生观的讨论在中国思想史上的重要。这半年多的《努力》和《读书杂志》的读者也许嫌这两组大论争太繁重了，太沉闷了；然而我们可以断言这两组的文章是《努力》出世以来最有永久价值的文章。在最近的将来，我这个武断的估价就会有多人承认的。

这一次古史的讨论中最侥幸的是双方的旗鼓相当，阵势都很整严，所以讨论最有精彩。顾先生说的真不错：

中国的古史全是一篇糊涂账。二千余年来随口编造，其中不知有多少罅漏，可以看得出它是假造的。但经过了二千余年的编造，能够成立一个系统，自然随处也有它的自卫的理由。

现在我尽寻它的罅漏，刘先生尽寻它的自卫的理由，这是一件很好的事。即使不能遽得结论，但经过了长时间的讨论，至少可以指出一个公认的信信和疑疑的限度来，这是无疑的。

我们希望双方的论主都依着这个态度去搜求证据。这一次讨论的目的是要明白古史的真相。双方都希望求得真相，

钱玄同（1887—1939）现代文字学家，新文化运动先驱者之一

并不是顾先生对古史有仇，而刘先生对古史有恩。他们的目的既同，他们的方法也只有一条路：就是寻求证据。只有证据的充分与不充分是他们论战胜败的标准，也是我们信仰与怀疑的标准。

现在双方的讨论都暂时休战了，——顾先生登有启事，刘先生没有续稿寄来。我趁这个机会，研究他们的文章，忍不住要说几句旁观的话，就借着现在最时髦的名称"读后感"写了出来，请四位先生指教。

第一，所谓"影响人心"的问题。这是开宗明义的要点，我们先要说明白。刘先生说：

因为这种翻案的议论，这种怀疑的精神，很有影响于我国的人心和史界，心有所欲言，不敢不告也。(《读书杂志》十三期）

他又说：

先生这个翻案很足影响人心；我所不安，不敢不吐。(《读书杂志》十六期）

否认古史某部份的真实，可以影响于史界，那是自然的事。但这事决不会在人心上发生恶影响。我们不信盘古氏和天皇、地皇、人皇氏，人心并不因此变坏。假使我们进一步，不能不否认神农、黄帝了，人心也不因此变坏。——岂但不变坏？如果我们的翻案是有充分理由的，我们的翻案只算是破了一件几千年的大骗案，于人心只有好影响，而无恶影响。即使我们的证据不够完全翻案，只够引起我们对于古史某部分的怀疑，这也是警告人们不要轻易信仰，这也是好影响，并不是恶影响。本来刘先生并不曾明说这种影响的善恶，也许他单指人们信仰动摇。但这几个月以来，北京很有几位老先生深怪顾先生"忍心害理"，所以我不能不替他伸辩一句。这回的论争是一个真伪问题；去伪存真，绝不曾有害于人心。譬如猪八戒抱住了假唐僧的头颅痛哭，孙行者告诉他那是一块木头，不是人头，猪八戒只该欢喜，不该恼怒。又如穷人拾得一圆假银圆，心中高兴，我们难道因为他高兴就不该指出那是假银圆吗？上帝的观念固然可以给人们不少的安慰，但上帝若真是可疑的，我们不能因为人们的安慰就不肯怀疑上帝的存在了。上帝尚且如此，何况一个禹？何况黄帝、尧、舜？吴稚晖先生曾说起黄以周在南菁书院做山长时，他房间里的壁上有八个大字的座右铭：

　　　　实事求是，莫作调人。

　　我请用这八个字贡献给讨论古史的诸位先生。

　　第二，顾先生的"层累地造成的古史"的见解真是今日史学界的一大贡献，我们应该虚心地仔细研究他，虚心地试验他，不应该叫我们的成见阻碍这个重要观念的承受。这几个月的讨论不幸渐渐地走向琐屑的枝叶上去了；我恐怕一般读者被这几万字的讨论迷住了，或者竟忽略了这个中心的见解，所以我要把他重提出来，重引起大家的注意。顾先生自己说"层累地造成的古史"有三个意思：

　　（1）可以说明时代愈后，传说的古史期愈长。

　　（2）可以说明时代愈后，传说中的中心人物愈放愈大。

　　（3）我们在这上，即不能知道某一件事的真确的状况，也可以知道某一件事在传说中的最早状况。

　　这三层意思都是治古史的重要工具。顾先生的这个见解，我想叫他做"剥皮主义"。譬如剥笋，剥进去方才有笋可吃。这个见解起于崔述；崔述曾说：

世益古则其取舍益慎，世益晚则其采择益杂。故孔子序《书》，断自唐虞，而司马迁作《史记》乃始于黄帝。……近世以来……乃始于庖牺氏或天皇氏甚至始于开辟之初盘古氏者。……嗟夫，嗟夫，彼古人者诚不料后人之学之博之至于如是也！（《考信录·提要》上，二二）

崔述剥古史的皮，仅剥到"经"为止，还不算彻底。顾先生还要更进一步，不但剥的更深，并且还要研究那一层一层的皮是怎样堆砌起来的。他说：

我们看史迹的整理还轻，而看传说的经历却重。凡是一件史事，应看他最先是怎样，以后逐步逐步的变迁是怎样。

这种见解重在每一种传说的"经历"与演进。这是用历史演进的见解来观察历史上的传说。

这是顾先生这一次讨论古史的根本见解，也就是他的根本方法。他初次应用这方法，在百忙中批评古史的全部，也许不免有些微细的错误。但他这个根本观念是颠扑不破的，他这个根本方法是愈用愈见功效的。他的方法所以总括成下列的方式：

（1）把每一件史事的种种传说，依先后出现的次序，排列起来。

（2）研究这件史事在每一个时代有什么样子的传说。

（3）研究这件史事的渐演进：由简单变为复杂，由陋野变为雅驯，由地方的（局部的）变为全国的，由神变为人，由神话变为史事，由寓言变为事实。

（4）遇可能时，解释每一次演变的原因。

他举的例子是"禹的演进史"。

禹的演进史，至今没有讨论完毕，但我们不要忘了禹的问题只是一个例子，不要忘了顾先生的主要观点在于研究传说的经历。

我在几年前也曾用这个方法来研究一个历史问题——井田制度。我把关于井田制度的种种传说，依出现的先后，排成一种井田论的演进史。

（1）《孟子》的井田论很不清楚，又不完全。

（2）汉初写定的《公羊传》只是"什一而藉"一句。

（3）汉初写定的《谷梁传》说的详细一点，但只是一些"望文生义"的注语。

（4）汉文帝时的《王制》是依据《孟子》而稍加详的，但也没有分明的井田制。

（5）文、景之间的《韩诗外传》演述《谷梁传》的话，做出一种清楚分明的井田论。

（6）《周礼》更晚出，里面的井田制就很详细，很整齐，又很烦密了。

（7）班固的《食货志》参酌《周礼》与《韩诗》的井田制，并成一种调和的制度。

（8）何休的《公羊解诂》更晚出，于是参考《孟子》《王制》《周礼》《韩诗》的各种制度，另做成一种井田制。（看初排本《胡适文存》二，页二六四——二八一。）

这一个例也许可以帮助读者明了顾先生的方法的意义，所以我引他在这儿，其实古史上的古史没有一件不曾经过这样的演进，也没有一件不可用这个历史演进的（Evolutionary）的方法去研究。尧、舜、禹的故事，黄帝、神农、庖牺的故事，伊尹的故事，后稷的故事，文王的故事，太公的故事，周公的故事，都可以做这个方法的实验品。

第三，我们既申说了顾先生的根本方法，也应该考察考察刘掞藜先生的根本态度与方法。刘先生自己说：

> 我对于古史只采取"察传"的态度，参之以情，验之以理，断之以证。（《读书杂志》十三期）

他又说：

> 我对于经书或任何子书，不敢妄言，但也不敢闭着眼睛，一笔抹杀；总须度之以情，验之以理，决之以证。

这话粗看上去似乎很可满人意了。但仔细看来，这里面颇含有危险的分子。"断之以证"固是很好，但"情"是什么？"理"又是什么？刘先生自己虽没有下定义，但我们看他和钱玄同先生讨论的话，一则说：

> 但是我们知道文王至仁。

再则说：

> 我们也知道周公至仁。

依科学的史家的标准，我们要问，我们如何知道文王、周公的至仁呢？"至仁"的话是谁说的？起于什么时代？刘先生信"文王至仁"为原则，而以"执讯连连，攸馘安安"为例外；又信"周公至仁"为原则，而以破斧缺斨为例外。不知在史学上，《皇矣》与《破斧》之诗正是史料，而至仁之说却是后起的传说变成的成见。成见久据于脑中，不经考察，久而久之便成了情与理了。

刘先生列举情、理、证，三者，而证在最后一点。他说"参之以情"，又说"度之以情"。崔述曾痛论这个方法的危险道：

> 人之情好以己度人，以今度古。……往往迳庭悬隔，而其人终不自知也……以己度人，虽耳目之前而必失之。况欲以度古人，……岂有当乎？（《考信录·提要》上，四）

作《皇矣》诗的人并无"王季、文王是纣臣"的成见，作《破斧》诗的人也并无"周公圣人"的成见；而我们生在几千年后，从小就灌饱了无数后起的传说，于今戴着传说的眼镜去读诗，自以为"度之以情"，而不知只是度之以成见呵。

至于"验之以理"，更危险了。历史家只应该从材料里，从证据里，去寻出客观的条理。如果我们先存一个"理"在脑中，用理去"验"事物，那样的"理"往往只是一些主观的意见。例如刘先生断定《国语》《左传》说烈山氏之子柱能殖百谷百蔬的话不是凭空杜撰的，他列举二"理"，证明烈山氏时有"殖百谷百蔬"的可能。他所谓"理"，正是我们所谓"意见"。如他说：

> 人必藉动植物以生；既有动植物矣，则必有谷有蔬也无疑。夫所谓种植耕稼者，不过以一举手一投足之劳，扫荒秽，培所欲之植物而已。此植物即所谓"百谷百蔬"也。（《读书杂志》十五，圈点依原文）

这是全无历史演进眼光的臆说。稍研究人类初民生活的人，都知道一技一术在今日视为"不过一举手一投足之劳"的，在初民社会里往往须经过很长的时期而后偶然发明。"藉动植物以生"是一件事，而"种植耕稼"另是一件事。种植耕稼须假定（1）辨认种类的能力，（2）预料将来收获的能力，（3）造器械的能力，（4）用人工补助天行的能力，（5）比较有定居的生活，……等等条件备具，方才有农业可说。故治古史的人，若不先研究人类学社会学，决不能了解先民创造一技一艺时的艰难，正如我们成年的人高谈阔论而笑小孩子牙牙学语的困难；名为"验之以理"，而其实仍是"以己度人，以今度古"。

最后是"断之以证"。在史学上证据固然最重要，但刘先生以情与理揣度古史，而后"断之以证"，这样的方法很有危险。我们试引刘先生驳顾先生论古代版图一段做例。《尧典》的版图有交趾，顾先生疑心那是秦、汉的疆域。刘先生驳他道：

> 就我所知，春秋之末，秦汉之前，竟时时有人道及交趾，甚且是尧舜抚有交趾。

他引四条证据：

> （a）《墨子·节用中》（b）《尸子》佚文
> （c）《韩非子·十过》（d）《大戴礼记·少闲》

《大戴礼》是汉儒所作，刘先生也承认。前面三条，刘先生说"总可认为战国时文"。——这一层我们姑且不和他辨；我们姑且依他承认此三条为"战国时文"。依顾先生的方法，这三条至多不过证明战国时有人知有交趾罢了。然而刘先生的"断之以证"的方法却真大胆！他说：

知有交趾，则是早已与交趾有关系了。但是我们知道春秋、东周、西周、商、夏都与交趾没有来往，是墨子、尸子、韩非等所言，实由尧之抚有交趾也（圈是我加的）。

战国时的一句话即使是真的，便可以证明二千年前的尧时的版图，这是什么证据？况且刘先生明明承认"春秋、东周、西周、商、夏都与交趾没有来往"；若依顾先生的方法，单这一句已可以证明《尧典》为秦汉时的伪书了。

我们对于"证据"的态度是一切史料都是证据。但史家要问：（1）这种证据是什么地方寻出的？（2）什么时候寻出的？（3）什么人寻出的？（4）依地方和时候上看起来，这个人有做证人的资格吗？（4）这个人虽有证人资格，而他说这句话时有作伪（无心的，或有意的）的可能吗？

刘先生对于这一层，似乎不很讲究。如他上文举的三条证据，（a）《墨子·节用篇》屡称"子墨子曰"自然不是"春秋之末"的作品。（b）尸佼的有无，本不可考；《尸子》原书已亡，依许多佚文看来，此书大概作于战国末年，或竟是更晚之作。（c）《韩非子》一书本是杂凑起来的；《十过》一篇，中叙秦攻宜阳一段，显然可证此篇不是韩非子所作，与《初见秦》等篇同为后人伪作的。而刘先生却以为"以韩非之疑古，犹且称道之。"不知《显学》篇明说"明据先王，必定尧、舜者，非愚则诬也"；《五蠹》篇明说"今有美尧、舜、汤、武、禹之道于当今之世者，必为新圣笑矣"。即用此疑古的两篇作标准，已可以证明《十过篇》之为伪作而无疑。这些东西如何可作证据用呢？

以上所说，不过是我个人的读后感。内中颇有偏袒顾先生的嫌疑，我也不用讳饰了。但我对于刘掞藜先生搜求材料的勤苦，是十分佩服的；我对他的批评，全无恶感，只有责备求全之意，只希望他对他自己治史学的方法有一种自觉的评判，只希望他对自己搜来的材料也有一种较严刻的评判，而不仅仅奋勇替几个传说的古圣王作辩护士。行文时说话偶有不检点之处，我也希望他不至于见怪。

十三,二,八

《红楼梦》考证（改定稿）

一

《红楼梦》的考证是不容易做的，一来因为材料太少，二来因为向来研究这部书的人都走错了道路。他们怎样走错了道路呢？他们不去搜求那些可以考定《红楼梦》的著者，时代，版本，等等的材料，却去收罗许多不相干的零碎史事来附会《红楼梦》里的情节。他们并不曾做《红楼梦》的考证，其实只是做了许多《红楼梦》的附会！这种附会的"红学"又可分作几派：

第一派说《红楼梦》"全为清世祖与董鄂妃而作，兼及当时的诸名王奇女。"他们说董鄂妃即是秦淮名妓董小宛，本是当时名士冒辟疆的妾，后来被清兵夺去，送到北京，得了清世祖的宠爱，封为贵妃。后来董妃夭死，清世祖哀痛的很，遂跑到五台山去做和尚去了。依这一派的话，冒辟疆与他的朋友们说的董小宛之死，都是假的；清史上说的清世祖在位十八年而死，也是假的。这一派说《红楼梦》里的贾宝玉即是清世祖，林黛玉即是董妃。"世祖临宇十八年，宝玉便十九岁出家；世祖自肇祖以来为第七代，宝玉便言：'一子成佛，七祖升天'，又恰中第七名举人；世祖谥'章'，宝玉便谥'文妙'，文章两字可暗射。""小宛名白，故黛玉名黛，粉白黛绿之意也。小宛是苏州人，黛玉也是苏州人；小宛在如皋，黛玉亦在扬州。小宛来自盐官，黛玉来自巡盐御史之署。小宛入宫，年已二十有七；黛玉入京，年只十三余，恰得小宛之半。……小宛游金山时，人以为江妃踏波而上，故黛玉号'潇湘妃子'，实从'江妃'二字得来。"（以上引的话均见王梦阮先生的《〈红楼梦〉索隐》的《提要》。）

这一派的代表是王梦阮先生的《〈红楼梦〉索隐》。这一派的根本错误已被孟莼荪先生的《董小宛考》（附在蔡孑民先生的《〈石头记〉索隐》之后，页一三一以下）用精密的方法一一证明了。孟先生在这篇《董小宛考》里证明董小宛生于明天启四年甲子，故清世祖生时，小宛已十五岁了；顺治元年，世祖方七岁。小宛已二十一岁了；顺治八年正月二日，小宛死，年二十八岁，而清世祖那时还是一个十四岁的小孩子。小宛比清世祖年长一倍，断无入宫邀宠之理。孟先生引据了许多书，按年分别，证据非常完备，方法也很细密。那种无稽的附会，如何当得起孟先生的摧破呢？例如《〈红楼梦〉索隐》说：

> 渔洋山人题冒辟疆妾圆玉、女罗画三首之二末句云"洛川森森神人隔，空费陈王八斗才"，亦为小宛而作。圆玉者，琬也；玉旁加以宛转之义，故曰圆玉。女罗，罗敷女也。均有深意。

神人之隔，又与死别不同矣。（《提要》页一二）

孟先生在《董小宛考》里引了清初的许多诗人的诗来证明冒辟疆的妾并不止小宛一人；女罗姓蔡名含，很能画苍松墨凤；圆玉当是金晓珠，名玥，昆山人，能画人物。晓珠最爱画洛神（汪舟次有《晓珠手临洛神图卷跋》，吴薗次有《乞晓珠画洛神启》）故渔洋山人诗有"洛川森森神人隔"的话。我们若懂得孟先生与王梦阮先生两人用的方法的区别，便知道考证与附会的绝对不相同了。

《〈红楼梦〉索隐》一书，有了《董小宛考》的辨正，我本可以不再批评他了。但这书中还有许多绝无道理的附会，孟先生都不及指摘出来。如他说："曹雪芹为世家子，其成书当在乾嘉时代。书中明言南巡四次，是指高宗时事，在嘉庆时所作可知。……意者此书但经雪芹修改，当初创造另自有人。……揣其成书亦当在康熙中叶。……至乾隆朝，事多忌讳，档案类多修改。《红楼》一书，内廷索阅，将为禁本，雪芹先生势不得已，乃为一再修订，俾愈隐而愈不失其真"（《提要》页五至六）。但他在第十六回凤姐提起南巡接驾一段话的下面，又注到："此作者自言也。圣祖二次南巡，即驻跸雪芹之父曹寅盐署中，雪芹以童年召对，故有此笔。"下面赵嬷嬷说甄家接驾四次一段的下面，又注道："圣祖南巡四次，此言接驾四次，特明为乾隆时事。"我们看这三段"索隐"，可以看出许多错误。（1）第十六回明说二三十年前"太祖皇帝"南巡时的几次接驾，赵嬷嬷年长，故"亲眼看见"，我们如何能指定前者为康熙时的南巡而后者为乾隆时的南巡呢？（2）康熙帝二次南巡在二十八年（西历一六八九），到四十三年曹寅才做两淮巡盐御史。《索隐》说康熙帝二次南巡驻跸曹寅盐院署，是错的。（3）《索隐》说康熙帝二次南巡时，"曹雪芹以童年召对"，又说雪芹成书在嘉庆时。嘉庆元年（西历 1796）上距康熙二十八年，已隔百零七年了。曹雪芹成书时，他可不是一百二三十岁了吗？（4）《索隐》说《红楼梦》成书在乾嘉时代，又说是在嘉庆时所作，这一说最谬。《红楼梦》在乾隆时已风行，有当时版本可证（详考见后文）。况且袁枚在《随园诗话》里曾提起曹雪芹的《红楼梦》。袁枚死于嘉庆二年，诗话之作更早的多，如何能提到嘉庆时所作的《红楼梦》呢？

第二派说《红楼梦》是清康熙朝的政治小说。这一派可用蔡子民先生的《〈石头记〉索隐》作代表。蔡先生说：

《石头记》……作者持民族主义甚挚。书中本事在吊明之灭，揭清之失，而尤于汉族名士仕清者寓痛惜之意。当时既虑触文网，又欲别开生面，特于本事之上，加以数层障幂，使读者有"横看成岭侧成峰"之状况（《〈石头记〉索隐》页一）。书中"红"字多隐"朱"字。朱者，明也，汉也。宝玉有"爱红"之癖，言以满人而爱汉族文化也；好吃人口上胭脂，言拾汉人唾余也。……当时清帝虽躬修文学，且创开博学鸿词科，实专以笼络汉人，初不愿满人渐染汉俗，其后雍、乾诸朝亦时时申诫之。故第十九回袭人劝宝玉道："再不许吃人嘴上擦的胭脂了，与那爱红的毛病儿。"又黛玉见宝玉腮上血渍，询知为淘澄胭脂膏子所溅，谓为"带出幌子，吹到舅舅耳里，又大家不干净惹气。"皆此意。宝玉在大观园中所居曰怡红院，即爱红之义。所谓曹雪芹于悼红轩中增删本书，则吊明之义也。（页三至四）

　　书中女子多指汉人，男子多指满人。不但"女子是水作的骨肉，男人是泥作的骨肉"与"汉"字"满"字有关系也；我国古代哲学以阴阳二字说明一切对待之事物，《易》坤卦《彖传》曰："地道也，妻道也，臣道也。"是以夫妻君臣分配于阴阳也，《石头记》即用其义。第三十一回……翠缕说："知道了！姑娘（史湘云）是阳，我就是阴。……人家说主子为阳，奴才为阴。我连这个大道理也不懂得！"……清制，对于君主，满人自称奴才，汉人自称臣。臣与奴才，并无二义。以民族之对待言之，征服者为主，被征服者为奴。本书以男女影满汉以此。（页九至十）

这些是蔡先生的根本主张。以后便是"阐证本事"了。依他的见解，下面这些人是可考的：

（1）贾宝玉，伪朝之帝系也；宝玉者，传国玺之义也，即指胤礽（康熙帝的太子，后被废）。（页十至二二）

（2）《石头记》叙巧姐事，似亦指胤礽，巧字与礽字形相似也。（页二三至二五）

（3）林黛玉影朱竹垞（朱彝尊）也。绛珠，影其氏也。居潇湘馆，影其垞之号也。……（页二五至二七）

（4）薛宝钗，高江村（高士奇）也。薛者，雪也。林和靖诗"雪满山中高士卧，月明林下美人来。"用薛字以影江村之姓名（高士奇）也。……（页二八至四二）

（5）探春影徐健庵也。健庵名乾学，乾卦作"☰"，故曰三姑娘。健庵以进士第三人及第，通称探花，故名探春。……（页四二至四七）

（6）王熙凤影余国柱也。王即柱字偏旁之省，國字俗写作"国"，故熙凤之夫曰璉，言二王字相连也。……（页四七至六一）

（7）史湘云，陈其年也。其年又号迦陵。史湘云佩金麒麟，当是"其"字"陵"字之借音。氏以史者，其年尝以翰林院检讨纂修《明史》也。……（页六一至七一）

（8）妙玉，姜西溟（姜宸英）也。姜为少女，以妙代之。《诗》曰"美如玉"，"美如英"。玉字所以代英字也（从徐柳泉说）。……（页七二至八七）

（9）惜春，严荪友也。……（页八七至九一）

（10）宝琴，冒辟疆也。……（页九一至九五）

（11）刘老老，汤潜庵（汤斌）也。……（页九五至百十）

蔡先生这部书的方法是每举一人，必先举他的事实，然后引《红楼梦》中情节来配合，我这篇文里，篇幅有限，不能表示他的引书之多和用心之勤，这是我很抱歉的。但我总觉得蔡先生这么多的心力都是白白的浪费了，因为我总觉得他这部书到底还只是一种很牵强的附会。我记得从前有个灯谜，用杜诗"无边落木萧萧下"来打一个"日"字。这个谜,除了做谜的人自己,是没有人猜得中的。因为做谜的人先想着南北朝的齐和梁两朝都是姓萧的;其次,把"萧萧下"的"萧萧"解作两个姓萧的朝代;其次,二萧的下面是那姓陈的陈朝。想着了"陈"字,然后把偏旁去掉(无边);再把"东"(繁体)字里的"木"字去掉(落木),剩下的"日"字,才是谜底!你若不能绕这许多弯子,休想猜谜!假使做《红楼梦》的人当日真个用王熙凤来影余国柱,真个想着"王即柱字偏旁之省,國字俗写作国,故熙凤之夫曰璉,言二王字相连也"——假使他真如此思想,他岂不真成了一个大笨伯了吗?他费了那么大气力,到底只做了"国"字和"柱"字的一小部份;还有这两个字的其余部份和那最重要的"余"字,都不曾做到"谜面"里去!这样做的谜可不是笨谜吗?用麒麟来影"其年"的其,"迦陵"的陵;用三姑娘来影"乾学"的乾:假使真有这种影射法,都是同样的笨谜!假使一部《红楼梦》真是一串这么样的笨谜,那就真不值得猜了。

我且再举一条例来说明这种"索隐"(猜谜)法的无益。蔡先生引蒯若木先生的话,说刘老老即是汤潜庵:

> 潜庵受业于孙夏峰(孙奇逢,清初的理学家)凡十年。夏峰之学本以象山(陆九渊)、阳明(王守仁)为宗,《石头记》,"刘老老之女婿曰王狗儿,狗儿之父曰王成。其祖上曾与凤姐之祖、王夫人之父认识,因贪王家势利,便连了宗"。似指此。

其实《红楼梦》里的王家既不是专指王阳明的学派，此处似不应该忽然用王家代表王学。况且从汤斌想到孙奇逢，从孙奇逢想到王阳明学派，再从阳明学派想到王夫人一家，又从王家想到王狗儿的祖上，又从王狗儿转到他的丈母刘老老，——这个谜可不是比那"无边落木萧萧下"的谜还更难猜吗？蔡先生又说《石头记》第三十九回刘老老说的"抽柴"一段故事是影汤斌毁五通祠的事；刘老老的外孙板儿影的是汤斌买的一部《廿一史》；他的外孙女青儿影的是汤斌每天吃的韭菜！这种附会已是很滑稽的了。最妙的是第六回凤姐给刘老老二十两银子，蔡先生说这是影汤斌死后徐乾学赙送的二十金；又第四十二回凤姐又送老老八两银子，蔡先生说这是影汤斌死后惟遗俸银八两。这八两有了下落了，那二十两也有了下落了；但第四十二回王夫人还送了刘老老两包银子，每包五十两，共是一百两，这一百两可就没有下落了！因为汤斌一生的事实没有一件可恰合这一百两银子的，所以这一百两虽然比那二十八两更重要，到底没有"索隐"的价值！这种完全任意的去取，实在没有道理，故我说蔡先生的《〈石头记〉索隐》也还是一种很牵强的附会。

第三派的《红楼梦》附会家，虽然略有小小的不同，大致都主张《红楼梦》记的是纳兰成德的事。成德后改名性德，字容若，是康熙朝宰相明珠的儿子。陈康祺的《郎潜纪闻二笔》（即《燕下乡脞录》）卷五说：

先师徐柳泉先生云："小说《红楼梦》一书即记故相明珠

家事；金钗十二，皆纳兰侍卫（成德官侍卫）所奉为上客者也。宝钗影高澹人，妙玉即影西溟（姜宸英）……”徐先生言之甚详，惜余不经记忆。

又俞樾的《小浮梅闲话》（《曲园杂纂》三十八）说：

《红楼梦》一书，世传为明珠之子而作。……明珠子名成德，字容若。《通志堂经解》每一种有纳兰成德容若序，即其人也。恭读乾隆五十一年二月二十九日上谕：“成德于康熙十一年壬子科中式举人，十二年癸丑科中式进士，年甫十六岁。”（适按此谕不见于《东华录》，但载于《通志堂经解》之首）然则其中举人止十五岁，于书中所述颇合也。

钱静方先生的《〈红楼梦〉考》（附在《〈石头记〉索隐》之后，页一二一至一三〇）也颇有赞成这种主张的倾向。钱先生说：

是书力写宝、黛痴情。黛玉不知所指何人。宝玉固全书之主人翁，即纳兰侍御也。使侍御而非深于情者，则焉得有此情影？余读《饮水词抄》，不独于宾从间得近合之欢，而尤于闺房内致缠绵之意。即黛玉葬花一段，亦从其词中脱卸而出。是黛玉虽影他人，亦实影侍御之德配也。

这一派的主张，依我看来，也没有可靠的根据，也只是一种很牵强的附会。（1）纳兰成德生于顺治十一年（西历1654），死于康熙二十四年（1685），年三十一岁。他死时，他的父亲明珠正在极盛的时代（大学士加太子太傅，不久又晋太子太师），我们如何可说那眼见贾府兴亡的宝玉是指他呢？（2）俞樾引乾隆五十一年上谕说成德中举人时止十五岁，其实连那上谕都是错的。成德生于顺治十一年；康熙壬子，他中举人时，年十八；明年癸丑，他中进士，年十九。徐乾学做的《墓志铭》与韩菼做的《神道碑》，都如此说。乾隆帝因为硬要否认《通志堂经解》的许多序是成德做的，故说他中进士时年止十六岁（也许成德应试时故意减少三岁，而乾隆帝但依据履历上的年岁）。无论如何，我们不可用宝玉中举的年岁来附会成德。若宝玉中举的年岁可以附会成德，我们也可以用成德中进士和殿试的年岁来证明宝玉不是成德了！（3）至于钱先生说的纳兰成德的夫人即是黛玉，似乎更不能成立。成德原配虞氏，为两广总督兴祖之女；续配官氏，生二子一女。虞氏早死，故《饮水词》中有几首悼亡的词。钱先生引他的悼亡词来附会黛玉，其实这种悼亡的诗词，在中国旧文学里，何止几千首？况且大致都是千篇一律的东西。若几首悼亡词可以附会林黛玉，林黛玉真要成"人尽可夫"了！（4）至于徐柳泉说的大观园里十二金钗都是纳兰成德所奉为上客的一班名士，这种附会法与《〈石头记〉索隐》的方法有同样的危险。即如徐柳泉说妙玉影姜宸英，那么，黛玉何以不可附会姜宸英？晴雯何以不可附会姜宸英？又如他说宝钗影高士奇，那么，袭人也可以影高士奇了，凤姐更可以影高士奇了。我们试读姜宸英祭纳兰成德的文：

> 兄一见我，怪我落落；转亦以此，赏我标格。……数兄知我，其端非一。我常箕踞，对客欠伸，兄不余傲，知我任真。我时漫骂，无问高爵，兄不余狂，知余疾恶。激昂论事，眼睁舌挢，兄为抵掌，助之叫号。有时对酒，雪涕悲歌，谓余失志，孤愤则那？彼何人斯，实应且憎，余色拒之，兄门固扄。

妙玉可当得这种交情吗？这可不更像黛玉吗？我们又试读郭琇参劾高士奇的奏疏：

> ……久之，羽翼既多，遂自立门户。……凡督抚藩臬道府厅县以及在内之大小卿员，皆王鸿绪等为之居停哄骗，而夤缘照管者，馈至成千累万；即不属党护者，亦有常例，名之曰平安钱。然而人之肯为贿赂者，盖士奇供奉日久，势焰日张，人皆谓之门路真，而士奇遂自忘乎其为撞骗，亦居之不疑，曰，我之门路真。……以觅馆饷口之穷儒，而今忽为数百万之富翁，试问金从何来？无非取给于各官。然官从何来？非侵国帑，即剥民膏。夫以国帑民膏而填无厌之谿壑，是士奇等真国之蠹而民之贼也。……（清史馆本传《耆献类征》六十）

宝钗可当得这种罪名吗？这可不更像凤姐吗？我举这些例的用意是要说明这种附会完全是主观的，任意的，最靠不住的，最无益的。钱静方先生说的好："要之，《红楼》一书，空中楼阁。作者第由其兴会所至，随手拈来，初无成意。即或有心影射，亦不过若即若离，轻描淡写，如画师所绘之百像图，类似者固多，苟细按之，终觉貌是而神非也。"

二

我现在要忠告诸位爱读《红楼梦》的人："我们若想真正了解《红楼梦》，必须先打破这种牵强附会的《红楼梦》谜学！"

其实做《红楼梦》的考证，尽可以不用那种附会的法子。我们只须根据可靠的版本与可靠的材料，考定这书的著者究竟是谁，著者的事迹家世，著书的时代，这书曾有何种不同的本子，这些本子的来历如何。这些问题乃是《红楼梦》考证的正当范围。

我们先从"著者"一个问题下手。

本书第一回说这书原稿是空空道人从一块石头上抄写下来的，故名《石头记》；后来空空道人改名情僧，遂改《石头记》为《情僧录》；东鲁孔梅溪题为《风月宝鉴》；后因曹雪芹于悼红轩中，披阅十载，增删五次，纂成目录，分出章回，又题曰《金陵十二钗》，并题一绝，即此便是《石头记》的缘起。诗云：

满纸荒唐言，一把辛酸泪。都云作者痴。谁解其中味？

第百二十回又提起曹雪芹传授此书的缘由。大概"石头"与空空道人等名目都是曹雪芹假托的缘起，故当时的人多认这书是曹雪芹做的。袁枚的《随园诗话》卷二中有一条说：

康熙间，曹练亭（练当作楝）为江宁织造，每出拥八驺，必携书一本，观玩不辍。人问："公何好学？"曰："非也。我非地方官而百姓见我必起立，我心不安，故藉此遮目耳。"素与江宁太守陈鹏年不相中，及陈独罪，乃密疏荐陈。人以此重之。

其子雪芹撰《红楼梦》一书，供记风月繁华之盛。中有所谓大观园者，即余之随园也。明我斋读而羡之（坊间刻本无此七字）。当时红楼中有某校书尤艳，我斋题云：（此四字坊间刻本作"雪芹赠云"，今据原刻本改正。）

病容憔悴胜桃花，午汗潮回热转加。犹恐意中人看出，强言今日较差些。

威仪棣棣若山河，应把风流夺绮罗。不似小家拘束态，笑时偏少默时多。

我们现在所有的关于《红楼梦》的旁证材料，要算这一条为最早。近人征引此条，每不全录。他们对于此条的重要，也多不曾完全懂得。这一条记载的重要，凡有几点：

（1）我们因此知道乾隆时的文人承认《红楼梦》是曹雪芹做的。

（2）此条说曹雪芹是曹楝亭的儿子（又《随园诗话》卷十六也说"雪芹者，曹练事织造之嗣君也。"但此说实是错的，说详后）。

（3）此条说大观园即是后来的随园。

俞樾在《小浮梅闲话》里曾引此条的一小部份，又加一注，说：

> 纳兰容若《饮水词集》有《满江红》词，为曹子清题其先人所构楝亭，即雪芹也。

俞樾说曹子清即雪芹，是大谬的。曹子清即曹楝亭，即曹寅。

我们先考曹寅是谁。吴修的《昭代名人尺牍小传》卷十二说：

> 曹寅，字子清，号楝亭，奉天人，官通政司使，江宁织造。校刊古书甚精，有扬州局刻《五韵》《楝亭十二种》，盛行于世。著《楝亭诗抄》。

《扬州书舫录》卷二说：

> 曹寅，字子清，号楝亭，满洲人，官两淮盐院，工诗词，善书，着有《楝亭诗集》。刊秘书十二种，为《梅苑》《声画集》、《法书考》、《琴史》、《墨经》、《砚笺》、刘后山（当作刘后村）《千家诗》、《禁扁》、《钓矶立谈》、《都城纪胜》、《糖霜谱》、《录

鬼簿》。今之仪征余园门榜"江天传舍"四字，是所书也。

这两条可以参看。又韩炎的《有怀堂文稿》里有《楝亭记》一篇，说：

> 荔轩曹使君性至孝。自其先人董三服，官江宁，于署中手植楝树一株，绝爱之，为亭其间，尝憩息于斯。后十余年，使君适自苏移节，如先生之任，则亭颇坏，为新其材，加垩焉，而亭复完。……

据此可知曹寅又字荔轩，又可知《饮水词》中的楝亭的历史。

最详细的记载是章学诚的《丙辰札记》：

> 曹寅为两淮巡盐御史，刻古书凡十五种，世称"曹楝亭本"是也。康熙四十三年，四十五年，四十七年，四十九年，间年一任，同旗李煦互相番代。李于四十四年，四十六年，四十八年，与曹互代；五十年，五十一年，五十二年，五十五年，五十六年，又连任，较曹用事为久矣。然曹至今为学士大夫所称，而李无闻焉。

不幸章学诚说的那"至今为学士大夫所称"的曹寅，竟不曾留下一篇传记给我们做考证的材料，《耆献类征》与《碑传集》都没有曹寅的碑传。只有宋和的《陈鹏年传》(《耆献类征》卷一六四，页一八以下）有一段重要的纪事：

乙酉（康熙四十四年），上南巡（此康熙帝第五次南巡）。总督集有司议供张，欲于丁粮耗加三分。有司皆慑服，唯唯。独鹏年（江宁知府陈鹏年）不服，否否。总督怏怏，议虽寝，则欲抉去鹏年矣。

无何，车驾由龙潭幸江宁。行宫草创（按此指龙潭之行宫），欲抉去之者因以是激上怒。时故庶人（按此即康熙帝的太子胤礽，至四十七年被废）从幸，更怒，欲杀鹏年。

车驾至江宁，驻跸织造府。一日，织造幼子嬉而过于庭，上以其无知也，曰："儿知江宁有好官乎？"曰："知有陈鹏年。"时有致政大学士张英来朝，上……使人问鹏年，英称其贤。而英则庶人之所傅，乃谓庶人曰："尔师傅贤之，如何杀之？"庶人犹欲杀之。

织造曹寅免冠叩头，为鹏年请。当是时，苏州织造李某伏寅后，为寅娃（娃不见于字书，似有儿女亲家之意），见寅血被额，恐触上怒，阴曳其衣，警之。寅怒而顾之曰："云何也？"复叩头，阶有声，竟得请。出，巡抚宋荦逆之曰："君不愧朱云折槛矣！"

又我的朋友顾颉刚在《江南通志》里查出江宁织造的职官如下表：

康熙二年至二十三年	曹玺
康熙二十三年至三十一年	桑格
康熙三十一年至五十二年	曹寅
康熙五十二年至五十四年	曹颙
康熙五十四年至雍正六年	曹頫
雍正六年以后	隋赫德

又苏州织造的职官如下表：

康熙二十九年至三十二年	曹寅
康熙三十二年至六十一年	李煦

这两表的重要，我们可以分开来说：

（1）曹玺，字完璧，是曹寅的父亲。颉刚引《上元江宁两县志》道"织局繁剧，玺至，种弊一清。陛见，陈江南吏治极详，赐蟒服，加一品，御书'敬慎'扁额。卒于位。子寅。"

（2）因此可知曹寅当康熙二十九年至三十二年时，做苏州织造；三十一年至三十二年，他兼任江宁织造；三十二年以后，他专任江宁织造二十年。

（3）康熙帝六次南巡的年代，可与上两表参看：

康熙二三	一次南巡	曹玺为苏州织造
康熙二八	二次南巡	
康熙三八	三次南巡	曹寅为江宁织造
康熙四二	四次南巡	同上
康熙四四	五次南巡	同上
康熙四六	六次南巡	同上

（4）颉刚又考得"康熙南巡，除第一次到南京驻跸将军署外，余五次均把织造署当行宫"。这五次之中，曹寅当了四次接驾的差。又《振绮堂丛书》内有《圣驾五幸江南恭录》一卷，记康熙四十四年的第五次南巡，写曹寅既在南京接驾，又以巡盐御史的资格赶到扬州接驾；又记曹寅进贡的礼物及康熙帝回銮时赏他通政使司通政使的事，甚详细，可以参看。

（5）曹颙与曹頫都是曹寅的儿子。曹寅的《楝亭诗抄》别集有《郭振基序》，内说"侍公函丈有年，今公子继任织部，又辱世讲"。是曹颙之为曹寅儿子，已无可疑。曹頫大概是曹颙的兄弟（说详下）。又《四库全书提要》谱录类食谱之属存目里有一条说：

《居常饮馔录》一卷。（编修程晋芳家藏本。）

国朝曹寅撰。寅字子清，号楝亭，镶蓝旗汉军。康熙中巡视两淮盐政，加通政司衔。是编以前代所传饮膳之法汇成一编：一曰，宋王灼《糖霜谱》；二三曰，宋东谿遁叟《粥品》及《粉面品》；四曰，元倪瓒《泉史》；五曰，元海滨逸叟《制脯鲊法》；六曰，明王叔承《酿录》；七曰，明释智舷《茗笺》；八九曰，明灌畦老叟《蔬香谱》及《制蔬品法》。中间《糖霜谱》，寅已刻入所辑《楝亭十种》；其他亦颇散见于《说郛》诸书云。

又《提要》别集类存目里有一条：

《楝亭诗抄》五卷，附《词抄》一卷。（江苏巡抚采进本）

国朝曹寅撰。寅有《居常饮馔录》，已著录，其诗一刻于扬州，计盈千首；再刻于仪征，则寅自汰其旧刻，而吴尚中开雕于东园者。此本即仪征刻也。其诗出入于白居易、苏轼之间。

《提要》说曹家是镶蓝旗人，这是错的。《八旗氏族通谱》有曹锡远一系，说他家是正白旗人，当据以改正。但我们因《四库提要》提起曹寅的诗集，故后来居然寻着他的全集，计《楝亭诗抄》八卷，《文抄》一卷，《词抄》一卷，《诗别集》四卷，《词别集》一卷（天津公园图书馆藏）。从他的集子里，我们得知他生于顺治十五年戊戌（1658）九月七日，他死时大概在康熙五十一年（1712）的下半年，那时他五十五岁。他的诗颇有好的，在八旗的诗人之中，他自然要算一个大家了（他的诗在铁保辑的《八旗人诗抄》——改名《熙朝雅颂集》——里，占一全卷的地位）。当时的文学大家，如朱彝尊、姜宸英等，都为《楝亭诗抄》作序。

以上关于曹寅的事实，总结起来，可以得几个结论：

（1）曹寅是八旗的世家，几代都在江南做官，他的父亲曹玺做了二十一年的江宁织造；曹寅自己做了四年的苏州织造，做了二十一年的江宁织造，同时又兼做了四次的两淮巡盐御史。他死后，他的儿子曹颙接着做了三年的江宁织造，他的儿子曹頫接下去做了十三年的江宁织造。他家祖孙三代四个人总共做了五十八年的江宁织造。这个织造真成了他家的"世职"了。

（2）当康熙帝南巡时，他家曾办过四次以上的接驾的差。

（3）曹寅会写字，会做诗词，有诗词集行世；他在扬州曾管领《全唐诗》的刻印，扬州的诗局归他管理甚久；他自己又刻有二十几种精刻的书。（除上举各书外，尚有《周易本义》《施愚山集》等；朱彝尊的《曝书亭集》也是曹寅捐资倡刻的，刻未完而死。）他家中藏书极多，精本有三千二百八十七种之多（见他的《楝亭书目》，京师图书馆有抄本），可见他的家庭富有文学美术的环境。

（4）他生于顺治十五年，死于康熙五十一年（1658—1712）。

以上是曹寅的略传与他的家世。曹寅究竟是曹雪芹的什么人呢？袁枚在《随园诗话》里说曹雪芹是曹寅的儿子。这一百多年以来，大家多相信这话，连我在这篇《考证》的初稿里也信了这话。现在我们知道曹雪芹不是曹寅的儿子，乃是他的孙子，最初改正这个大错的是杨钟羲先生。杨先生编有《八旗文经》六十卷，又着有《雪桥诗话》三编，是一个最熟悉八旗文献掌故的人。他在《雪桥诗话》续集卷六，页二三，说：

> 敬亭（清宗室敦诚字敬亭）……尝为《琵琶亭传奇》一折，曹雪芹（霑）题句有云："白傅诗灵应喜甚，定教蛮素鬼排场。"雪芹为楝亭通政孙，平生为诗，大概如此，竟坎坷以终。敬亭挽雪芹诗有"牛鬼遗文悲李贺，鹿车荷锸葬刘伶"之句。

这一条使我们知道三个要点：

（一）曹雪芹名霑。

（二）曹雪芹不是曹寅的儿子，是他的孙子（《中国人名大辞典》页九九〇作"名霑，寅子"，似是根据《雪桥诗话》而误改其一部份）。

（三）清宗室敦诚的诗文集内必有关于曹雪芹的材料。

敦诚字敬亭，别号松堂，英王之裔。他的轶事也散见《雪桥诗话》初、二集中。他有《四松堂集》诗二卷，文二卷，《鹪鹩轩笔麈》一卷。他的哥哥名敦敏，字子明，有《懋斋诗抄》。我从此便到处访求这两个人的集子，不料到如今还不曾寻到手。我今年夏间到上海。写信去问杨钟羲先生，他回信说，曾有《四松堂集》。但辛亥乱后遗失了。我虽然很失望，但杨先生既然根据《四松堂集》说曹雪芹是曹寅之孙，这话自然万无可疑。因为敦诚兄弟都是雪芹的好朋友，他们的证见自然是可信的。

我虽然未见敦诚兄弟的全集，但《八旗人诗抄》（《熙朝雅颂集》）里有他们兄弟的诗一卷。这一卷里有关于曹雪芹的诗四首，我因为这种材料颇不易得，故把这四首全抄于下：

赠曹雪芹　敦敏

碧水青山曲径遐，薜萝门巷足烟霞。

寻诗人去留僧壁，卖画钱来付酒家。

燕市狂歌悲遇合，秦淮残梦忆繁华。

新愁旧恨知多少，都付酕醄醉眼斜。

访曹雪芹不值　敦敏

野浦冻云深，柴扉晚烟薄。山村不见人，夕阳寒欲落。

佩刀质酒歌　敦诚

秋晓遇雪芹于槐园，风雨淋涔，朝寒袭袂。时主人未出，雪芹酒渴如狂，余因解佩刀沽酒而饮之。雪芹欢甚，作长歌以谢余。余亦作此答之。

我闻贺鉴湖，不惜金龟掷酒垆。又闻阮遥集，直卸金貂作鲸吸。嗟余本非二子狂，腰间更无黄金珰。秋气酿寒风雨恶，满园榆柳飞苍黄。主人未出童子睡，斝干甕涩何可当！相逢况是淳于辈，一石差可温枯肠，身外长物亦何有？鸾刀昨夜磨秋霜。且酤满眼作软饱，……令此肝肺生角芒。曹子大笑称"快哉"！击石作歌声琅琅。知君诗胆昔如铁，堪与刀颖交寒光。我有古剑尚在匣，一条秋水苍波凉。君才抑塞倘欲拔，不妨斫地歌王郎。

寄怀曹雪芹　敦诚

少陵昔赠曹将军，曾曰魏武之子孙。嗟君或亦将军后，于今环堵蓬蒿屯。扬州旧梦久已绝，且著临邛犊鼻裈。爱君诗笔有奇气，直追昌谷披篱樊。当时虎门数晨夕，西窗剪烛风雨昏。接䍦倒著容君傲，高谈雄辩虱手扪。感时思君不相见，蓟门落日松亭尊。劝君莫弹食客铗，劝君莫叩富儿门。残杯冷炙有德色，不如著书黄叶村。

我们看这四首诗，可想见他们弟兄与曹雪芹的交情是很深的。他们的证见真是史学家说的"同时人的证见"，有了这种证据，我们不能不认袁枚为误记了。

这四首诗中，有许多可注意的句子。

第一，如"秦淮残梦忆繁华"，如"于今环堵蓬蒿屯，扬州旧梦久已绝，且著临邛犊鼻裈"，如"劝君莫弹食客铗，劝君莫叩富儿门。残杯冷炙有德色，不如著书黄叶村"，都可以证明曹雪芹当时已很贫穷，穷的很不像样了，故敦诚有"残杯冷炙有德色"的劝戒。

第二，如"寻诗人去留僧壁，卖画钱来付酒家"，如"知君诗胆昔如铁"，如"爱君诗笔有奇气，直追昌谷披篱樊"，都可以使我们知道曹雪芹是一个会作诗又会绘画的人。最可惜的是曹雪芹的诗现在只剩得"白傅诗灵应喜甚，定教蛮素鬼排场"两句了。但单看这两句，也就可以想见曹雪芹的诗大概是很聪明的，很深刻的。敦诚弟兄比他做李贺，大概很有点相像。

第三，我们又可以看出曹雪芹在那贫穷潦倒的境遇里，很觉得牢骚抑郁，故不免纵酒狂歌，自寻排遣。上文引的如"雪芹酒渴如狂"，如"相逢况是淳于辈，一石差可温枯肠"，如"新愁旧恨知多少，都付酕醄醉眼斜"，如"鹿车荷锸葬刘伶"，都可以为证。

我们既知道曹雪芹的家世和他自身的境遇了，我们应该研究他的年代。这一层颇有点困难，因为材料太少了。敦诚有挽雪芹的诗，可见雪芹死在敦诚之前。敦诚的年代也不可详考。但《八旗文经》里有几篇他的文字，有年月可考：如《拙鹊亭记》作于辛丑初冬，如《松亭再征记》作于戊寅正月，如《祭周立厓》文中说："先生与先公始交时在戊寅己卯间，是时先生……每过静补堂，……诚尝侍几杖侧。……迨庚寅先公即世，先生哭之过时而哀。……诚追述平生……回念静补堂几杖之侧，已二十余年矣。"今作一表，如下：

乾隆二三，戊寅（1758）。

乾隆二四，己卯（1759）。

乾隆三五，庚寅（1770）。

乾隆四六，辛丑（1781）。自戊寅至此，凡二十三年。

清宗室永忠（臞仙）为敦诚作葛巾居的诗，也在乾隆辛丑。敦诚之父死于庚寅，他自己的死期大约在二十年之后，约当乾隆五十余年。纪昀为他的诗集作序，虽无年月可考，但纪昀死于嘉庆十年（1805），而序中的语意都可见敦诚死已甚久了。故我们可以猜定敦诚大约生于雍正初年（约1725），死于乾隆五十余年（约1785—1790）。

敦诚兄弟与曹雪芹往来，从他们赠答的诗看起来，大概都在他们兄弟中年以前，不像在中年以后。况且《红楼梦》当乾隆五十六七年时已在社会上流通了二十余年了（说详下）。以此看来，我们可以断定曹雪芹死于乾隆三十年左右（约1765）。至于他的年纪，更不容易考定了。但敦诚兄弟的诗的口气，很不像是对一位老前辈的口气。我们可以猜想雪芹的年纪至多不过比他们大十来岁，大约生于康熙末叶（约1715—1720）；当他死时，约五十岁左右。

以上是关于著者曹雪芹的个人和他的家世的材料。我们看了这些材料，大概可以明白《红楼梦》这部书是曹雪芹的自叙传了。这个见解，本来并没有什么新奇，本来是很自然的。不过因为《红楼梦》被一百多年来的红学大家越说越微妙了，故我们现在对于这个极平常的见解反觉得他有证明的必要了。我且举几条重要的证据如下：

第一，我们总该记得《红楼梦》开端时，明明的说着：

> 作者自云曾历过一番梦幻之后，故将真事隐去，而借"通灵"说此《石头记》一书也。……自己又云：今风尘碌碌，一事无成，忽念及当日所有之女子，一一细考较去，觉其行止见识皆出我之上。我堂堂须眉，诚不若彼裙钗。……当此日，欲将已往所赖天恩祖德，锦衣纨袴之时，饫甘餍肥之日，背父兄教育之恩，负师友规训之德，以致今日一技无成半生潦倒之罪，编述一集，以告天下。

这话说的何等明白！《红楼梦》明明是一部"将真事隐去"的自叙的书。若作者是曹雪芹，那么，曹雪芹即是《红楼梦》开端时那个深自忏悔的"我"！即是书里的甄贾（真假）两个宝玉的底本！懂得这个道理，便知书中的贾府与甄府都只是曹雪芹家的影子。

第二，第一回里那石头说道：

我想历来野史的朝代，无非假借汉唐的名色；莫如我这石头所记，不借此套，只按自己的事体情理，反到新鲜别致。

又说：

更可厌者，"之乎者也"，非理即文，大不近情，自相矛盾，竟不如我半世亲见亲闻的这几个女子，虽不敢说强似前代书中所有之人，但观其事迹原委，亦可消愁破闷。

他这样明白清楚的说"这书是我自己的事体情理"，"是我半世亲见亲闻的"；而我们偏要硬派这书是说顺治帝的，是说纳兰成德的，这岂不是作茧自缚吗？

第三，《红楼梦》第十六回有谈论南巡接驾的一大段，原文如下：

凤姐道："……可恨我小几岁年纪，若早生二三十年，如今这些老人家也不薄我没见世面了。说起当年太祖皇帝仿舜巡的故事，比一部书还热闹，我偏偏的没赶上。"

赵嬷嬷（贾琏的乳母）道："嗳哟，那可是千载难逢的！那时候我才记事儿。咱们贾府正在姑苏扬州一带，监造海船，修理海塘。只预备接驾一次，把银子花的像淌海水是的。说起来——"

凤姐忙接道："我们王府里也预备过一次，那时我爷爷专管各国进贡朝贺的事，凡有外国人来，都是我们家养活。粤、闽、滇、浙所有的洋船货物，都是我们家的。"

赵嬷嬷道："那是谁不知道的？……如今还有现在江南的甄家——嗳哟，好势派！——独他们家接驾四次。要不是我们亲眼看见，告诉谁也不信的。别讲银子成了粪土；凭是世上有的，没有不是堆山积海的，'罪过可惜'四个字，竟顾不得了。"

凤姐道："我常听见我们太爷说，也是这样的。岂有不信的？只纳罕他家怎么就这样富贵呢？"

赵嬷嬷道："告诉奶奶一句话：也不过拿着皇帝家的银子往皇帝身上使罢了。谁家有那些钱买这个虚热闹去？"

此处说的甄家与贾家都是曹家。曹家几代在江南做官，故《红楼梦》里的贾家虽在"长安"，而甄家始终在江南。上文曾考出康熙帝南巡六次，曹寅当了四次接驾的差，皇帝就住在他的衙门里。《红楼梦》差不多全不提起历史上的事实，但此处却郑重的说起"太祖皇帝仿舜巡的故事"，大概是因为曹家四次接驾乃是很不常见的盛事，故曹雪芹不知不觉的—或是有意的—把他家这桩最阔的大典说了出来。这也是敦敏送他的诗里说的"秦淮旧梦忆繁华"了。但我们却在这里得着一条很重要的证据。因为一家接驾四五次，不是人人可以随便有的机会。大官如督抚，不能久任一处，便不能有这样好的机会。只有曹寅做了二十年江宁织造，恰巧当了四次接驾的差。这不是很可靠的证据吗？

第四,《红楼梦》第二回叙荣国府的世次如下。

自荣国公死后,长子贾代善袭了官,娶的是金陵世家史侯的小姐为妻,生了两个儿子:长名贾赦,次名贾政。如今代善早已去世,太夫人尚在。长子贾赦袭了官,为人平静中和,也不管理家务。次子贾政,自幼酷喜读书,为人端方正直;祖父钟爱,原要他以科甲出身的。不料代善临终时,遗本一上,皇上因恤先臣,即时令长子袭官外,问还有几子,立刻引见;遂又额外赐了这政老爷一个主事之职。令其入部学习,如今已升了员外郎。

我们可用曹家的世系来比较:

曹锡远,正白旗包衣人。世居沈阳地方,来归年月无考。

其子曹振彦,原任浙江盐法道。

孙:曹玺,原任工部尚书;曹尔正,原任佐领。

曾孙:曹寅,原任通政使司通政使;曹宜,原任护军参领兼佐领;曹荃,原任司库。

元孙:曹颙,原任郎中;曹頫,原任员外郎;曹顺,原任二等侍卫,兼佐领;曹天祐,原任州同。(《八旗氏族通谱》卷七十四)

这个世系颇不分明。我们可试作一个假定的世系表如下：

$$\text{曹锡远 — 振彦} \left\{ \begin{array}{l} \text{玺} \left\{ \begin{array}{l} \text{寅} \left\{ \begin{array}{l} \text{颙} \\ \text{頫} \end{array} \right. \\ \text{宜 — 颀} \end{array} \right. \\ \text{尔正 — 荃 — 天祐} \end{array} \right.$$

曹寅的《楝亭诗抄别集》中有"辛卯三月闻珍儿殇，书此忍恸，兼示四侄寄东轩诸友"诗三首，其二云："世出难居长，多才在四三。承家赖犹子，努力作奇男。"四侄即颀，那排行第三的当是那小名珍儿的了。如此看来，颙与頫当是行一与行二。曹寅死后，曹颙袭织造之职。到康熙五十四年，曹颙或是死了，或是因事撤换了，故次子曹頫接下去做。织造是内务府的一个差使，故不算做官，故《氏族通谱》上只称曹寅为通政使，称曹頫为员外郎。但《红楼梦》里的贾政，也是次子，也是先不袭爵，也是员外郎。这三层都与曹頫相合，故我们可以认贾政即是曹頫；因此，贾宝玉即是曹雪芹，即是曹頫之子，这一层更容易明白了。

第五，最重要的证据自然还是曹雪芹自己的历史和他家的历史。《红楼梦》虽没有做完（说详下），但我们看了前八十回，也就可以断定：（1）贾家必致衰败；（2）宝玉必致沦落。《红楼梦》开端便说，"风尘碌碌，一事无成"；又说，"一技无成，半生潦倒"；又说，"当此蓬牖茅椽，绳床瓦灶"。这是明说此书的著者——即是书中的主人翁——当著书时，已在那穷愁不幸的境地。况且第十三回写秦可卿死时在梦中对凤姐说的话，句句明说贾家将来必到"树倒猢狲散"

的地步。所以我们即使不信后四十回（说详下）抄家和宝玉出家的话，也可以推想贾家的衰败和宝玉的流落了。我们再回看上文引的敦诚兄弟送曹雪芹的诗，可以列举雪芹一生的历史如下：

（1）他是做过繁华旧梦的人。

（2）他有美术和文学的天才，能做诗，能绘画。

（3）他晚年的境况非常贫穷潦倒。

这不是贾宝玉的历史吗？此外，我们还可以指出三个要点。第一是曹雪芹家自从曹玺、曹寅以来，积成一个很富丽的文学美术的环境。他家的藏书在当时要算一个大藏书家，他家刻的书至今推为精刻的善本。富贵的家庭并不难得，但富贵的环境与文学美术的环境合在一家，在当日的汉人中是没有的，就在当日的八旗世家中，也很不容易寻找了。第二，曹寅是刻《居常饮馔录》的人，《居常饮馔录》所收的书，如《糖霜谱》《制脯鲊法》《粉面品》之类，都是专讲究饮食糖饼的做法的。曹寅家做的雪花饼，见于朱彝尊的《曝书亭集》（二十一，页十二），有"粉量云母细，糁和雪糕匀"的称誉。我们读《红楼梦》的人，看贾母对于吃食的讲究，看贾家上下对于吃食的讲究，便知道《居常饮馔录》的遗风未泯，雪花饼的名不虚传！第三，关于曹家衰落的情形，我们虽没有什么材料，但我们知道曹寅的亲家李煦在康熙六十一年已因亏空被革职查追了。雍正《朱批谕旨》第四十八册有雍正元年《苏州织造胡凤翚奏折》内称：

今查得李煦任内亏空各年余剩银两，现奉旨交督臣查弼纳查追外，尚有六十一年办六十年分应存剩银六万三百五十五两零，并无存库，亦系李煦亏空。……所有历年动用银两数目，另开细折，并呈御览。

又第十三册有《两淮巡盐御史谢赐履奏折》内称：

> 窃照两淮应解织造银两，历年遵奉已久，兹于雍正元年三月十六日奉户部咨行，将江苏织造银两停其支给；两淮应解银两，汇行解部。……前任盐臣魏廷珍于康熙六十一年内未奉部文停止之先，两次解过苏州织造银五万两。……再本年六月内奉有停止江宁织造之文。查前盐臣魏廷珍经解过江宁织造银四万两，臣任内……解过江宁织造银四万五千一百二十两。……臣请将解过苏州织造银两在于审理李煦亏空案内并追；将解过江宁织造银两行令曹頫解还户部。

李煦做了三十年的苏州织造，又兼了八年的两淮盐政，到头来竟因亏空被查追。胡凤翚折内只举出康熙六十一年的亏空，已有六万两之多；加上谢赐履折内举出应退还两淮的十万两：这一年的亏空就是十六万两了！他历年亏空的总数之多，可以想见。这时候，曹頫（曹雪芹之父）虽然还未曾得罪，但谢赐履折内已提及两事：一是停止两淮应解织造银两，一是要曹頫赔出本年已解的八万一千余两。这个江宁织造就不好做了。我们看了李煦的先例，就可以推想曹頫的下场也必是因亏空而查追，因查追而抄没家产。关于这一层，我们还有一个很好的证据。袁枚在《随园诗话》里说《红楼梦》里的大观园即是他的随园。我们考随园的历史，可以信此话不是假的。袁枚的《随园记》(《小仓山房文集》十二）说随园本名隋园，主人为康熙时织造隋公。此隋公即是隋赫德，即是接曹頫的任的人（袁枚误记为康熙时，实为雍正六年）。袁枚作记在乾隆十四年己巳（1749），去曹頫卸织造任时甚近，他应该知道这园的历史。我们从此可以推想曹頫当雍正六年去职时，必是因亏空被追赔，故这个园子就到了他的继任人的手里。从此以后，曹家在江南的家产都完了，故不能不搬回北京居住。这大概是曹雪芹所以流落在北京的原因。我们看了李煦、曹頫两家败落的大概情形，再回头来看《红楼梦》里写的贾家的经济困难情形，便更容易明白了。如第七十二回凤姐夜间梦见人来找他，说娘娘要一百匹锦，凤姐不肯给，他就来夺。来旺家的笑道："这是奶奶日间操心常应候宫里的事。"一语未了，人回夏太监打发了一个小内监来说话。贾琏听了，忙皱眉道："又是什么话！一年他们也够搬了。"凤姐道，"你藏起来，等我见他。"好容易凤姐弄了二百两银子把那小内监打发开去，贾琏出来，笑道："这一起外祟，何日是了？"凤姐笑道："刚说着，就来了一股子。"贾琏道："昨儿周太监来，张口就是一千两。我略慢应了些，他不自在。将来得罪人之处不少。这会子再发三二百万的财，就好了！"又如第五十三回写黑山村庄头乌进孝来贾府纳年例，贾珍与他谈的一段话也很可注意：

贾珍皱眉道："我算定你至少也有五千银子来。这够做什么的！……真真是叫别过年了！"

乌进孝道："爷的地方还算好呢。我兄弟离我那里只有一百多里，竟又大差了。他现管着那府（荣国府）八处庄地，比爷这边多着几倍，今年也是这些东西，不过二三千两银子，也是有饥荒打呢。"

贾珍道："如何呢？我这边到可已，没什么外项大事，不过是一年的费用。……比不得那府里（荣国府），这几年添了许多化钱的事，一定不可免是要化的，却又不添银子产业。这一二年里赔了许多，不和你们要，找谁去？"

乌进孝笑道："那府里如今虽添了事，有去有来。娘娘和万岁爷岂不赏吗？"

贾珍听了，笑向贾蓉等道："你们听听，他说的可笑不可笑？"

贾蓉等忙笑道："你们山坳海沿子上的人，那里知道这道理？娘娘难道把皇上的库给我们不成？……就是赏，也不过一百两金子，才值一千多两银子，够什么？这二年，那一年不赔出几千两银子来？头一年省亲，连盖花园子，你算算那一注化了多少，就知道了。再二年，再省一回亲，只怕精穷了！……"

贾蓉又说又笑，向贾珍道："果真那府里穷了。前儿我听见二婶娘（凤姐）和鸳鸯悄悄商议，要偷老太太的东西去当银子呢。"

借当的事又见于第七十二回：

> 鸳鸯一面说，一面起身要走。贾琏忙也立起身来说道："好
> 姐姐，略坐一坐儿，兄弟还有一事相求。"说着，便骂小丫头，
> "怎么不泡好茶来！快拿干净盖碗，把昨日进上的新茶泡一碗
> 来！"说着，向鸳鸯道："这两日因老太太千秋，所有的几千
> 两都使完了。几处房租地租统在九月才得。这会子竟接不上。
> 明儿又要送南安府里的礼，又要预备娘娘的重阳节，还有几
> 家红白大礼，至少还要二三千两银子用，一时难去支借。俗
> 语说的好，求人不如求己。说不得，姐姐担个不是，暂且把
> 老太太查不着的金银家伙，偷着运出一箱子来，暂押千数两
> 银子，支腾过去。"

因为《红楼梦》是曹雪芹"将真事隐去"的自叙，故他不怕琐碎，
再三再四的描写他家由富贵变成贫穷的情形。我们看曹寅一生的历
史，决不像一个贪官污吏；他家所以后来衰败，他的儿子所以亏空
破产，大概都是由于他一家都爱挥霍，爱摆阔架子；讲究吃喝，讲
究场面；收藏精本的书，刻行精本的书；交结文人名士，交结贵族
大官，招待皇帝，至于四次五次；他们又不会理财，又不肯节省；
讲究挥霍惯了，收缩不回来，以致于亏空，以至于破产抄家。《红楼梦》
只是老老实实的描写这一个"坐吃山空""树倒猢狲散"的自然趋势。

因为如此，所以《红楼梦》是一部自然主义的杰作。那班猜谜的红学大家不晓得《红楼梦》的真价值正在这平淡无奇的自然主义的上面，所以他们偏要绞尽心血去猜那想入非非的笨谜，所以他们偏要用尽心思去替《红楼梦》加上一层极不自然的解释。

总结上文关于"著者"的材料，凡得六条结论：

（1）《红楼梦》的著者是曹雪芹。

（2）曹雪芹是汉军正白旗人，曹寅的孙子，曹頫的儿子，生于极富贵之家，身经极繁华绮丽的生活，又带有文学与美术的遗传与环境。他会做诗，也能画，与一班八旗名士往来。但他的生活非常贫苦，他因为不得志，故流为一种纵酒放浪的生活。

（3）曹寅死于康熙五十一年。曹雪芹大概即生于此时，或稍后。

（4）曹家极盛时，曾办过四次以上的接驾的阔差；但后来家渐衰败，大概因亏空得罪被抄没。

（5）《红楼梦》一书是曹雪芹破产倾家之后，在贫困之中做的。做书的年代大概当乾隆初年到乾隆三十年左右，书未完而曹雪芹死了。

（6）《红楼梦》是一部隐去真事的自叙：里面的甄、贾两宝玉，即是曹雪芹自己的化身；甄贾两府即是当日曹家的影子（故贾府在"长安"都中，而甄府始终在江南）。

现在我们可以研究《红楼梦》的"本子"问题。现今市上通行的《红楼梦》虽有无数版本，然细细考较去，除了有正书局一本外，都是从一种底本出来的。这种底本是乾隆末年间程伟元的百二十回全本，我们叫他做"程本"。这个程本有两种本子，一种是乾隆五十七年壬子（1792）的第一次活字排本，可叫做"程甲本"。一种也是乾隆五十七年壬子程家排本，是用"程甲本"来校改修正的，这个本子可叫做"程乙本"。"程甲本"我的朋友马幼渔教授藏有一部，"程乙本"我自己藏有一部。乙本远胜于甲本，但我仔细审察，不能不承认"程甲本"为外间各种《红楼梦》的底本。各本的错误矛盾，都是根据于"程甲本"的，这是《红楼梦》版本史上一件最不幸的事。

此外，上海有正书局石印的一部八十回本的《红楼梦》，前面有一篇德清戚蓼生的序，我们可叫他做"戚本"。有正书局的老板在这部书的封面上题着"国初抄本《红楼梦》"，又在首页题着"原本《红楼梦》"。那"国初抄本"四个字自然是大错的。那"原本"两字也不妥当。这本已有总评，有夹评，有韵文的评赞，又往往有"题"诗，有时又将评语抄入正文（如第二回），可见已是很晚的抄本，绝不是"原本"了。但自程氏两种百二十回本出版以后，八十回本已不可多见。戚本大概是乾隆时无数辗转传抄本之中幸而保存的一种，可以用来参校程本，故自有他的相当价值，正不必假托"国初抄本"。

《红楼梦》最初只有八十回，直至乾隆五十六年以后始有百二十回的《红楼梦》，这是无可疑的。程本有程伟元的序，序中说：

《石头记》是此书原名，……好事者每传抄一部置庙市中，昂其值得数十金，可谓不胫而走者矣。然原本目录一百二十卷，今所藏只八十卷，殊非全本。即间有称全部者，及检阅仍只八十卷，读者颇以为憾。不佞以是书既有百二十卷之目，岂无全璧？爰为竭力搜罗，自藏书家甚至故纸堆中，无不留心。数年以来，仅积有二十余卷。一日，偶于鼓担上得十余卷，遂重价购之，欣然翻阅，见其前后起伏尚属接榫（榫音笋，削木入窍名榫，又名榫头）。然漶漫不可收拾。乃同友人细加厘剔，截长补短，抄成全部，复为镌板，以公同好。《石头记》全书至是始告成矣。……小泉程伟元识。

我自己的程乙本还有高鹗的一篇序，中说：

予闻《红楼梦》脍炙人口者，几廿余年，然无全璧，无定本。……今年春，友人程子小泉过予，以其所购全书见示，且曰："此仆数年铢积寸累之苦心，将付剞劂，公同好。子闲且惫矣，盍分任之？"予以是书虽稗官野史之流，然尚不谬于名教，欣然拜诺，正以波斯奴见宝为幸，遂襄其役。工既竣，并识端末，以告阅者。时乾隆辛亥（1791）冬至后五日铁岭高鹗叙，并书。

此序所谓"工既竣"，即是程序说的"同友人细加厘剔，截长补短"的整理工夫，并非指刻板的工程。我这部程乙本还有七条"引言"，比两序更重要，今节抄几条于下：

（一）是书前八十回，藏书家抄录传阅几三十年矣。今得后四十回，合成完璧。缘友人借抄争睹者甚夥，抄录固难，刊板亦需时日，姑集活字刷印。因急欲公诸同好，故初印时不及细校，间有纰缪。今复聚集各原本，详加校阅，改订无讹。惟阅者谅之。

（一）书中前八十回，抄本各家互异，今广集核勘，准情酌理，补遗订讹。其间或有增损数字处，意在便于披阅，非敢争胜前人也。

（一）是书沿传既久，坊间缮本及诸家所藏秘稿，繁简歧出，前后错见。即如六十七回此有彼无，题同文异，燕石莫辨。兹惟择其情理较协者，取为定本。

（一）书中后四十回系就历年所得，集腋成裘，更无他本可考，惟按其前后关照者，略为修辑，使其有应接而无矛盾。至其原文，未敢臆改。俟再得善本，更为厘定，且不欲尽掩其本来面目也。

引言之末，有"壬子花朝后一日，小泉、兰墅又识"一行。兰墅即高鹗。我们看上文引的两序与引言，有应该注意的几点：

（1）高序说"闻《红楼梦》脍炙人口者，几廿余年"。引言说"前八十回，藏书家抄录传阅，几三十年"。从乾隆壬子上数三十年，为乾隆二十七年壬午（1762），今知乾隆三十年间此书已流行，可证我上文推测曹雪芹死于乾隆三十年左右之说大概无大差错。

（2）前八十回，各本互有异同。例如引言第三条说"六十七回此有彼无，题同文异"。我们试用戚本六十七回与程本及市上各本的六十七回互校，果有许多异同之处，程本所改的似胜于戚本。大概程本当日确曾经过一番"广集各本核勘，准情酌理，补遗订讹"的工夫，故程本一出即成为定本，其余各抄本多被淘汰了。

（3）程伟元的序里说，《红楼梦》当日虽只有八十回，但原本却有一百二十卷的目录。这话可惜无从考证（戚本目录并无后四十回）。我从前想当时各抄本中大概有些是有后四十回目录的，但我现在对于这一层很有点怀疑了（说详下）。

（4）八十回以后的四十回，据高、程两人的话，是程伟元历年杂凑起来的——先得二十余卷，又在鼓担上得十余卷，又经高鹗费了几个月整理修辑的工夫，方才有这部百二十回本的《红楼梦》。他们自己说这四十回"更无他本可考"；但他们又说："至其原文，未敢臆改。"

（5）《红楼梦》直到乾隆五十六年（1791）始有一百二十回的全本出世。

（6）这个百二十回的全本最初用活字版排印，是为乾隆五十七年壬子（1792）的程本。这本又有两种小不同的印本：（一）初印本（即程甲本）"不及细校，间有纰缪。"此本我近来见过，果然有许多纰缪矛盾的地方。（二）校正印本，即我上文说的程乙本。

（7）程伟元的一百二十回本的《红楼梦》，即是这一百三十年来的一切印本《红楼梦》的老祖宗。后来的翻本，多经过南方人的批注，书中京话的特别俗语往往稍有改换，但没有一种翻本（除了戚本）不是从程本出来的。

这是我们现有的一百二十回本《红楼梦》的历史。这段历史里有一个大可研究的问题，就是"后四十回的著者究竟是谁？"

俞樾的《小浮梅闲话》里考证《红楼梦》的一条说：

> 《船山诗草》有"赠高兰墅鹗同年"一首云："艳情人自说《红楼》。"注云："《红楼梦》八十回以后，俱兰墅所补。"然则此书非出一手。按乡会试增五言八韵诗，始乾隆朝。而书中叙科场事已有诗，则其为高君所补，可证矣。

俞氏这一段话极重要。他不但证明了程排本作序的高鹗是实有其人，还使我们知道《红楼梦》后四十回是高鹗补的。船山即是张船山，名问陶，是乾隆、嘉庆时代的一个大诗人。他于乾隆五十三年戊申（1788）中顺天乡试举人；五十五年庚戌（1790）成进士，选庶吉士。他称高鹗为同年，他们不是庚戌同年，便是戊申同年。但高鹗若是庚戌的新进士，次年辛亥他作《〈红楼梦〉序》不会有"闲且惫矣"的话，故我推测他们是戊申乡试的同年。后来我又在《郎潜纪闻二笔》卷一里发现一条关于高鹗的事实：

嘉庆辛酉京师大水，科场改九月，诗题"百川赴巨海"……闱中罕得解。前十本将进呈，韩城王文端公以通场无知出处为憾。房考高侍读鹗搜遗卷，得定远陈黻卷，亟呈荐，遂得南元。

辛酉（1801）为嘉庆六年。据此，我们可知高鹗后来曾中进士，为侍读，且曾做嘉庆六年顺天乡试的同考官。我想高鹗既中进士，就有法子考查他的籍贯和中进士的年份了。果然我的朋友顾颉刚先生替我在《进士题名录》上查出高鹗是镶黄旗汉军人，乾隆六十年乙卯（1795）科的进士，殿试第三甲第一名。这一件引起我注意《题名录》一类的工具，我就发愤搜求这一类的书。果然我又在清代《御史题名录》里，嘉庆十四年（1809）下，寻得一条：

高鹗，镶黄旗汉军人，乾隆乙卯进士，由内阁侍读考选江南道御史，刑科给事中。

又《八旗文经》二十三有高鹗的《操缦堂诗稿跋》一篇，末署乾隆四十七年壬寅（1782）小阳月。我们可以综合上文所得关于高鹗的材料，作一个简单的《高鹗年谱》如下：

乾隆四七（1782），高鹗作《操缦堂诗稿跋》。

乾隆五三（1788），中举人。

乾隆五六—五七（1791—1792），补作《红楼梦》后四十回，并作序例。《红楼梦》百廿回全本排印成。

乾隆六〇（1795），中进士，殿试三甲一名。

嘉庆六（1801），高鹗以内阁侍读为顺天乡试的同考官，闱中与张问陶相遇，张作诗送他，有"艳情人自说《红楼》"之句；又有诗注，使后世知《红楼梦》八十回以后是他补的。

嘉庆一四（1809），考选江南道御史，刑科给事中。——自乾隆四七至此，凡二十七年。大概他此时已近六十岁了。

后四十回是高鹗补的，这话自无可疑。我们可约举几层证据如下：

第一，张问陶的诗及注，此为最明白的证据。

第二，俞樾举的"乡会试增五言八韵诗始乾隆朝，而书中叙科场事已有诗"一项，这一项不十分可靠，因为乡会试用律诗，起于乾隆二十一二年，也许那时《红楼梦》前八十回还没有做成呢。

第三，程序说先得二十余卷，后又在鼓担上得十余卷。此话便是作伪的铁证，因为世间没有这样奇巧的事！

第四，高鹗自己的序，说的很含糊，字里行间都使人生疑。大概他不愿完全埋没他补作的苦心，故引言第六条说："是书开卷略志数语，非云弁首，实因残缺有年，一旦颠末毕具，大快人心；欣然题名，聊以记成书之幸。"因为高鹗不讳他补作的事，故张船山赠诗直说他补作后四十回的事。

但这些证据固然重要，总不如内容的研究更可以证明后四十回与前八十回绝不是一个人作的。我的朋友俞平伯先生曾举出三个理由来证明后四十回的回目也是高鹗补作的。他的三个理由是（1）和第一回自叙的话都不合；（2）史湘云的丢开；（3）不合作文时的程序。这三层之中，第三层姑且不论。第一层是很明显的：《红楼梦》的开端明说"一技无成，半生潦倒"；明说"蓬牖茅椽，绳床瓦灶"；岂有到了末尾说宝玉出家成仙之理？第二层也很可注意。第三十一回的回目"因麒麟伏白首双星"，确是可怪！依此句看来，史湘云后来似乎应该与宝玉做夫妇，不应该此话全无照应。以此看来，我们可以推想后四十回不是曹雪芹做的了。

其实何止史湘云一个人？即如小红，曹雪芹在前八十回里极力描写这个攀高好胜的丫头；好容易他得着了凤姐的赏识，把他提拔上去了；但这样一个重要人才，岂可没有下场？况且小红同贾芸的感情，前面既经曹雪芹那样郑重描写，岂有完全没有结果之理？又如香菱的结果也绝不是曹雪芹的本意，第五回的"十二钗副册"上写香菱结局道：

　　　　根并荷花一茎香，平生遭际实堪伤。自从两地生孤木，致
　　使芳魂返故乡。

两地生孤木，合成"桂"字。此明说香菱死于夏金桂之手，故第八十回说香菱"血分中有病，加以气怨伤肝，内外挫折不堪，竟酿成干血之症，日渐羸瘦，饮食懒进，请医服药无效"。可见八十回的作者明明的要香菱被金桂磨折死。后四十回里却是金桂死了，香

菱扶正：这岂是作者的本意吗？此外，又如第五回"十二钗"册上说凤姐的结局道："一从二令三人木，哭向金陵事更哀。"这个谜竟无人猜得出，许多批《红楼梦》的人也都不敢下注解。所以后四十回里写凤姐的下场竟完全与这"二令三人木"无关，这个谜只好等上海灵学会把曹雪芹先生请来降坛时再来解决了！此外，又如写和尚送玉一段，文字的笨拙，令人读了作呕。又如写贾宝玉忽然肯做八股文，忽然肯去考举人，也没有道理。高鹗补《红楼梦》时，正当他中举人之后，还没有中进士。如果他补《红楼梦》在乾隆六十年之后，贾宝玉大概非中进士不可了！

以上所说，只是要证明《红楼梦》的后四十回确然不是曹雪芹做的。但我们平心而论，高鹗补的四十回，虽然比不上前八十回，也确然有不可埋没的好处。他写司棋之死，写鸳鸯之死，写妙玉的遭劫，写凤姐的死，写袭人的嫁，都是很有精彩的小品文字。最可注意的是这些人都写作悲剧的下场。还有那最重要的"木石前盟"一件公案，高鹗居然忍心害理的教黛玉病死，教宝玉出家，作一个大悲剧的结束，打破中国小说的团圆迷信。这一点悲剧的眼光，不能不令人佩服。我们试看高鹗以后，那许多续《红楼梦》和《补红楼梦》的人，哪一人不是想把黛玉、晴雯都从棺材里扶出来，重新配给宝玉？哪一个不是想做一部"团圆"的《红楼梦》的？我们这样退一步想，就不能不佩服高鹗的补本了。我们不但佩服，还应该感谢他，因为他这部悲剧的补本，靠着那个"鼓担"的神话，居然打倒了后来无数的团圆《红楼梦》，居然替中国文学保存了一部有悲剧下场的小说！

以上是我对于《红楼梦》的"著者"和"本子"两个问题的答案。我觉得我们做《红楼梦》的考证，只能在这两个问题上着手；只能运用我们力所能搜集的材料，参考互证，然后抽出一些比较的最近情理的结论。这是考证学的方法。我在这篇文章里，处处想撇开一切先人的成见；处处存一个搜求证据的目的；处处尊重证据，让证据做向导，引我到相当的结论上去。我的许多结论也许有错误的——自从我第一次发表这篇《考证》以来，我已经改正了无数大错误了——也许有将来发现新证据后即须改正的。但我自信：这种考证的方法，除了《董小宛考》之外，是向来研究《红楼梦》的人不曾用过的。我希望我这一点小贡献，能引起大家研究《红楼梦》的兴趣，能把将来的《红楼梦》研究引上正当的轨道去：打破从前种种穿凿附会的"红学"，创造科学方法的《红楼梦》研究！

十，三，二七，初稿

十，十一，十二，改定稿

（附记）初稿曾附录《寄蜗残赘》一则：

《红楼梦》一书，始于乾隆年间。……相传其书出汉军曹雪芹之手，嘉庆年间，逆犯曹纶即其孙也。灭族之祸，实基于此。

这话如果确实，自然是一段很重要的材料，因此我就去查这一桩案子的事实。

嘉庆十八年癸酉（1813），天理教的信徒林清等勾通宫里的小太监，约定于九月十五日起事，乘嘉庆帝不在京城的时候，攻入禁城，占据皇宫。但他们的区区两百个乌合之众，如何能干这种大事？所以他们全失败了，林清被捕，后来被磔死。

林清的同党之中，有一个独石口都司曹纶和他的儿子曹幅昌都是很重要的同谋犯，那年十月己未的上谕说：

> 前因正黄旗汉军兵丁曹幅昌从习邪教，与知逆谋。……兹据讯明，曹幅昌之父曹纶听从林清入教，经刘四等告知逆谋，允为收众接应。曹纶身为都司，以四品职官习教从逆，实属猪狗不如，罪大恶极！……

那年十一月中，曹纶等都被磔死。

清礼亲王昭梿是当日在紫禁城里的一个人，他的《啸亭杂录》卷六记此事有一段说：

> 有汉军独石口都司曹纶者，侍郎曹瑛后也，（瑛字一本或作寅。）家素贫，尝得林清侪助，遂入贼党。适之任所，乃命其子曹幅昌勾结不轨之徒，许为城中内应。……曹幅昌临刑时，

告刽子手曰："我是可交之人，至死不卖友以求生也！……"

《寄蜗残赘》说曹绂是曹雪芹之孙，不知是否根据《啸亭杂录》说的。我当初已疑心此曹瑛不是曹寅，况且官书明说曹瑛是正黄旗汉军，与曹寅不同旗。前天承陈筱庄先生（宝泉）借我一部《靖逆记》（兰簃外史纂，嘉庆庚辰刻），此书记林清之变很详细。其第六卷有《曹绂传》，记他家世系如下：

> 曹绂，汉军正黄旗人。曾祖金铎，官骁骑校；伯祖瑛，历官工部侍郎；祖珹，云南顺宁府知府；父廷奎，贵州安顺府同知。……廷奎三子，长绅，早卒；次维，武供院工匠，次绂，充整仪卫，擢治仪正，兼公中佐领，升独石口都司。

此可证《寄蜗残赘》之说完全是无稽之谈。

十，十一，十二

附录一 跋《〈红楼梦〉考证》

一

我在《〈红楼梦〉考证》的改定稿（《胡适文存》卷三，页一八五—二四九）里，曾根据于《雪桥诗话》《八旗文经》《熙朝雅颂集》三部书，考出下列的几件事：（1）曹雪芹名霑，不是曹寅的儿子，是曹寅的孙子（页二一二）。（2）曹雪芹后来很贫穷，穷的很不像样了。（3）他是一个会作诗又会绘画的人。（4）他在那贫穷的境遇里，纵酒狂歌，自己排遣那牢骚的心境（以上页二一五—二一六）。（5）从曹雪芹和他的朋友敦诚弟兄的关系上看来，我说"我们可以断定曹雪芹死于乾隆三十年左右（约1765）"。又说"我们可以猜想雪芹……大约生于康熙末叶（约1715—1720）；当他死时，约五十岁左右"。

我那时在各处搜求敦诚的《四松堂集》，因为我知道《四松堂集》里一定有关于曹雪芹的材料。我虽然承认杨钟羲先生（《雪桥诗话》）确是根据《四松堂集》的，但我总觉得《雪桥诗话》是"转手的证据"，不是"原手的证据"。不料上海北京两处大索的结果，竟使我大失望。到了今年，我对于《四松堂集》，已是绝望了。有一天，一家书店的伙计跑来说：“《四松堂诗集》找着了！”我非常高兴，但是打开书来一看，原来是一部《四松草堂诗集》，不是《四松堂集》。又一天，陈肖庄先生告诉我说，他在一家书店里看见一部《四松堂集》。我说，"恐怕又是四松草堂罢？"陈先生回去一看，果然又错了。

今年四月十九日，我从大学回家，看见门房里桌子上摆着一部退了色的蓝布套的书，一张斑剥的旧书笺上题着"四松堂集"四个字！我自己几乎不信我的眼力了，连忙拿来打开一看，原来真是一部《四松堂集》的写本！这部写本确是天地间唯一的孤本。因为这是当日付刻的底本，上有付刻时的校改，删削的记号。最重要的是这本子里有许多不曾收入刻本的诗文，凡是已刻的，题上都印有一个"刻"字的戳子。刻本未收的，题上都帖着一块小红笺。题下注的甲子，都被编书的人用白纸块帖去，也都是不曾刻的。我这时候的高兴，比我前年寻着吴敬梓的《文木山

国画曹雪芹像

房集》时的高兴，还要加好几倍了！

卷首有永恚（也是清宗室里的诗人，有《神清室诗稿》）、刘大观、纪昀的序，有敦诚的哥哥敦敏作的小传。全书六册，计诗两册，文两册，《鹪鹩庵笔麈》两册。《雪桥诗话》《八旗文经》《熙朝雅颂集》所采的诗文都是从这里面选出来的。我在《考证》里引的那首"寄怀曹雪芹"，原文题下注一"霑"字，又"扬州旧梦久已绝"一句，原本绝字作觉，下帖一笺条，注云："雪芹曾随其先祖寅织造之任。"《雪桥诗话》说曹雪芹名霑，为楝亭通政孙，即是根据于这两条注的。又此诗中"蓟门落日松亭尊"一句，尊字原本作樽，下注云："时余在喜峰口。"按敦敏作的小传，乾隆二十二年丁丑（1757），敦诚在喜峰口。此诗是丁丑年作的。又《考证》引的"佩刀质酒歌"虽无年月，但其下第二首题下注"癸未"，大概此诗是乾隆二十六年壬午作的。这两首之外，还有两首未刻的诗：

（1）赐曹芹圃（注）即雪芹。

满径蓬蒿老不华，举家食粥酒常赊。衡门僻巷愁今雨，废馆颓楼梦旧家。司业青钱留客醉，步兵白眼向人斜。阿谁买与猪肝食，日望西山餐暮霞。

这诗使我们知道曹雪芹又号芹圃。前三句写家贫的状况，四句写盛衰之感。（此诗作于乾隆二十六年辛巳。）

（2）挽曹雪芹，（注）甲申

四十年华付杳冥，哀旌一片阿谁铭？孤儿渺漠魂应逐（注：前数月，伊子殇，因感伤成疾），新妇飘零目岂瞑？牛鬼遗文悲李贺，鹿车荷锸葬刘怜（适按，此二句又见于《鹪鹩庵笔麈》，杨钟羲先生从《笔麈》里引入《诗话》；杨先生也不曾见此诗全文）。故人惟有青山泪，絮酒生刍上然垧。

这首诗给我们四个重要之点：

（1）曹雪芹死在乾隆二十九年甲申（1764）。我在《考证》说他死在乾隆三十年左右，只差了一年。

（2）曹雪芹死时只有"四十年华"。这自然是个整数，不限定整四十岁。但我们可以断定他的年纪不能在四十五岁以上。假定他死时年四十五岁，他的生时当康熙五十八年（1719）。《考证》里的猜测还不算大错。

关于这一点，我们应该声明一句。曹寅死于康熙五十一年（1713），下距乾隆甲申，凡五十一年。雪芹必不及见曹寅了。敦诚"寄怀曹雪芹"的诗注说"雪芹曾随其先祖寅织造之任"，有一点小误。雪芹曾随他的父亲曹頫在江宁织造任上。曹頫做织造，是康熙五十四年到雍正六年（1715—1728）；雪芹随在任上大约有十年（1719—1728）。曹家三代四个织造，只有曹寅最著名。敦诚晚年编集，添入这一条小注，那时距曹寅死时已七十多年了，故敦诚与袁枚有同样的错误。

（3）曹雪芹的儿子先死了，雪芹感伤成病，不久也死了。据此，雪芹死后，似乎没有后人。

（4）曹雪芹死后，还有一个"飘零"的"新妇"。

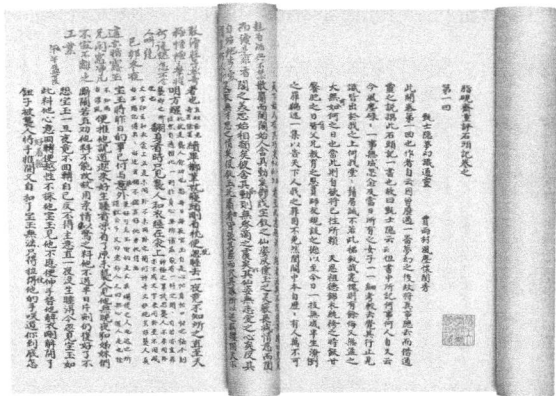

脂砚斋重评《石头记》版本

这是薛宝钗呢，还是史湘云呢？那就不容易猜想了。

《四松堂集》里的重要材料，只是这些。此外还有一些材料，但都不重要。我们从敦敏作的小传里，又可以知道敦诚生于雍正甲寅（1734），死于乾隆戊申（1791），也可以修正我的考证里的推测。

我在四月十九日得着这部《四松堂集》的稿本。隔了两天，蔡子民先生又送来一部《四松堂集》的刻本，是他托人向晚晴簃诗社里借来的。刻本共五卷：

卷一，诗一百三十七首。

卷二，诗一百四十四首。

卷三，文三十四篇。

卷四，文十九篇。

卷五，《鹪鹩庵笔麈》八十一则。

果然凡底本里题上没有"刻"字的，都没有收入刻本里去。这更可以证明我的底本格外可贵了。蔡先生对于此书的热心，是我很感谢的。最有趣的是蔡先生借得刻本之日，差不多正是我得着底本之日。我寻此书近一年多了，忽然三日之内两个本子一齐到我手里！这真是"踏破铁鞋无觅处，得来全不费工夫"了。

十一,五,三

二

答蔡子民先生的商榷

蔡子民先生的《〈石头记〉索隐第六版自序》是对于我的《〈红楼梦〉考证》的一篇"商榷"。他说：

> 知其（红楼梦）所寄托之人物，可用三法推求：一，品性相类者。二，轶事有征者。三，姓名相关者。于是以湘云之豪放而推为其年，以惜春之冷僻而推为苏友：用第一法也。以宝玉逢魔魇而推为允礽，以凤姐哭向金陵而推为余国柱：用第二法也。以探春之名与探花有关而推为健庵，以宝琴之名与孙子学琴于师襄之故事有关而推为辟疆：用第三法也。然每举一人，率兼用三法或两法，有可推证，始质言之。其他如元春之疑为徐元文，宝蝉之疑为翁宝林，则以近于孤证，始不列入。自以

为审慎之至，与随意附会者不同。近读胡适之先生《〈红楼梦〉考证》，列拙著于"附会的红学"之中，谓之"走错了道路"，谓之"大笨伯"，"笨谜"；谓之"很牵强的附会"；我实不敢承认。

　　关于这一段"方法论"，我只希望指出蔡先生的方法是不适用于《红楼梦》的。有几种小说是可以采用蔡先生的方法的。最明显的是《孽海花》。这本是写时事的书，故书中的人物都可用蔡先生的方法去推求：陈千秋即是田千秋，孙汶即是孙文，庄寿香即是张香涛，祝宝廷即是宝竹坡，潘八瀛即是潘伯寅，姜表字剑云即是江标字剑霞，成煜字伯怡即是盛昱字伯熙。其次，如《儒林外史》，也有可以用蔡先生的方法去推求的。如马纯上之为冯粹中，庄绍光之为程绵庄，大概已无可疑。但这部书里的人物，很有不容易猜的：如向鼎，我曾猜是商盘，但我读完《质园诗集》三十二卷，不曾寻着一毫证据，只好把这个好谜牺牲了。又如杜少卿之为吴敬梓，姓名上全无关系；直到我寻着了《文木山房集》，我才敢相信。此外，金和跋中举出的人，至多不过可供参考，不可过于信任（如金和说吴敬梓诗集未刻，而我竟寻着乾隆初年的刻本）。《儒林外史》本是写实在人物的书，我们尚且不容易考定书中人物，这就可见蔡先生的方法的适用是很有限的了。大多数的小说是决不可适用这个方法的。历史的小说如《三国志》，传奇的小说如《水浒传》，游戏的小说如《西游记》，都是不能用蔡先生的方法来推求书中人物的。《红楼梦》所以不能适用蔡先生的方法，顾颉刚先生曾举出两个重要理由：

（1）别种小说的影射人物，只是换了他姓名，男还是男，女还是女，所做的职业还是本人的职业。何以一到《红楼梦》就会男变为女，官僚和文人都会变成宅眷？

（2）别种小说的影射事情，总是保存他们原来的关系。何以一到《红楼梦》，无关系的就会发生关系了？例如蔡先生考定宝玉为允礽，黛玉为朱竹垞，薛宝钗为高士奇，试问允礽和朱竹垞有何恋爱的关系？朱竹垞与高士奇有何吃醋的关系？

顾先生这话说的最明白，不用我来引申了。蔡先生曾说，"然而安徽第一大文豪（指吴敬梓）且用之，安见汉军第一大文豪必不出此乎？"这个比例（类推）也不适用，正因为《红楼梦》与《儒林外史》不是同一类的书。用"品性，轶事，姓名"三项来推求《红楼梦》里的人物，就像用这个方法来推求《金瓶梅》里西门庆的一妻五妾影射何人：结果必是一种很牵强的附会。

我对于蔡先生这篇文章，最不敢赞同的是他的第二节。这一节的大旨是：

惟吾人与文学书，最密切之接触，本不在作者之生平，而在其著作。著作之内容，即胡先生所谓"情节"者，决非无考证之价值。

蔡先生的意思好像颇轻视那关于"作者之生平"的考证。无论如何，他的意思好像是说，我们可以不管"作者之生平"，而考证"著作之内容"。这是大错的。蔡先生引《托尔斯泰传》中说的"凡其著作无不含自传之性质；各书之主人翁……皆其一己之化身；各书中所叙他人之事，莫不与其己身有直接之关系。"试问作此传的人若不知"作者之生平"，如何能这样考证各书的"情节"呢？蔡先生又引各家关于 Faust 的猜想，试问他们若不知道 Goetne 的"生平"，如何能猜想第一部之 Gretchen 为谁呢？

我以为作者的生平与时代是考证"著作之内容"的第一步下手工夫。即如《儿女英雄传》一书，用年羹尧的事做背景，又假造了一篇雍正年间的序，一篇乾隆年间的序，我们幸亏知道著者文康是咸丰同治年间人，不然，书中提及《红楼梦》的故事，又提及《品花宝鉴》（道光中作的）里的徐度香与袁宝珠，岂不都成了灵异的预言了吗？即如旧说《儒林外史》里的匡超人即是汪中，现在我们知道吴敬梓死于乾隆十九年，而汪中生于乾隆九年，我们便可以断定匡超人绝不是汪中了。又旧说《儒林外史》里的牛布衣即是朱草衣，现在我们知道朱草衣死在乾隆二十一二年，那时吴敬梓已死了二三年了，而《儒林外史》第二十回已叙述牛布衣之死，可见牛布衣大概另是一人了。

因此，我说，要推倒"附会的红学"，我们必须搜求那些可以考定《红楼梦》的著者、时代、版本等等的材料。向来《红楼梦》一书所以容易被人穿凿附会，正因为向来的人都忽略了"作者之生平"一个大问题。因为不知道曹家有那样富贵繁华的环境，故人都疑心贾家是指帝室的家庭，至少也是指明珠一类的宰相之家。因为不深信曹家是八旗的世家，故有人疑心此书是指斥满洲人的。因为不知道曹家盛衰的历史，故人都不信此书为曹雪芹把真事隐去的自叙传。现在曹雪芹的历史和曹家的历史既然有点明白了，我很盼望读《红楼梦》的人都能平心静气的把向来的成见暂时丢开，大家揩揩眼镜来评判我们的证据是否可靠，我们对于证据的解释是否不错，这样的批评，是我所极欢迎的。我曾说过：

我在这篇文章里，处处想撇开一切先人的成见；处处存一个搜求证据的目的；处处尊重证据，让证据做向导，引我到相当的结论上去。

此间所谓"证据"，单指那些可以考定作者、时代、版本等等的证据；并不是那些"红学家"随便引来穿凿附会的证据。若离开了作者、时代、版本等项，那么，引《东华录》与引《红礁书桨录》是同样的"不相干"；引许三礼、郭琇与引冒辟疆、王渔洋是同样的"不相干"。若离开了"作者之生平"而别求"性情相近，轶事有征，姓名相关"的证据，那么，古往今来无数万有名的人，那一个不可以化男成女搬进大观园里去？又何止朱竹垞、徐健庵、高士奇、汤斌等几个人呢？况且板儿既可以说是廿四史，青儿既可以说是吃的韭菜，那么，我们又何妨索性说《红楼梦》是一部《草木春秋》或《群芳谱》呢？

亚里士多德在他的《尼可马铿伦理学》里（部甲，四，一〇九九）曾说：

　　讨论这个学说（指柏拉图的"名象论"）使我们感觉一种不愉快，因为主张这个学说的人是我们的朋友。但我们既是爱智慧的人，为维持真理起见，就是不得已把我们自己的主张推翻了，也是应该的。朋友和真理既然都是我们心爱的东西，我们就不得不爱真理过于爱朋友了。

　　我把这个态度期望一切人，尤其期望我所最敬爱的蔡先生。

十一，五，十

附录二　考证《红楼梦》的新材料

一、残本《脂砚斋重评石头记》

去年我从海外归来，便接着一封信，说有一部抄本《脂砚斋重评〈石头记〉》愿让给我。我以为"重评"的《石头记》大概是没有价值的，所以当时竟没有回信。不久，新月书店的广告出来了，藏书的人把此书送到店里来，转交给我看。我看了一遍，深信此本是海内最古的《石头记》抄本，遂出了重价把此书买了。

这部脂砚斋重评本（以下称脂本）只剩十六回了，其目如下：

第一回至第八回

第十三回至第十六回

第二十五回至第二十八回

首页首行有撕去的一角，当是最早藏书人的图章。今存图章三方，一为"刘铨冨子重印"，一为"子重"，一为"髣眉"。第二十八回之后幅有跋五条。其一云：

《红楼梦》虽小说，然曲而达，微而显，颇得史家法。余向读世所刊本，辄逆以己意，恨不得起作者一谭。睹此册，私幸予言之不谬也。予重其宝之。青士、椿余同观于半亩园并识。乙丑孟秋。

其一云：

《红楼梦》非但为小说别开生面，直是另一种笔墨。昔人文字有翻新法，学《梵夹书》。今则写西法轮齿，仿《考工记》，如《红楼梦》实出四大奇书之外，李贽、金圣叹皆未曾见也。戊辰秋记。

此条有"福"字图章，可见藏书人名刘铨福，字子重。以下三条跋皆是他的笔迹。其一云：

《红楼梦》纷纷效颦者无一可取。唯《痴人说梦》一种及二知道人《红楼梦说梦》一种尚可玩。惜不得与佟四哥三弦子一弹唱耳。此本是《石头记》真本，批者事皆目击，故得其详也。癸亥春日白云吟客笔。（有"白云吟客"图章。）

李伯盂郎中言翁叔平殿撰有原本而无脂批，与此文不同。

又一条云：

脂砚与雪芹同时人，目击种种事，故批笔不从臆度。原文与刊本有不同处，尚留真面，惜止存八卷。海内收藏家更有副本，愿抄补全之，则妙矣。五月廿七日阅又记。（有"铨"字图章。）

另一条云：

近日又得妙复轩手批十二巨册。语虽近凿，而于《红楼梦》味之亦深矣。云客又记。（有"阿痴痴"图章。）

此批本丁卯夏借与绵州孙小峰太守，刻于湖南。

第三回有墨笔眉批一条，字跡不像刘铨福，似另是一个人。跋末云：同治丙寅（五年，一八六六）季冬月左绵痴道人记。

此人不知即是上条提起的绵州孙小峰否。但这里的年代可以使我们知道跋中所记干支都是同治初年。刘铨福得此本在同治癸亥（1863），乙丑（1865）有椿余一跋，丙寅有痴道人一条批，戊辰（1868）又有刘君的一跋。

刘铨福跋说"惜止存八卷"，这一句话不好懂。现存的十六回，每回为一卷，不该说止存八卷。大概当时十六回分装八册，故称八卷，后来才合并为四册。

此书每半页十二行，每行十八字。楷书。纸已黄脆了，已经经过一次装衬，第十三回首页缺去小半角，衬纸与原书接缝处印有"刘铨冨子重印"图章，可见装衬是在刘氏收得此书之时，已在六十年前了。

二、脂砚斋与曹雪芹

脂本第一回于"满纸荒唐言，一把辛酸泪"一诗之后，说：至脂砚斋甲戌抄阅再评，仍用《石头记》。出则既明，且看石上是何故事。"出则既明"以下与有正书局印的戚抄本相同。但戚本无此上的十五字。甲戌为乾隆十九年（1754），那时曹雪芹还不曾死。

据此，《石头记》在乾隆十九年已有"抄阅再评"的本子了。可见雪芹作此书在乾隆十八九年之前。也许其时已成的部份止有这二十八回。但无论如何，我们不能不把《红楼梦》的著作时代移前。俞平伯先生的《〈红楼梦〉年表》（《〈红楼梦〉辨八》）把作书时代列在乾隆十九年至二八年（1754—1763），这是应当改正的了。

脂本于"满纸荒唐言"一诗的上方有朱评云：

能解者方有辛酸之泪哭成此书。壬午除夕，书未成，芹为泪尽而逝。余尝哭芹，泪亦待尽，每意觅青埂峰再问石兄：余不遇癞头和尚何！怅怅！……甲午八月泪笔。（乾隆三九，一七七四。）

壬午为乾隆二十七年，除夕当西历一七六三年二月十二日（据陈垣《中西回史日历》检查）。

我从前根据敦诚《四松堂集》"挽曹雪芹"一首诗下注的"甲申"二字，考定雪芹死于乾隆甲申（1764），与此本所记，相差一年余。雪芹死于壬午除夕，次日即是癸未，次年才是甲申，敦诚的挽诗作于一年以后，故编在甲申年，怪不得诗中有"絮酒生刍上然垌"的话了。现在应依脂本，定雪芹死于壬午除夕。再依敦诚挽诗"四十年华付杳冥"的话，假定他死时年四十五，他生时大概在康熙五十六年（1717）。我的《考证》与平伯的年表也都要改正了。

这个发现使我们更容易了解《红楼梦》的故事。雪芹的父亲曹頫卸织造任在雍正六年（1728），那时雪芹已十二岁，是见过曹家盛时的了。

脂本第一回叙《石头记》的来历云：

> 空空道人……从头至尾抄录回来，问世传奇：因空见色，由色生情，传情入色，自色悟空，遂易名为情僧，改《石头记》为《情僧录》。至吴玉峰题曰《红楼梦》；东鲁孔梅溪则题曰《风月宝鉴》。后因曹雪芹于悼红轩中披阅十载，增删五次，纂成目录，分出章回，则题曰《金陵十二钗》。……

此上有眉评云：

雪芹然有《风月宝鉴》之书，乃其弟棠村序也。今棠村已逝，余睹新怀然，故仍因之。

据此，《风月宝鉴》乃是雪芹作《红楼梦》的初稿，有其弟棠村作序。此处不说曹棠村而用"东鲁孔梅溪"之名，不过是故意作狡狯。梅溪似是棠村的别号，此有二层根据：第一，雪芹号芹溪，脂本屡称芹溪，与梅溪正同行列。第二，第十三回"三春去后诸芳尽，各自须寻各自门"二句上，脂本有一条眉评云："不必看完，见此二句，即欲堕泪。梅溪。"顾颉刚先生疑此即是所谓"东鲁孔梅溪"。我以为此即是雪芹之弟棠村。

又上引一段里，脂本比别本多出"至吴玉峰题曰红楼梦"九个字。吴玉峰与孔梅溪同是故设疑阵的假名。

我们看这几条可以知道脂砚斋同曹雪芹的关系了。脂砚斋是同雪芹很亲近的，同雪芹弟兄都很相熟。我并且疑心他是雪芹同族的亲属。第十三回写秦可卿托梦于凤姐一段，上有眉评云：

"树倒猢狲散"之语，全犹在耳，曲指三十五年矣。伤哉！宁不恸杀！

又可卿提出祖茔置田产附设家塾一段上有眉评云：

语语见道，字字伤心。读此一段，几不知此身为何物矣。松齐。

又此回之末凤姐寻思宁国府中五大弊，上有眉评云：

旧族后辈受此五病者颇多。余家更甚。三十年前事，见书于三十年后，今（令）余想恸血泪盈□。（此处疑脱一字）

又第八回贾母送秦钟一个金魁星，有朱评云：

作者今尚记金魁星之事乎？抚今思昔，肠断心摧。

看此诸条，可见评者脂砚斋是曹雪芹很亲的族人，第十三回所记宁国府的事即是他家的事，他大概是雪芹的嫡堂弟兄或从堂弟兄——也许是曹頫或曹颀的儿子。松齐似是他的表字，脂砚斋是他的别号。

这几条之中，第十三回之一条说：

曲指三十五年矣。

又一条说：

三十年前事，见书于三十年后。

脂本抄于甲戌（1754），其"重评"有年月可考者，有第一回（抄本页十）之"丁亥春"（1767），有上文已引之"甲午八月"（1774）。自甲戌至甲午，凡二十年。折中假定乾隆二九年（1764）为上引几条评的年代。则上推三十五年为雍正七年（1729），曹雪芹约十三岁，其时曹頫刚卸任织造（1728），曹家已衰败了，但还不曾完全倒落。

此等处皆可助证《红楼梦》为记述曹家事实之书，可以摧破不少的怀疑。我从前在《〈红楼梦〉考证》里曾指出两个可注意之点：

第一，十六回凤姐谈"南巡接驾"一大段，我认为即是康熙南巡，曹寅四次接驾的故事，我说：曹家四次接驾乃是很不常见的盛事，故曹雪芹不知不觉的——或是有意的——把他家这桩最阔的大典说了出来。（《考证》页四一）

脂本第十六回前有总评，其一条云：

借省亲事写南巡，出脱心中多少忆昔感今！

这一条便证实了我的假设。我又曾说赵嬷嬷说的贾家接驾一次，甄家接驾四次，都是指曹家的事。脂本于本回"现在江南的甄家……接驾四次"一句之旁有朱评云：

甄家正是大关键，大节目。勿作泛泛口头语看。

　　这又是证实我的假设了。

　　第二，我用《八旗氏族通谱》的曹家世系来比较第二回冷子兴说的贾家世次，我当时指出贾政是次子，先不袭职，又是员外郎，与曹頫一一相合，故我认贾政即是曹頫（考证四三—四四）。这个假设在当时很受朋友批评。但脂本第二回"皇上……赐了这政老爹一个主事之衔，令其入部习学，如今现已升了员外郎"一段之旁有朱评云：

　　嫡真实事，非妄拥也。

　　这真是出于我自己意料之外的好证据了！

　　故《红楼梦》是写曹家的事，这一点现在得了许多新证据，更是颠扑不破的了。

三、秦可卿之死

　　第十三回记秦可卿之死，曾引起不少人的疑猜。今本（程乙本）说：

……人回东府蓉大奶奶没了。……彼时合家皆知，无不纳闷，都有些伤心。

戚本作：

彼时合家皆知，无不纳吹，都有些伤心。

坊间普通本子有一种却作：

彼时合家皆知，无不纳闷，都有些疑心。

脂本正作：

彼时合家皆知，无不纳罕，都有些疑心。

上有眉评云：

九个字写尽天香楼事，是不写之写。

又本文说：

这四十九日单请一百单八众禅僧在大厅上拜大悲忏。……

另设一坛于天香楼上。

此九字旁有夹评云：

删却，是未删之笔。

又本文云：

又听得秦氏之丫鬟名唤瑞珠者，见秦氏死了，他也触柱而亡。

旁有夹评云：

补天香楼未删之文。

天香楼是怎么一回事呢？
此回之末，有朱笔题云：

"秦可卿淫丧天香楼"，作者用史笔也。老朽因有魂托凤姐贾家后事二件嫡是安富尊荣坐享人能想得到处，其事虽未漏，其言其意则令人悲切感服，姑赦之，因命芹溪删去。

又有眉评云：

此回只十页，因删去天香楼一节，少却四五页也。

这可见此回回目原本作：

秦可卿淫丧天香楼，
王熙凤协理宁国府。

后来删去天香楼一长段，才改为"死封龙禁尉"，平仄便不调了。秦可卿是自缢死的，毫无可疑。第五回书册上明明说：

书着高楼大厦，有一美人悬梁自缢。（此从脂本）其判云：
情天情海幻情身，情既相逢必主淫。
漫言不肖皆荣出，造衅开端实在宁。

俞平伯在《〈红楼梦〉辨》里特立专章讨论可卿之死（中卷，页一五九——七八）。但顾颉刚引《红楼佚话》说有人见书中的焙茗，据他说，秦可卿与贾珍私通，被婢撞见，羞愤自缢死的。平伯深信此说，列举了许多证据，并且指出秦氏的丫鬟瑞珠触柱而死，可见撞见奸情的便是瑞珠。现在平伯的结论都被我的脂本证明了。我们虽不得见未删天香楼的原文，但现在已知道：

（1）秦可卿之死是"淫丧天香楼"。

（2）她的死与瑞珠有关系。

（3）天香楼一段原文占本回三分之一之多。

（4）此段是脂砚斋劝雪芹删去的。

（5）原文正作"无不纳罕，都有些疑心"，戚本始改作"伤心"。

四、《红楼梦》的"凡例"

《红楼梦》各本皆无"凡例"。脂本开卷便有"凡例"，又称"《红楼梦》旨义"，其中颇有可注意的话，故全抄在下面：

凡例

《红楼梦》旨义。是书题名极多。□□《红楼梦》，是总其全部之名也。

又曰《风月宝鉴》，是戒妄动风月之情。又曰《石头记》，是自譬石头所记之事也。此三名皆书中曾已点睛矣。如宝玉作梦，梦中有曲，名曰《红楼梦十二支》，此则《红楼梦》之点睛。又如贾瑞病，跛道人持一镜来，上面即錾"风月宝鉴"四字，此则《风月宝鉴》之点睛。又如道人亲眼见石上大书一篇故事，则系石头所记之往来，此则《石头记》之点睛处。然此书又名曰《金陵十二钗》，审其名则必系金陵十二女子也。然通部细搜检去，上中下女子岂止十二人哉？若云其中自有十二个，则又未尝指明白系某某。极至《红楼梦》一回中亦曾翻出金陵十二钗之簿籍，又有十二支曲可考。

书中凡写长安，在文人笔墨之间，则从古之称；凡愚夫妇儿女于家常口角，则曰中京，是不欲着迹于方向也。盖天子之邦，亦当以中为尊，特避其东南西北四字样也。

此书只是着意于闺中。故叙闺中之事切，略涉于外事者则简，不得谓其不均也。

此书不敢干涉朝廷。凡有不得不用朝政者，只略用一笔带出，盖实不敢以写儿女之笔墨唐突朝廷之上也。又不得谓其不供。

以上四条皆低二格抄写。以下紧接"此书开卷第一回也，作者自云……"一长段，也低二格抄写。今本第一回即从此句起，而脂本的第一回却从"列位看官，你道此书从何而来"起。"此书开卷第一回也"以下一长段，在脂本里，明是第一回之前的引子，虽可说是第一回的总评，其实是全书的"旨义"，故紧接"凡例"之后，同样低格抄写。其文与今本也稍稍不同，我们也抄在"凡例"之后，凡脂本异文，皆加符号记出：

此〔书〕开卷第一回也。作者自云，〔因〕曾历过一番梦幻之后，故将真事隐去，而撰此《石头记》一书也，故曰"甄士隐梦幻识通灵"。但书中所记何事，〔又因何而撰是书哉？〕

自云，〔今〕风尘碌碌，一事无成，忽念及当日所有之女子，一一细推了去，觉其行止见识皆出〔于〕我之上，〔何〕堂堂之须眉诚不若彼〔一干〕裙钗，实愧则有余，悔则无益〔之〕大无可奈何之日也！当此时，〔则〕自欲将已往所赖〔上赖〕天恩，〔下承〕祖德，锦衣纨绔之时，饫甘餍美之日，背父母教育之恩，负师兄（今本作友）规训之德，已致今日一事（今本作技）无成，半生潦倒之罪，编述一记（今本作集）以告普天下〔人〕。虽（今本作知）我之罪固不能免，（此五字今本作"负罪固多"）然闺阁中〔本自〕历历有人，万不可因我不肖，（此处各本多"自护己短"四字）则一并使其泯灭也。虽今日之茅椽蓬牖，瓦灶绳床，其风晨月夕，阶柳庭花，亦未有伤于我之襟怀笔墨者。何为不用假语村言，敷演出一段故事来，以悦人之耳目哉？（此一长句与今本多不同）故曰"风尘怀闺秀"，〔乃是第一回题纲正义也。〕开卷即云"风尘怀闺秀"，则知作者本意原为记述当日闺友闺情，并非怨世骂时之书矣。虽一时有涉于世态，然亦不得不叙者，但非其本旨耳。阅者切记之。

诗曰：

浮生着甚苦奔忙？盛席华筵终散场。

悲喜千般同幻渺，古今一梦尽荒唐。

谩言红袖啼痕重，更有情痴抱恨长。

字字看来皆是血，十年辛苦不寻常。

我们读这几条凡例，可以指出几个要点：（1）作者明明说此书是"自譬石头所记之事"，明明说"系石头所记之往来"。（2）作者明明说"此书只是着意于闺中"，又说"作者本意原为记述当日闺友闺情，并非怨世骂时之书"。（3）关于此书所记地点问题，凡例中也有明白的表示。曹家几代住南京，故书中女子多是江南人，凡例中明明说"此书又名曰《金陵十二钗》，审其名则必系金陵十二女子也"。我因此疑心雪芹本意要写金陵，但他北归已久，虽然"秦淮残梦忆繁华"（敦敏赠雪芹诗），却已模糊记不清了，故不能不用北京作背景。所以贾家在北京，而甄家始终在江南。所以凡例中说，"书中凡写长安……家常口角则曰中京，是不欲着迹于方向也。……特避其东南西北字样也"。平伯与颉刚对于这个地点问题曾有很长的讨论（《〈红楼梦〉辨》，中，五九—八十），他们的结论是"说了半天还和没有说一样，我们究竟不知道《红楼梦》是在南或是在北"（页七九）。我的答案是：雪芹写的是北京，而他心里要写的是金陵：金陵是事实所在，而北京只是文学的背景。

至如大观园的问题，我现在认为不成问题。贾妃本无其人，省亲也无其事，大观园也不过是雪芹的"秦淮残梦"的一境而已。

五、脂本与戚本

现行的《红楼梦》本子，百廿回本以程甲本（高鹗本）为最古，八十回本以戚蓼生本为最古，戚本更古于高本，那是无可疑的。平伯在数年前对于戚本曾有很大的怀疑，竟说他"决是辗转传抄后的本子，不但不免错误，且也不免改窜"（《〈红楼梦〉辨》，上，一二六〇）。但我曾用脂砚斋残本细校戚本，始知戚本一定在高本之前，凡平伯所疑高本胜于戚本之处（一三五—三七），皆戚本为原文，而高本为改本，但那些例子都很细微，我在此文里不及讨论，现在要谈几个更重要之点。

我用脂本校戚本的结果，使我断定脂本与戚本的前二十八回同出于一个有评的原本，但脂本为直接抄本，而戚本是间接传抄本。

何以晓得两本同出于一个有评的原本呢？戚本前四十回之中，有一半有批评，一半没有批评；四十回以下全无批评。我仔细研究戚本前四十回，断定原底本是全有批评的，不过抄手不止一个人，有人连评抄下，有人躲懒便把评语删了。试看下表：

第一回 有评	第二回 无评
第三回 有评	第四回 无评
第五回 有评	第六回 无评
第七回 有评	第八回 无评
第九回 有评	第十回 无评
第十一回 无评	第十二回至廿六回 有评
第廿七回至卅五回 无评	第卅六回至四十回 有评

看这个区分，我们可以猜想当时抄手有二人，先是每人分头抄一回，故甲抄手专抄奇数，便有评；乙抄手抄偶数，便无评；至十二回以下甲抄手连抄十五回，都有评；乙抄手连抄九回，都无评。

戚本前二十八回，所有评语，几乎全是脂本所有的，意思与文字全同,故知两本同出于一个有评的原底本。试更举几条例为铁证。戚本第一回云：

> 一家乡官,姓甄（真假之甄宝玉亦借此音,后不注）名费废,字士隐。

脂本作：

> 一家乡官，姓甄（真后之甄宝玉亦借此音，后不注）名费（废），字士隐。

戚本第一条评注误把"真"字连下去读，故改"后"为"假"，文法遂不通，第二条注"废"字误作正文，更不通了，此可见两本同出一源，而戚本传抄在后。

第五回写薛宝钗之美，戚本作：

> 品格端方，容貌丰美，人多谓黛玉所不及，（此句定评）想世人目中各有所取也。
> 按黛玉宝钗二人一如娇花，一如纤柳，各极其妙，此乃世人性分甘苦不同之故耳。

今检脂本，始知"想世人目中"以下四十二字都是评注，紧接

"此句定评"四字之后。此更可见二本同源，而戚本在后。

平伯说戚本有脱误，上举两例便可证明他的话不错。

我因此推想得两个结论：

（1）《红楼梦》的最初底本是有评注的。

（2）最初的评注至少有一部份是曹雪芹自己作的，其余或是他的亲信朋友如脂砚斋之流的。

何以说底本是有评注的呢？脂本抄于乾隆甲戌，那时作者尚生存，全书未完，已是"重评"的了，可以见甲戌以前的底本便有评注了。戚本的评注与脂本的一部份评注全同，可见两本同出的底本都有评注，又高鹗所据底本也有评注。平伯指出第三十七回贾芸上宝玉的书信末尾写着：

男芸跪书一笑，

检戚本始知"一笑"二字是评注，误入正文。程甲本如此，程乙本也如此。平伯说："高氏所依据的抄本也有这批语，和戚本一样，这都是奇巧的事"（《〈红楼梦〉辨》，上，一四四○）。其实这并非"奇巧"，只证明高鹗的底本也出于那有评注的原本而已（高程刻本合删评注）。

原底本既有评注，是谁作的呢？作者自加评注本是小说家的常事；况且有许多评注全是作者自注的口气，如上文引的第一回"甄"字下注云：真后之甄宝玉亦借此音，后不注。

这岂是别人的口气吗？又如第四回门子对贾雨村说的"护官符"口号，每句下皆有详注，无注便不可懂，今本一律删去了。今抄脂本原文如下：

上面皆是本地大族名宦之家的谚俗口碑，其口碑排写得明白，下面皆注着始祖官爵并房次。石头亦曾照样抄写一张。今据石上所抄云：

贾不假，白玉为堂金作马。（宁国荣国二公之后，共二十房分，除宁荣亲派八房在都外，现原籍住者十二房。）（适按，二十房，误作十二房。今依戚本改正。）阿房宫，三百里，住不下金陵一个史。（保龄侯尚书令史公之后，房分共十八，都中现住者十房，原籍现住八房。）（适按，十八，戚本误作二十。）丰年好大雪，珍珠如土金如铁。（紫微舍人薛公之后，现领内府帑银行商，共八房分。）

东海缺少白玉床，龙王来请金陵王。（都太尉统制县伯王公之后，共十二房，都中二房，余在籍。）（适按，在籍二字误脱，今据戚本补。）

这四条注都是作者原书所有的，现在都被删去了。脂本里，这四条注也都用朱笔写在夹缝，与别的评注一样抄写。我因此疑心这些原有的评注之中，至少有一部份是作者自己作的，又如第一回"无材补天，幻形入世"两句有评注云：

八字便是作者一生惭恨。

这样的话当然是作者自己说的。

以上说脂本与戚本同出于一个有评注的原本，而戚本传抄在后。但因为戚本传抄在后，《红楼梦》的底本已经过不少的修改了，故戚本有些地方与脂本不同。有些地方也许是作者自己改削的；但大部份的改动似乎都是旁人斟酌改动的；有些地方似是被抄写的人有意删去，或无意抄错的。

如上文引的全书"凡例"，似是抄书人躲懒删去的，如翻刻书的人往往删去序跋以节省刻资，同是一种打算盘的办法。第一回序例，今本虽保存了，却删去了不少的字，又删去了那首"字字看来皆是血，十年辛苦不寻常"很好的诗。原本不但有评注，还有许多回有总评，写在每回正文之前，与这第一回的序例相像，大概也是作者自己作的。还有一些总评写在每回之后，也是墨笔楷书，但似是评书者加的，不是作者原有的了。现在只有第二回的总评保存在戚本之内，即戚本第二回前十二行及诗四句是也。此外如第六回，第十三回，十四回，十五回，十六回，每回之前皆有总评，戚本皆不曾收入。又第六回，二十五回，二十六回，二十七回，二十八回，每回之后皆有"总批"多条，现在只有四条（廿七回及廿八回后）被收在戚本之内。这种删削大概是抄书人删去的。

有些地方似是有意删削改动的。如第二回说元春与宝玉的年岁，脂本作：

> 第二胎生了一位小姐，生在大年初一，这就奇了。不想次
> 年又生了一位公子。

戚本便改作了：

> 不想后来又生了一位公子。

这明是有意改动的了。又戚本第一回写那位顽石：

> 一日正当嗟悼之际，俄见一僧一道远远而来，生得骨格不
> 凡，丰神迥异，来至石下，席地而坐，长谈，见一块鲜明莹洁美玉，
> 且又缩成扇坠大小的可佩可拿。那僧托于掌上……

这一段各本大体皆如此，但其实文义不很可通，因为上面明说
是顽石，怎么忽已变成宝玉了？今检脂本，此段多出四百二十余字，
全被人删掉了。其文如下：

> 俄见一僧一道远远而来，生得骨格不凡，丰神迥别，说说
> 笑笑，来至峰下，坐于石边，高谈快论。先是说些云山雾海，
> 神仙玄幻之事，后便说到红尘中荣华富贵。此石听了，不觉打

动凡心，也想要到人间去享一享这荣华富贵，但自恨粗蠢，不得已，便口吐人言，向那僧道说道："大师，弟子蠢物，不能见礼了。适闻（闻）二位谈那人世间荣耀繁华，心切慕之。弟子质虽粗蠢，性却稍通。况见二师仙形道体，定非凡品，必有补天济世之材，利物济人之德。如蒙发一点慈心，携带弟子，得入红尘，在那富贵场中，温柔乡里，受享几年，自当永佩洪恩，万劫不忘也。"二仙师听毕，齐憨笑道："善哉，善哉！那红尘中有却有些乐事，但不能永远依恃。况又有'美中不足，好事多魔'八个字紧相连属，瞬息间则又乐极悲生，人非物换。究竟是到头一梦，万境归空。到不如不去的好。"这石凡心已炽，哪里听得进这话去？乃复苦求再四。二仙知不可强制，乃叹道："此亦静极思动，无中生有之数也。既如此，我们便携你去受享受享。只是到不得意时，切莫后悔。"石道："自然，自然。"那僧又道："若说你性灵，却又如此质蠢，并更无奇贵之处，如此，也只好踮脚而已。也罢，我如今大施法，助你一助。待劫终之日，复还本质，以了此案。你道好否？"石头听了，感谢不尽。那僧便念咒书符，大展幻术，将一块大石登时变成一块鲜明莹洁的美玉，且又缩成扇坠大小的可佩可拿。

这一长段，文章虽有点噜苏，情节却不可少。大概后人嫌他稍繁，遂全删了。

六、脂本的文字胜于各本

我们现在可以承认脂本是《红楼梦》的最古本，是一部最近于原稿的本子了。在文字上，脂本有无数地方还胜于一切本子。我试举几段作例。

第一例 第八回

（1）脂砚斋本

宝玉与宝钗相近，只闻一阵阵凉森森甜丝丝的幽香，竟不知系何香气。

（2）戚本

宝玉此时与宝钗就近，只闻一阵阵凉森森甜甜的幽香，竟不知是何香气。

（3）翻王刻诸本（亚东初本）（程甲本）

宝玉此时与宝钗相近，只闻一阵香气，不知是何气味。

（4）程乙本（亚东新本）

宝玉此时与宝钗挨肩坐着，只闻一阵阵的香气，不知何味。

戚本把"甜丝丝"误抄作"甜甜",遂不成文。后来各本因为感觉此句有困难,遂索性把形容字都删去了,高鹗最后定本硬改"相近"为"挨肩坐着",未免太露相,叫林妹妹见了太难堪!

第二例 第八回
(1)脂本
话犹未了,林黛玉已摇摇的走了进来。

(2)戚本
话犹未了,林黛玉已走了进来。

(3)翻王刻本
话犹来了,林黛玉已摇摇摆摆的来了。

(4)程乙本
话犹未完,黛玉已摇摇摆摆的进来。

原文"摇摇的"是形容黛玉的瘦弱病躯。戚本删了这三字,已是不该的了。高鹗竟改为"摇摇摆摆的",这竟是形容詹光、单聘仁的丑态了,未免大唐突林妹妹了!

第三例 第八回

（1）脂本与戚本

黛玉……一见了（戚本无"了"字）宝玉，便笑道："哎哟，我来的不巧了！"宝玉等忙起身笑让坐。宝钗因笑道："这话怎么说？"黛玉笑道："早知他来，我就不来了。"宝钗道："我更不解这意。"黛玉笑道："要来时一群都来，要不来一个也不来。今儿他来了，明儿我再来，（戚本作"明日我来"）如此间错开了来着，岂不天天有人来了？也不至于太冷落，也不至于太热闹了。姐姐如何反不解这意思？"

（2）翻王刻本

黛玉……一见宝玉，便笑道："哎呀！我来的不巧了！"宝玉等忙起身让坐。宝钗因笑道："这话怎么说？"黛玉道："早知他来，我就不来了。"宝钗道："我不解这意。"黛玉笑道："要来时，一齐来；要不来，一个也不来。今儿他来，明儿我来，如此间错开了来，岂不天天有人来了？也不至太冷落，也不至太热闹。姐姐如何不解这意思？"

（3）程乙本

黛玉……一见宝玉，便笑道："哎哟！我来的不巧了！"宝玉等忙起身让坐。宝钗笑道："这是怎么说？"黛玉道："早知他来，我就不来了。"宝钗道："这是什么意思？"黛玉道："什么意思呢？来呢，一齐来；不来，一个也不来。今儿他来，明儿我来，间错开了来，岂不天天有人来呢？也不至大冷落，也不至太热闹。姐姐有什么不解的呢？"

高鹗最后改本删去了两个"笑"字，便像林妹妹板起面孔说气话了。

第四例 第八回

（1）脂本

宝玉因见他外面罩着大红羽缎对衿褂子，因问："下雪了么？"地下婆娘们道："下了这半日雪珠儿了。"宝玉道："取了我的斗篷来了不曾？"黛玉便道："是不是！我来了你就该去了！"宝玉笑道："我多早晚说要去了？不过是拿来预备着。"

（2）戚本

……地下婆娘们道："下了这半日雪珠儿。"宝玉道："取了我的斗篷来了不曾？"黛玉道："是不是！我来了，他就讲去了！"宝玉笑道："我多早晚说要去来着？不过拿来预备。"

（3）翻王刻本

……地下婆娘们说："下了这半日了。"宝玉道，"取了我的斗篷来。"黛玉便笑道："是不是？我来了，你就该去了！"宝玉道："我何曾说要去？不过拿来预备着。"

（4）程乙本

……地下老婆们说："下了这半日了。"宝玉道："取了我的斗
篷来。"黛玉便笑道："是不是？我来了，他就该走了！"宝玉道："我
何曾说要去？不过拿来预备着。"

戚本首句脱一"了"字，未句脱一"看"字，都似是无心的脱误。
"你就该去了"，戚本改的很不高明，似系误"该"为"讲"，仍是
无心的错误，"我多早晚说要去了？"这是纯粹北京话。戚本改为"我
多早晚说要去来着？"这还是北京话。高本嫌此语太"土"，加上
一层翻译，遂没有味儿了。（"多早晚"是"什么时候"。）

最无道理的是高本改"取了我的斗篷来了不曾"的问话口气为
命令口气。高本删"雪珠儿"也无理由。

第五例 第八回

（1）脂本与戚本

李嬷嬷因说道："天又下雪，也好早晚的了，就在这里同姐姐
妹妹一处玩玩罢。"

（2）翻王刻本

天又下雪，也要看早晚的，就在这里和姐姐妹妹一处玩玩罢。

（3）程乙本

天又下雪，也要看时候儿，就在这里和姐姐妹妹一处玩玩儿罢。

这中改的真是太荒谬了。"也好早晚的了"，是北京话，等于说"时候不很早了"。高鹗两次改动，越改越不通。高鹗是汉军旗人，应该不至于不懂北京话。看他最后定本说"时候儿"，又说"玩玩儿"，竟是杭州老儿打官话儿了！

这几段都在一回之中，很可以证明脂本的文学的价值还在各本之上了。

七、从脂本里推论曹雪芹未完之书

从这个脂本里的新证据，我们知道了两件已无可疑的重要事实：

（1）乾隆甲戌（1754），曹雪芹死之前九年，《红楼梦》至少已有一部份写定成书，有人"抄阅重评"了。

（2）曹雪芹死在乾隆壬午除夕。（1763 年 2 月 13 日）

我曾疑心甲戌以前的本子没有八十回之多，也许止有二十八回，也许止有四十回，为什么呢？因为如果甲戌以前雪芹已成八十回，那么，从甲戌到壬午，这九年之中雪芹做的是什么书？难道他没有继续此书吗？如果他续作的书是八十回以后之书，那些书稿又在何处呢？

如果甲戌已有八十回稿本流传于朋友之间，则他以后十年间续作的稿本必有人传观抄阅，不至于完全失散。所以我疑心脂本当甲戌时还没有八十回。

戚本四十回以下完全没有评注。这一点使我疑心最初脂砚斋所据有评的原本至多也不过四十回。

高鹗的壬子本引言有一条说：

> 如六十七回，此有彼无，题同文异。

平伯曾用戚本校高本，果见此回很大的异同。这一点使我疑心八十回本是陆续写定的。

但我仔细研究脂本的评注，和戚本所无而脂本独有的"总评"及"重评"，使我断定曹雪芹死时他已成的书稿决不止现行的八十回，虽然脂砚斋说：

> 壬午除夕，书未成，芹为泪尽而逝。

但已成的残稿确然不止这八十回书。我且举几条证据看看。

（1）史湘云的结局，最使人猜疑。第三十一回目"因麒麟伏白首双星"一句话引起了无数的猜测。平伯检得戚本第三十一回有总评云：后数十回，若兰在射圃所佩之麒麟，正此麒麟也。提纲伏于此回中，所谓草蛇灰线在千里之外。

平伯误认此为"后三十回的《红楼梦》"的一部份，他又猜想：

在佚本上，湘云夫名若兰，也有个金麒麟，或即是宝玉所失，湘云拾得的那个麒麟，在射圃里佩着（《〈红楼梦〉辨》，下，二四）。

但我现在替他寻得了一条新材料。脂本第二十六回有总评云：

> 前回倪二、紫英、湘莲、玉菡四样侠文，皆得传真写照之笔。惜卫若兰射圃文字迷失无稿，叹！叹！

雪芹残稿中有"卫若兰射圃"一段文字，写的是一种"侠文"，又有"佩麒麟"的事。若兰姓卫，后来做湘云的丈夫，故有"伏白首双星"的话。

（2）袭人与蒋琪官的结局也在残稿之内，脂本与戚本第二十八回后都有总评云：

> 茜香罗，红麝串，写于一回。棋官（戚本作"盖琪官"。脂本一律作棋官）虽系优人，后回与袭人供奉玉兄宝卿，得同终始者，非泛泛之文也。

平伯也误认这是指"后三十回"佚本。这也是雪芹残稿之一部份。大概后来袭人嫁琪官之后，他们夫妇依旧"供奉玉兄宝卿，得同终始。"高鹗续书大失雪芹本意。

（3）小红的结局，雪芹也有成稿。脂本第二十六回总评云：凤姐用小红，可知晴雯等埋没其人久矣，无怪有私心私情。且红玉后有宝玉大得力处，此于千里外伏线也。

二十六回小红与佳蕙对话一段有朱评云：

红玉一腔委曲怨愤，系身在怡红，不能遂志，看官勿错认为芸儿害相思也。狱神庙红玉、茜雪一大回文字，惜迷失无稿。

又二十七回凤姐要红玉跟她去，红玉表示情愿。有夹缝朱评云：

且系本心本意。狱神庙回内方见。

狱神庙一回，究竟不知如何写法。但可见雪芹曾有此"一大回文字"。高鹗续书中全不提及小红，遂把雪芹极力描写的一个大人物完全埋没了。

（4）惜春的结局，雪芹似也有成文。第七回里，惜春对周瑞家的笑道：我这里正和智能儿说，我明儿也剃了头，同他作姑子去呢！

有朱评云：

闲闲笔，却将后半部线索提动。

这可见评者知道雪芹"后半部"的内容。

（5）残稿中还有"误窃玉"的一回文字。第八回，宝玉醉了睡下，袭人摘下通灵玉来，用手帕包好，塞在褥下，这一段后有夹评云：

交代清楚。塞玉一段又为"误窃"一回伏线。

误窃宝玉的事，今本无有，当是残稿中的一部份。

从这些证据里，我们可以知道雪芹在壬午以前，陆续作成的《红楼梦》稿子决不止八十回，可惜这些残稿都"迷失"了。脂砚斋大概曾见过这些残稿，但别人见过此稿的大概不多了，雪芹死后遂完全散失了。

《红楼梦》是"未成"之书，脂砚斋已说过了，他在二十五回宝玉病愈时，有朱评云：

叹不得见玉兄无崖撒手文字为恨。

戚本二十一回宝玉续《庄子》之前也有夹评云：

宝玉之情，今古无人可比，固矣。然宝玉有情极之毒，亦世人莫忍为者。看至后半部则洞明矣。……宝玉看此为世人莫忍为之毒，故后文方有"无崖撒手"一回。若他人得宝钗之妻，麝月之婢，岂能弃而为僧哉？

脂本无廿一回，故我们不知道脂本有无此评。但看此评的口气，似也是原底本所有。如此条是两本所同有，那么，雪芹在早年便已有了全书的大纲,也许已"纂成目录"了。宝玉后来有"无崖撒手""为僧"的一幕,但脂砚斋明说"叹不得见"这一回文字,大概雪芹止有此一回目,尚未有书。

以上推测雪芹的残稿的几段,读者可参看平伯《〈红楼梦〉辨》里论"后三十回的《红楼梦》"一长篇。平伯所假定的"后三十回"佚本是没有的。平伯的错误在于认戚本的"眉评"为原有的评注,而不知戚本所有的"眉评"是狄楚青先生所加,评中提及他的"笔记",可以为证。平伯所猜想的佚本其实是曹雪芹自己的残稿本,可惜他和我都见不着此本了!

一九二八,二,十二——十六

治学的方法与材料

现在有许多人说：治学问全靠有方法；方法最重要，材料却不很重要。有了精密的方法，什么材料都可以有好成绩。粪同溺可以作科学的分析，《西游记》同《封神演义》可以作科学的研究。

这话固然不错。同样的材料，无方法便没有成绩，有方法便有成绩，好方法便有好成绩。例如我家中的电话坏了，我箱子中尽管有大学文凭，架子上尽管有经史百家，也只好束手无法，只好到隔壁人家去借电话，请电话公司派匠人来修理。匠人来了，他并没有高深学问，从没有梦见大学讲堂是什么样子。但他学了修理电话的方法，一动手便知道毛病何处，再动手便修理好了。我们有博士头衔的人只好站在旁边赞叹感谢。

但我们却不可不知道上面的说法只是片面的真理。同样的材料，方法不同，成绩也就不同。但同样的方法，用在不同的材料上，成绩也就有绝大的不同。这个道理本很平常，但现在想做学问的青年人似乎不大了解这个极平常而又十分要紧的道理，所以我觉得这个问题有郑重讨论的必要。

科学的方法，说来其实很简单，只不过"尊重事实，尊重证据"。在应用上，科学的方法只不过"大胆的假设，小心的求证。"

在历史上，西洋这三百年的自然科学都是这种方法的成绩；中国这三百年的朴学也都是这种方法的结果。顾炎武、阎若璩的方法同葛利略（Galileo）、牛顿（Newton）的方法，是一样的：他们都能把他们的学说建筑在证据之上。戴震、钱大昕的方法，同达尔文（Darwin）、柏司德（Pasteur）的方法，也是一样的：他们都能大胆地假设，小心地求证（参看《胡适文存》初排本卷二，《清代学者的治学方法》，页二〇五—二四六）。

中国这三百年的朴学成立于顾炎武同阎若璩；顾炎武的导师是陈第，阎若璩的先锋是梅鷟。陈第作《毛诗古音考》（1601—1606），注重证据；每个古音有"本证"，有"旁证"；本证是《毛诗》中的证据，旁证是引别种古书来说《毛诗》。如他考"服"字古音"逼"，共举了本证十四条，旁证十条。顾炎武的《诗本音》同《唐韵正》都用同样的方法。《诗本音》于"服"字下举了三十二条证据，《唐韵正》于"服"字下举了一百六十二条证据。

梅鷟是明正德癸酉（1513）举人，著有《古文尚书考异》，处处用证据来证明伪《古文尚书》的娘家。这个方法到了阎若璩的手中，运用更精熟了，搜罗也更丰富了，遂成为《尚书古文疏证》，遂定了伪古文的铁案。有人问阎氏的考证学方法的指要，他回答道：

不越乎"以虚证实，以实证虚"而已。

他举孔子适周之年作例。旧说孔子适周共有四种不同的说法：

（1）昭公七年（《水经注》）

（2）昭公二十年（《史记·孔子世家》）

（3）昭公二十四年（《史记·索隐》）

（4）定公九年（《庄子》）

阎氏根据《曾子问》里说孔子从老聃助葬恰遇日食一条，用算法推得昭公二十四年夏五月乙未朔日食，故断定孔子适周在此年（尚书古文疏证卷八，第一百二十条）。

这都是很精密的科学方法。所以"亭林、百诗之风"造成了三百年的朴学。这三百年的成绩有声韵学，训诂学，校勘学，考证学，金石学，史学，其中最精彩的部份都可以称为"科学的"；其间几个最有成绩的人，如钱大昕、戴震、崔述、王念孙、王引之、严可均，都可以称为科学的学者。我们回顾这三百年的中国学术，自然不能不对这班大师表示极大的敬意。

然而从梅鷟的《古文尚书考异》到顾颉刚的《古史辨》，从陈第的《毛诗古音考》到章炳麟的《文始》，方法虽是科学的，材料却始终是文字的。科学的方法居然能使故纸堆中大放光明，然而故纸的材料终久限死了科学的方法，故这三百年的学术也不过文字的学术，三百年的光明也只不过故纸堆的火焰而已！

我们试回头看看西洋学术的历史。

当梅鷟的《古文尚书考异》成书之日，正哥白尼（Copernicus）的天文革命大著出世（1543）之时。当陈第的《毛诗古音考》成书的第三年（1608），荷兰国中有三个磨镜工匠同时发明了望远镜。再过一年（1609），意大利的葛利略（Galileo）也造出了一座望远镜，他逐渐改良，一年之中，他的镜子便成了欧洲最精的望远镜。他用这镜子发现了木星的卫星，太阳的黑子，金星的光态，月球上的山谷。

葛利略的时代，简单的显微镜早已出世了。但望远镜发明之后，复合的显微镜也跟着出来。葛利略死（1642）后二三十年，荷兰有一位磨镜的，名叫李文厚（Leeuwenhoek），天天用他自己做的显微镜看细微的东西。什么东西他都拿来看看，于是他在蒸馏水里发见了微生物，鼻涕中和痰唾中也发现了微生物，阴沟臭水中也发现了微生物，微菌学从此开始了。这个时候（1675）正是顾炎武的《音学五书》成书的时候，阎若璩的《古文尚书疏证》还在著作之中。

从望远镜发见新天象（1609）到显微镜发现微菌（1675），这五六十年之间，欧洲的科学文明的创造者都出来了。试看下表：

	中国	欧洲
1606	陈第《古音考》。	
1608		荷兰人发明望远镜。
1609		葛利略的望远镜。 解白勒（Kepler）发表他的火星研究，宣布行星运行的两条定律。
1610	黄宗羲生。	

1613	顾炎武生。	
1614		奈皮尔（Napier）的对数表。
1619	王夫之生。	解白勒的行星第三定律。
1618—1621		解白勒的《哥白尼天文学要指》
1623	毛奇龄生。	
1625	费密生。	
1626		倍根死。
1628	用西法修新历。	哈维(Harvey)的《血液运行论》。
1630		葛利略的《天文谈话》。解白勒死。
1633		葛利略因天文学受异端审判。
1635	颜元生。	
1636	阎若璩生。	
1637	应星的《天工开物》	笛卡儿(Descartes)的《方法论》，发明解析几何。
1638		葛利略的《科学的两新支》
1640	徐霞客（宏祖）死。	
1642		葛利略死，牛顿生。
1644		葛利略的弟子佗里栬利（Torricelli）用水银试验空气压力，发明气压计的原理。
1655	阎若璩开始作《尚书古文疏证》，积三十余年始成书。	
1657	顾炎武注《韵补》。	
1660		英国皇家学会成立。化学家波耳（Boyle）发表他的气体新试验（波耳氏律）。
1661		波耳的《怀疑的化学师》

1664	废八股。	
1665		牛顿发明微分学。
1666	顾炎武的《韵补正》成。	牛顿发明白光的成份。
1667	顾炎武的《音学五书》成。	
1669	复八股。	
1670	顾炎武初刻《日知录》八卷。	
1675		李文厚用显微镜发现微生物。
1676	顾炎武《日知录》自序。	
1680	顾炎武《音学五书》后序。	
1687		牛顿的杰作《自然哲学原理》。

我们看了这一段比较年表，便可以知道中国近世学术和西洋近世学术的划分都在这十年中定局了。在中国方面，除了宋应星的《天工开物》一部奇书之外，都只是一些纸上的学问；从八股到古音的考证固然是一大进步，然而终久还是纸上的工夫。西洋学术在这几十年中便已走上了自然科学的大路了。顾炎武、阎若璩规定了中国三百年的学术的局面；葛利略、解白勒、波耳、牛顿规定了西洋三百年的学术的局面。

他们的方法是相同的，不过他们的材料完全不同。顾氏、阎氏的材料完全是文字的，葛利略一班人的材料完全是实物的。文字的材料有限，攒来攒去，总不出这故纸堆的范围；故三百年的中国学术的最大成绩不过是两大部《皇清经解》而已。实物的材料无穷，故用望远镜观天象，而至今还有无穷的天体不曾窥见；用显微镜看微菌，而至今还有无数的微菌不曾寻出。但大行星已添了两座，恒星之数已添到十万万以外了！前几天报上说，有人正积极实验同火星通信了。我们已知道许多病菌，并且已知道预防的方法了。宇宙之大，三百年中已增加了几十万万倍了；平均的人寿也延长了二十年了。

然而我们的学术界还在烂纸堆中翻我们的筋斗！

不但材料规定了学术的范围，材料并且可以大大地影响方法的本身。文字的材料是死的，故考证学只能跟着材料走，虽然不能不搜求材料却不能捏造材料。从文字的校勘以至历史的考据，都只能尊重证据，却不能创造证据。

自然科学的材料便不限于搜求现成的材料，还可以创造新的证据。实验的方法便是创造证据的方法。平常的水不会分解成氢气和氧气；但我们用人功把水分解成氢气和氧气，以证实水是氢气和氧气合成的。这便是创造不常有的情境，这便是创造新证据。

纸上的材料只能产生考据的方法；考据的方法只是被动的运动材料。自然科学的材料却可以产生实验的方法；实验便不受现成材料的拘束，可以随意创造平常不可得见的情境，逼拶出新结果来。考据家若没有证据，便无从做考证；史家若没有史料，便没有历史。自然科学家便不然。肉眼看不见的，他可以用望远镜，可以用显微镜。生长在野外的，他可以叫他生长在花房中；生长在夏天的，他可以叫他生在冬天。原来在人身上的，他可以移种在兔身上，狗身上。毕生难遇的，他可以叫他天天出现在眼前；太大了的，他可以缩小；整个的，他可以细细分析；复杂的，他可以化为简单；太少了的，他可以用人工培植增加。

故材料的不同可以使方法本身发生很重要的变化。实验的方法也只是大胆的假设，小心的求证；然而因为材料的性质，实验的科学家便不用坐待证据的出现，也不仅仅寻求证据，他可以根据假设的理论，造出种种条件，把证据逼出来。故实验的方法只是可以自由产生材料的考证方法。

葛利略二十多岁时，在本地的高塔上抛下几种重量不同的物件，看他们同时落地，证明了物体下坠的速率并不依重量为比例，打倒了几千年的谬说。这便是用实验的方法去求证据。他又做了一块板，长十二个爱儿（每个爱儿长约四英尺），板上挖一条阔一寸的槽。他把板的一头垫高，用一个铜球在槽里滚下去，他先记球滚到底的时间，次记球滚到全板四分之一的时间。他证明第一个四分之一的速度最慢，需要全板时间的一半。越滚下去，速度越大。距离的相比等于时间的平方的相比。葛利略这个试验总做了几百次，他试过种种不同的距离，种种不同的斜度，然后断定物体下坠的定律。这便是创造材料，创造证据。平常我们所见物体下坠，一瞬间便过了，既没有测量的机会，更没有比较种种距离和种种斜度的机会。葛氏的试验便是用人力造出种种可以测量，可以比较的机会。这便是新力学的基础。

哈维研究血的循环，也是用实验的方法。哈维曾说：

我学解剖学同教授解剖学，都不是从书本子来的，是从实际解剖来的；不是从哲学家的学说上来的，是从自然界的条理上来的。（他的《血液运行》自序）

　　哈维用下等活动物来做实验，观察心房的跳动和血的流行。古人只解剖死动物的动脉，不知死动物的动脉管是空的。哈维试验活动物，故能发现古人所不见的真理。他死后四年（1661），马必吉（Malpighi）用显微镜看见血液运行的真状，哈维的学说遂更无可疑了。

　　此外如佗里杰桀利的试验空气的压力，如牛顿的试验白光的七色，都是实验的方法。牛顿在暗室中放进一点白光，使他通过三棱镜，把光放射在墙上。那一圆点的白光忽然变成了五倍大的带子，白光变成了七色：红，橘红，黄，绿，蓝，靛青，紫。他再用一块三棱镜把第一块三棱镜的光收回去，便仍成圆点的白光。他试验了许多回，又想出一个法子，把七色的光射在一块板上，板上有小孔，只许一种颜色的光通过。板后面再用三棱镜把每一色的光线通过，然后测量每一色光的曲折度。他这样试验的结果始知白光是曲折力不同的七种光复合成的。他的实验遂发明了光的性质，建立了分光学的基础。

　　以上随手举的几条例子，都是顾炎武、阎若璩同时人的事，已可以表见材料同方法的关系了。考证的方法好有一比，比现今的法官判案，他坐在堂上静听两造的律师把证据都呈上来了，他提起笔来，宣判道：某一造的证据不充足，败诉了；某一造的证据充足，胜诉了。他的职务只在评判现成的证据，他不能跳出现成的证据之外。实验的方法也有一比，比那侦探小说中的福尔摩斯访案：他必须改装微行，出外探险，造出种种机会来，使罪人不能不呈献真凭实据。他可以不动笔，但他不能不动手动脚，去创造那逼出证据的境地与机会。

结果呢？我们的考证学的方法尽管精密，只因为始终不接近实物的材料，只因为始终不曾走上实验的大路上去，所以我们的三百年最高的成绩终不过几部古书的整理，于人生有何益处？于国家的治乱安危有何裨补？虽然做学问的人不应该用太狭义的实利主义来评判学术的价值，然而学问若完全抛弃了功用的标准，便会走上很荒谬的路上去，变成枉费精力的废物。这三百年的考证学固然有一部份可算是有价值的史料整理，但其中绝大的部份却完全是枉费心思。如讲《周易》而推翻王弼，回到汉人的"方士《易》"；讲《诗经》而推翻郑樵、朱熹，回到汉人的荒谬诗说；讲《春秋》而回到两汉陋儒的微言大义，——这都是开倒车的学术。

为什么三百年的第一流聪明才智专心致力的结果仍不过是枉费心思的开倒车呢？只因为纸上的材料不但有限，并且在那一个"古"字底下罩着许多浅陋幼稚愚妄的胡说。钻故纸的朋友自己没有学问眼力，却只想寻那"去古未远"的东西，日日"与古为邻"，却不知不觉地成了与鬼为邻，而不自知其浅陋愚妄幼稚了！

那班崇拜两汉陋儒方士的汉学家固不足道。那班最有科学精神的大师——顾炎武、戴震、钱大昕、段玉裁、孔广森、王念孙、王引之等——他们的科学成绩也就有限的很。他们最精的是校勘、训诂两种学问，至于他们最用心的声韵之学，简直没有多大成绩可说。如他们费了无数心力去证明古时有"支""脂""之"三部的区别，但他们到如今不能告诉我们这三部究竟有怎样的分别。如顾炎武找了一百六十二条证据来证明"服"字古音"逼"，到底还不值得一个广东乡下人的一笑，因为顾炎武始终不知道"逼"字怎样读法。又如三百年的古音学不能决定古代究竟有无入声；段玉裁说古有入声而去声为后起，孔广森说入声是江左后期之音。二百年来，这个问题似乎没有定论。却不知道这个问题不解决，则一切古韵的分部都是将错就错。况且依二百年来"对转""通转"之说，几乎古韵无一部不可通他部。如果部部本都可通，那还有什么韵部可说！

三百年的纸上功夫，成绩不过如此，岂不可叹！纸上的材料本只适宜于校勘、训诂一类的纸上工作；稍稍逾越这个范围，便要闹笑话了。

西洋的学者先从自然界的实物下手，造成了科学文明，工业世界，然后用他们的余力，回来整理文字的材料。科学方法是用惯的了。实验的习惯也养成了。所以他们的余力便可以有惊人的成绩。在音韵学的方面，一个格林姆（Grimm）便抵得许多钱大昕、孔广森的成绩。他们研究音韵的转变，文字的材料之外，还要实地考察各国各地的方言，和人身发音的器官。由实地的考察，归纳成种种通则，故能成为有系统的科学。今年一位瑞典学者珂罗倔伦（Bernhard

Karlgren）费了几年的工夫研究《切韵》，把二百六部的古音弄的清清楚楚。林语堂先生说：

> 珂先生是《切韵》专家，对中国音韵学的贡献发明，比中外过去的任何音韵学家还重要。（《语丝》第四卷第廿七期）

珂先生的成绩何以能这样大呢？他有西洋的音韵学原理作工具，又很充分地运用方言的材料，用广东方言作底子，用日本的汉音吴音作参证，所以他几年的成绩便可以推倒顾炎武以来三百年的中国学者的纸上功夫。

我们不可以从这中得一点教训吗？

纸上的学问也不是单靠纸上的材料去研究的。单有精密的方法是不够用的。材料可以限死方法，材料也可以帮助方法。三百年的古韵学抵不得一个外国学者运用活方言的实验。几千年的古史传说禁不起三两个学者的批评指摘。然而河南发现了一地的龟甲兽骨，便可以把古代殷商民族的历史建立在实物的基础之上。一个瑞典学者安特森（J.G.Anderson）发现了几处新石器，便可以把中国史前文化拉长几千年。一个法国教士桑德华（Père Licent）发现了一些旧石器，便又可以把中国史前文化拉长几千年。北京地质调查所的学者在北京附近的周口店发现了一个人齿，经了一个解剖学专家步达生（Davidson Black）的考定，认为远古的原人，这又把中国史前文化拉长几万年。向来学者所认定纸上的学问，如今都要跳在故纸堆外去研究了。

　　所以我们要希望一班有志做学问的青年人及早回头想想。单学得一个方法是不够的；要紧的关头是你用什么材料。现在一班少年人跟着我们向故纸堆去乱钻，这是最可悲叹的现状。我们希望他们及早回头多学一点自然科学的知识与技术：那条路是活路，这条故纸的路是死路。三百年的第一流的聪明才智销磨在这故纸中，还没有什么好成绩。我们应该换条路走走了。等你们在科学试验室中有了好成绩，然后拿出你们的余力，回来整理我们的国故，那时候，一拳打倒顾亭林，两脚踢翻钱竹汀，有何难哉！

十七年九月